빵의 쟁취

일러두기

1. *로 표시된 각주는 옮긴이 주에 해당합니다.
2. 본문 중 [ ] 안의 내용은 원문 번역이 아니라 옮긴이 주에 해당합니다.

빵의 쟁취

• 표트르 알렉세예비치 크로포트킨 지음 | 이상률 옮김 •

이책

머리말

표트르 알렉세예비치 크로포트킨은 나에게 책의 첫머리에 몇 마디 말을 써달라고 부탁하였다. 나는 그의 바람에 응하기는 하지만, 상당한 거북함을 느낀다. 그가 이 저작에서 내세우는 일련의 주장에 아무것도 덧붙일 수 없기 때문에, 나는 그의 말이 지닌 힘을 약하게 할까봐 걱정이 된다. 그러나 우정이 나를 용서할 것이다. 프랑스의 "공화주의자들"에게는 가장 품위 있는 행위가 차르의 발밑에 엎드리는 것이지만, 나는 그가 몽둥이로 때리고 성채의 지하감옥에 가두거나 어두컴컴한 뜰에서 교수형에 처하는 자유인들과 가까이 지내고 싶다. 이 친구들 때문에 나는 잠시 배신자들의 비열한 짓을 잊는다. 이 배신자들은 젊었을 때 목이 쉬도록 자유를 외쳤지만, 지금은 "라 마르세예즈"[프랑스의 국가]와 "하느님, 황제[차르]를 지켜주소서"[제정 러시아의 국가] 두 노래를 결합시키려고 애쓰고 있다.

크로포트킨의 최근 저작 《반역자의 말 les Paroles d'un Révolté》은 특히 잔인한 동시에 타락한 부르주아사회를 격렬하게 비판하면서, 국가와 자본주의체제에 대한 혁명을 호소하였다. 《반역자의 말》 다음에 나온 이 책은 좀 더 평화로운 모습을 하고 있다. 이 책은 사회변화에 진심으로 협력하고 싶은 선의를 지닌 사람들에게 호소하면서, 그들에게 임박한 역사의 단계들을 주요 특징에 따라서 설명하고 있다.

책의 제목 《빵의 쟁취》는 아주 넓은 의미로 받아들여야 한다. 왜냐하면 "인간은 빵만으로 살지 않기 때문이다." 관대한 사람들과 용감한 사람들이 그들의 이상理想인 사회정의를 생생한 현실로 변화시키려고 애쓴 시대에는, 우리의 열망이 포도주나 소금과 함께 빵을 쟁취하는 것으로 만족되지 않는다. 생활의 안락에 필요하거나 심지어는 유용한 모든 것도 쟁취해야 한다. 우리는 모두에게 욕구와 즐거움의 완전한 만족을 보장해 줄 수 있어야 한다. 우리가 이 첫 번째 "쟁취"를 못하는 한, 즉 "가난한 사람들이 우리와 함께 있는"한 원형경기장에 갇혀 있는 잔인한 짐승들처럼 서로 미워하고 서로 파괴하는 이 인간집단에게 "사회"라는 이름을 주는 것은 씁쓸한 농담이다.

이 책의 첫 장章부터 저자는 인류가 이미 소유한 막대한 재산과 공동노동으로 획득한 놀라운 기계설비를 열거한다. 매년 얻는 생산물은 모든 사람에게 빵을 제공하기에 아주 충분할 것이다. 만일 도시, 집, 경작 가능한 들, 공장, 수송도로, 학교 등의 엄청난 자본이 사유재산으로 소유되지 않고 공동재산이 된다면, 복지는 쉽게 쟁취할 수 있을 것이다. 그리고 우리가 자유롭게 처분할 수 있는 힘은 쓸모없는 노동이나 모순된 노동에 쓰이지 않고, 양식, 주거, 의복, 안락함, 과학연구, 예술연마를 위해 인간에게 필요한 모든 것을 생산하는 데 쓰일 것이다.

그렇지만 인간 소유물의 회수, 한 마디로 말해서 수용은 아나키즘적 공산주의로만 이루어질 수 있다. 정부를 쓰러뜨려야 하고, 정부의 법을 비난해야 하며, 정부의 훈계를 거부해야 하고, 그 대리인들을 무시해야 한다. 그리고 자발적으로 행동하면서 자신의 친화력, 이해관계, 이상, 착수한 일의 성질에 따라 결속해야 한다. 책에서 가장 중요한 이 수용문제는 또한 저자가 아주 자세하면서도 간결하게 폭언없이 다룬 문제 중의 하나이기도 하다. 하지만 그는 이 문제도 이제는 불가피한 다음 혁명에 대한 연구가 요구하는 냉정함과 비전의 명료함을 갖고 다루었다. 이렇게 국가를 뒤엎어버리면 해방된 노동자집단은 더 이상 독점자들과 기생충 같은 존재들을 위해 힘들게 일할 필요가 없기 때문에, 자유롭게 선택한 직업에 헌신하며 토지경작이나 산업생산을 과학적으로 수행할 수 있을 것이다. 그리고 이 토지경작이나 산업생산은 연구나 즐거움에 주어진 휴식과 섞여 있다. 이 책에서 농업노동을 다루는 부분은 큰 재미를 준다. 왜냐하면 그 부분은 실제의 경험으로 이미 검증된 사실들을 말하기 때문이다. 그것들은 모두를 위해 어디에서나 대규모로 적용하기 쉬운 사실들로 소수의 치부致富만을 위한 것이 아니다.

빈정거리는 사람들은 세련된 젊은이들의 악덕과 결점을 비웃기 위해 "세기말fin de siècle"을 말한다. 그러나 지금 문제 되는 것은 한 세기의 말과는 다른 것이다. 우리는 한 시대, 즉 역사의 한 시기의 끝에 도달하였다. 우리는 오래된 문명 전체가 끝나는 것을 보고 있다. 무력을 사용할 수 있는 정부 당국의 권리와 전횡, 유대인의 몰인정한 전통, 로마인의 엄격한 법해석이 더 이상 우리를 압도하지 못한다. 우리는 새로운 믿음을 공언한다. 이 믿음은 동시에 과학이기도 한데, 이 믿음이 진리를 추구하는 모든 이의 것이 되면, 그것은 실현의 세계에서 구체화될 것이다. 왜냐하면 역사의 법칙 중 첫 번째 것은 사회가 그 이상에 따라 만들어진다는 것이기 때문이다. 낡아빠진 질서의 옹호자들은 그 질서를 어떻게 유지할 수 있는가? 그들은 더 이상 믿지 않는다. 더 이상 안내자도 깃발도 없기 때문에, 그들은 되는 대로 싸운다. 개혁가들에 맞서서 그들은 법과 총, 몽둥이를 든 경찰, 대포 부대를 갖고 있다. 그러나 이 모든 것은 어떤 하나의 사상과 병행할 수 없다. 그러므로 선의와 억압의 구체제 전체가 일종의 전前역사에서 곧 사라질 운명에 있다.

물론, 임박한 혁명은 – 인류의 발전에서 아무리 중요하더라도 – 갑작스런 비약을 행한다는 점에서 이전 혁명들과 거의 다르지 않을 것이다. 자연은 결코 비약하지 않는다. 그렇지만 수많은 현상에 의해서, 수많은 깊은 변화에 의해서 아나키즘사회가 이미 오래 전부터 발전해왔다고 말할 수 있다. 자유로운 사상이 교리의 문자에서 벗어나는 곳에서는 어디서나, 연구자의 재능이 오래된 공식을 무시하는 곳에서는 어디서나, 인간의 의지가 독립된 행위로 표출되는 곳에서는 어디서나, 강제된 모든 규율에 반항하는 진지한 인간들이 흔쾌히 결합해 서로 가르쳐주면서 지배자 없이 함께 생활하며 욕구를 완전히 만족시키는 곳에서는 어디서나, 아나키즘사회가 나타난다. 이 모든 것이 아나키이다. 그것이 알려지지 않았다 하더라도 말이다. 그것은 점점 더 인정받고 있다. 그것이 어떻게 승리하지 못하겠는가? 왜냐하면 그것은 이상理想이 있으며 또 그 의지의 대담성을 지니고 있기 때문이다. 반면에 그 반대자들 무리는 이제 믿음이 없으며, 운명에 자신을 맡기고는 "세기말! 세기말!"이라고 외치고 있다.

따라서 예고된 혁명이 일어날 것이다. 그리고 우리의 친구 크로포트킨은 역사학자 자격으로 처신하면서 이미 혁명을 마주 대하고 있다. 그는 모두의 노동에 의한 집단재산의 소유권 회수에 대해 자신의 생각을 설명하면서, 소심한 사람들에게 호소한다. 이들은 불의가 널리 퍼져 있다고 생각하지만, 사회에 대해 공개적인 반란을 일으킬 생각은 감히 못하고 있다. 수많은 이해관계와 전통 때문에 그들은 사회에 의존하기 때문이다. 그들이 알고 있는 것처럼, 법은 불공정하고 기만적이며, 행정관들은 강자의 아첨꾼이자 약자의 억압자이다. 올바르게 생활하고 성실하게 노동해도 언제나 빵 한 조각을 확실하게 얻지 못한다. 투기꾼의 파렴치한 짓이나 전당포의 악착스러운 냉혹함이 "빵의 쟁취"와 복지를 얻는 데에는 모든 미덕보다 더 훌륭한 무기이다. 그러나 자신들의 생각, 소원, 계획을 식견 있는 정의감에 따라 정하는 대신에, 대부분의 사람들은 솔직한 태도의 위험을 피하기 위해 어느 옆골목으로 달아난다. 신종교인 같은 이 사람들은 더 이상 아버지들의 "불합리한 믿음"을 공언하지 않는다. 그들은 명백한 교리는 없지만 꽤 독창적인 어떤 비법 전수에 몰두하며 혼란된 감정의 안개 속에서 갈피를 잡지 못하고 있다. 그들은 강신술사, 장미십자회*의 회원, 불교도나 마술사가 될 것이다. 소위 석가모니의 제자들, 그러나 그들의 스승의 교리를 힘들여 연구하지 않는 우울한 신사들과 숙녀들은 해탈이라는 무화無化 속에서 평화를 찾는 체한다.

그러나 이 "아름다운 영혼들"은 끊임없이 이상理想을 말하기 때문에, 안심한다. 우리는 물질적 존재이므로 사실 식량을 생각하는 약점이 있다. 왜냐하면 우리에게는 식량이 자주 부족했기 때문이다. 식량이 지금은 차르의 백성인 수많은 노예형제들에게 부족하며, 그 밖의 많은 사람들에게는 아직도 부족하다. 그러나 빵을 넘어서, 즉 밭의 이용이 우리에게 제공할 수 있는 복지와 모든 집단재화를 넘어서, 우리는 완전히 서로 사랑할 수 있는 새로운 세계가 멀리서 우리 앞에 나타나는 것을 본다. 이 새로운 세계에서 물질생활을 무시하고 순전히 아름다움만을 사랑하는 사람들은 이 이상에 대한 고귀한 열정을 만족시킬 수 있다! 그들은 그러한 열정을 그들의 영혼의 해소되지 않는 갈증이라고 말한다. 더 이상 부자도 가난한

---

* 17세기 초 독일에서 생긴 신비주의 경향의 비밀결사.

사람도 없을 때, 그리고 굶주린 사람이 배불리 먹는 사람을 더 이상 부러운 눈으로 쳐다볼 필요가 없을 때, 자연스러운 우정이 사람들 사이에서 다시 생겨날 수 있을 것이다. 그러면 유대감(오늘날에는 꺼져버렸지만)이라는 종교가 하늘의 수증기에 사라져버리는 그림을 그리는 이 어렴풋한 종교를 대신할 것이다.

혁명은 그것이 약속한 것보다 더 많은 것을 이룰 것이다. 혁명은 생명의 원천을 쇄신해서 우리를 모든 경찰력의 불순한 접촉으로부터 벗어나게 할 뿐만 아니라, 마침내는 우리의 존재를 고달프게 하는 저 돈에 대한 비루한 관심으로부터도 벗어나게 한다. 그때 각자는 자신의 길을 자유롭게 갈 수 있을 것이다. 노동자는 자기에게 맞는 일을 수행할 것이다. 연구자는 딴 생각없이 연구할 것이다. 예술가는 더 이상 밥벌이를 위해 아름다움에 대한 자신의 이상을 더럽히지 않을 것이다. 그리고 이제부터는 모두가 친구이기 때문에, 시인들이 어렴풋이 본 위대한 것들을 일치협력해서 실현할 수 있을 것이다.

그때는 아마도 추방이나 투옥을 당하면서도 헌신적으로 선전하며 새로운 사회를 준비한 자들의 이름을 때때로 상기할 것이다. 우리는 《빵의 쟁취》

를 출판하면서 그들을 생각한다. 그들은 감옥의 창살을 통해서 또는 외국 땅에서 이 공통된 사상의 증언을 받으면 의지가 좀 더 강해지는 것을 느낄 것이다. 만일 내가 이 책을 신조 때문에 고통 받는 모든 이에게, 특히 평생 동안 정의를 위해 싸운 매우 소중한 한 친구에게 바쳐도 저자는 나의 생각에 동의할 것이다. 나는 그의 이름을 말할 필요가 전혀 없다. 한 형제의 말을 읽으면, 그가 누구인지는 그의 심장의 고동으로 알 수 있을 것이다.

엘리제 르클뤼Elisée Reclus[*]

---

[*] 프랑스의 지리학자이자 아나키스트(1830-1905).

차례

01
우리의 부富

I

인류는 옛날부터 아주 먼 길을 왔다. 인간은 부싯돌로 초보적인 도구를 만들었으며, 사냥으로 얻은 노획물을 먹고 살았다. 그리고 자식들에게는 바위 밑의 움집과 돌로 만든 변변치 못한 도구만을 유산으로 남겨주었다. 그리고 인간은 초라한 삶을 유지하기 위해 광대하고 무서운 미지의 자연과 싸우지 않으면 안 되었다.

그렇지만 아주 오랫동안 지속된 이 불안한 세월 동안, 인류는 여태 들어본 적이 없는 보물들을 쌓아왔다. 토지를 개간했고 늪을 마른 땅으로 만들었으며, 숲을 뚫어 길을 냈다. 인류는 건설하고 발명하고 관찰하고 추리하였다. 인류는 복잡한 기구를 만들어 자연으로부터 그 비밀을 캐냈으며, 마침내는 증기기관을 사용하였다. 그 결과 문명인의 자녀는 오늘날 태어나면서부터 조상들이 축적한 거대한 자본을 이용할 수 있게 되었다. 그리고 이 자본 덕분에 자신의 노동을 다른 사람들의 노동과 결합하면, 이제는 천일야화千一夜話에 나오는 동방인의 꿈도 능가하는 부를 얻을 수 있다.

땅의 일부를 개간해 좋은 종자를 심고 잘 경작하면 풍부한 수확을 얻을 수 있다. 인류의 모든 욕구를 충족시키고도 남을 정도로 말이다. 경작방법은 잘 알려져 있다.

미국 초원의 처녀지에서는 백 명이 강력한 기계의 도움을 받아 몇 개월 안에 만 명을 일 년 동안 먹여 살리는 데 필요한 밀을 생산한다. 그리고 소득을 두 배, 세 배, 백 배로 늘리고 싶은 곳에서는 땅을 기름지게 만들고 작물을 적절히 가꿔 엄청난 수확을 거둬들인다. 그리고 예전에는 사냥꾼이 가족의 식량을 구하기 위해 백 평방 킬로미터의 땅을 돌아다녀야 했지만, 문명인은 그 면적의 만 분의 일인 땅에서 수고는 훨씬 덜 하면서도 더 많은 확실성을 갖고 가족을 먹여살리는 데 필요한 모든 것을 키운다.

기후는 더 이상 장애물이 아니다. 햇빛이 부족하면 인공열로 그것을 보충한다. 성장을 북돋우기 위해 빛도 만들어낼 것을 기대하면서 말이다. 유리와 온수파이프를 이용해, 주어진 공간에서 전에 수확한 것보다 열 배나 많은 양을 수확한다.

공업에서 이루어진 성과는 더 놀랍다. 백 명이 현대의 기계 – 이것은 서너 세대에 걸친 발명가들의 산물로, 그들 대부분은 알려져 있지 않다 – 라는 이 똑똑한 존재를 사용해 만 명이 2년 동안 입을 옷을 만들어낸다. 잘 관리되는 탄광에서는 백 명의 광부가 해마다 혹독한 추위 속에 있는 1만 가정을 따뜻하게 해주는 석탄을 캔다. 그리고 우리는 최근 놀라운 도시 하나가 마르스광장Champs de Mars*에서 몇 달만에 솟아오르는 것을 보았다. 하지만 프랑스국민의 일상적인 작업은 조금도 방해받지 않았다.

그리고 공업과 농업에서는 우리의 사회조직 전체의 경우와 마찬가지로 우리 조상들의 수고가 특히 매우 소수에게만 이익을 준다하더라도, 확실한 것은 인류가 이미 소유한 강철과 철로 된 제품들로 부유하고 아주 안락한 삶을 살 수 있다는 사실이다.

정말이지 우리는 부유하다. 우리가 생각하는 것보다 훨씬 더 부유하다. 우리가 이미 가지고 있는 것만 보아도 부유하다. 우리가 현재의 도구로 생산할 수 있는 것에서 보면 더 부유하다. 우리가 우리의 땅, 우리의 공장, 우리의 과학, 우리의 기술지식으로 얻을 수 있는 것에서 보면 훨씬 더 부유하다. 그것들이 모든 사람의 복지를 가져다주는 데 사용된다면 말이다.

---

* 파리에 있는 공원으로 에펠탑 북서쪽에 위치해 있다. 마르스광장이라는 이름이 붙은 이유는 이곳이 군사훈련 장소로 사용되었기 때문이다.

Ⅱ

문명화된 사회에 있는 우리는 부유하다. 그런데 우리 주위에 있는 이 빈곤은 무엇 때문인가? 대중을 지치게 만드는 이 고통스러운 노동은 무엇 때문인가? 보수를 가장 많이 받는 노동자에게조차 내일에 대한 이 불안이 있는 것은 무엇 때문인가? 그는 과거로부터 물려받은 부의 한가운데 있고 또 하루에 몇 시간만 일해도 모두에게 안락함을 주는 강력한 생산수단을 가졌는데도 말이다.

사회주의자들은 그 이유를 말하였으며, 또 그것을 지겹도록 되풀이하였다. 매일 그들은 그것을 반복한다. 그리고 모든 과학에서 빌려온 주장을 통해 그것을 증명한다. 생산에 필요한 모든 것, 즉 땅, 광산, 기계, 통신수단, 식량, 주택, 교육, 지식 이 모든 것이 약탈, 집단이주, 전쟁, 무지와 억압의 긴 역사과정에서 소수의 사람들에 의해 독점되었기 때문이다. 인류는 자연의 힘을 정복하기 전에 이 긴 역사과정을 겪었다.

과거에 얻은 소위 권리를 내세워 그 소수의 사람들이 오늘날 인간 노동의 산물 중 ⅔를 가로챈 다음 그것들을 분별없이 아주 지나치게 낭비하기 때문이다. 대중에게는 한 달이나 일주일 동안 먹고 살기에도 부족한 상태에 있게 하고는, 그 소수의 사람들이 자신들이 가장 많은 몫을 차지하는 것에 동의하는 자에게만 일하는 것을 허용하기 때문이다. 그 소수의 사람들이 그에게 필요한 것을 생산하지 못하게 하고는, 다른 사람들에게 필요한 것이 아니라 독점자에게 가장 큰 이익을 약속하는 것을 생산하도록 그에게 강제하기 때문이다.

사회주의가 주장하는 것은 바로 이것이다!

실제로 한 문명국의 예를 들어보자. 한때 그 나라를 뒤덮었던 삼림이 채벌되었고, 늪은 배수되었으며, 기후는 개선되었다. 그 나라는 사람이 살 만한 곳이 되었다. 옛날에는 잡초만이 무성했던 땅이 오늘날에는 풍부한 수확을 제공하고 있다. 남부의 산골짜기 경사진 암반지대는 계단식으로 정비되어 금빛 열매의 포도나무들이 자라고 있다. 옛날에는 떫은 열매나 먹을 수 없는 뿌리만을 준 야생식물들이 연속적인 재배를 통해 맛좋은 채소로 변하거나, 맛있는 열매들이 달린 나무로 변했다. 수많은 포장도로와 철도가 곳곳을 가로지르고 산을 관통한다. 기관차 소리가 알프스, 코카사스, 히말라야의 험한 골짜기에서 들려온다. 강들은 배가 다닐 수 있게 만들어졌다. 해안은 그 수심을 꼼꼼히 조사했기 때문에 접근하기 쉬워졌다. 바다의 거센 풍랑으로부터 보호하기 위해 힘들여 파낸 인공항구는 배들에게 피난처를 제공한다. 바위에는 구멍을 깊이 뚫었다. 석탄이나 광물을 파낼 수 있는 곳에는 지하굴이 미로처럼 사방팔방으로 뻗어나갔다. 도로들이 교차하는 모든 지점에서는 도시들이 솟아나고 확장되었다. 그 구역에는 공업, 예술, 과학의 모든 보물이 있다.

지금까지의 모든 세대들이 비참하게 살다가 죽었고, 그 주인들로부터 억압받고 학대받았으며, 고된 일로 완전히 지쳐버렸는데, 그들은 이 거대한 유산을 19세기에게 전해주었다.

수천 년 동안 수백만 명의 사람들이 삼림을 벌채하고 늪을 마른 땅으로 만들어 길을 내고, 강에 둑을 쌓기 위해 일하였다. 유럽에서 우리가 경작하는 땅의 헥타르 하나하나는 여러 인종이 땀을 흘리며 간 것이었다. 길 하나하나는 부역, 초인적인 노동, 인민의 고통의 역사를 갖고 있다. 1리외lieue[약 4km]의 철도마다, 1미터의 터널마다 인간의 피가 서려있었다.

광산 갱도의 바위에는 광부들의 곡괭이 자국이 아직도 선명하게 남아있다. 갱도에 있는 받침기둥 하나하나 사이의 공간은 갱내의 가스 폭발, 붕괴나 홍수로 인해 한창 일할 나이에 목숨을 잃은 광부의 무덤이라고 할 수 있을 것이다. 잔해더미 밑에 깔린 사람의 보잘것없는 임금으로 먹고 산 가족에게는 그 무덤 하나하나가 많은 눈물, 큰 상실감, 말로 다 표현할 수 없는 고통이었다는 사실은 잘 알려져 있다.

철도와 수로로 연결되는 도시들은 수 세기를 살아온 유기체이다. 그 땅을 파면, 당신은 거리, 집, 극장, 투기장, 공공건물 등이 포개져 있는 지층들을 발견하게 될 것이다. 그것들의 역사를 뒤지면, 그 도시의 문명, 산업, 특징이 그 모든 주민들의 협력을 통해 서서히 성장하고 성숙해졌으며 마침내 오늘날과 같은 것이 되었다는 사실을 당신은 알게 될 것이다. 그리고 지금도 집, 공장, 작업장, 창고, 그 하나하나의 가치는 땅 속에 묻힌 수백만 명의 노동자들의 축적된 노동으로 이루어진 것일 뿐이다. 그 가치는 지금 그 특정한 지점에 거주하고 있는 많은 사람들의 노력에 의해서만 유지된다. 우리가 국부國富라고 부르는 것의 원자 하나하나는 그 거대한 전체의 일부라는 사실에 의해서만 그 가치를 얻는다. 런던의 독dock*이나 파리의 백화점이 만일 국제교역의 이 큰 중심지들에 위치하지 않았다면 어떻게 되겠는가? 만일 바다나 육지로 매일 운송되는 산더미 같은 상품들이 없다면, 우리의 광산, 우리의 공장, 우리의 작업장, 우리의 철도는 어떻게 되겠는가?

수백만 명의 인간이 오늘날 우리가 자랑하는 이 문명을 창조하기 위해 일해 왔다. 지구의 모든 곳에 퍼져 있는 다른 수백만 명의 인간은 그것을 유지하기 위해 일한다. 그들이 없다면, 50년 후에는 잔해밖에 남지 않을 것이다.

어떤 사상이나 발명도 과거와 현재에서 태어난 공유재산이 아닌 것은 하나도 없다. 유명하든 유명하지 않든 간에 가난하게 살다가 죽은 수많은 발명가들은 사람들이 그 탁월함을 찬양하는 기계의 부분 하나하나를 발명하였다. 수많은 저술가들, 시인들, 학자들은 지식을 다듬고, 오류를 없애고, 과학적 사고의 분위기를 만들기 위해 일하였다. 이 분위기가 없었다면 금세기의 놀라운 일들이 결코 나타날 수 없었을 것이다. 그리고 이 수많은 철학자들, 시인들, 학

---

* 선박의 건조나 수리 또는 짐을 싣고 부리기 위한 설비.

자들, 발명가들 역시 지난 수 세기의 노동에 자극받지 않았는가? 그들은 살았을 때 육체적으로나 정신적으로 갖가지 종류의 수많은 노동자와 수공업자로부터 식량과 도움을 제공받지 않았는가? 그들은 자신들을 둘러싼 환경에서 추진력을 얻지 않았는가?

세갱Marc Séguin*, 마이어Julius von Mayer**, 그로브Willam Grove***같은 천재들은 확실히 세계의 모든 자본가보다 더 많이 공업을 새로운 길로 나아가게 하는 데 기여하였다. 그러나 이 천재들 자신도 공업과 과학의 자식이다. 수많은 증기기관들이 수년 간 모든 사람의 눈앞에서 열을 역학적인 힘으로 또 이 힘을 소리, 빛, 전기로 변형시켰을 때, 이 천재적인 지성들은 물리적인 힘의 기계적인 기원과 그 통일성을 선언할 수 있었다. 그리고 만일 19세기의 아이들인 우리가 마침내 이 사상을 이해했다면, 만일 우리가 이 사상을 적용할 줄 알았다면, 이는 우리가 매일의 경험을 통해 그렇게 할 준비를 했기 때문이다. 지난 세기의 사상가들도 그 사상을 어렴풋이 느꼈고 표현하였다. 그러나 그 사상은 인정받지 못한 상태에 있었다. 18세기가 우리 세기처럼 증기기관차와 나란히 성장하지 못했기 때문이다.

---

* 프랑스의 공학자(1786-1875). 1828년에 다관보일러를 최초로 발명하였다. 이것은 초기 철도 기관의 출력 과 속도를 상당한 수준으로 증가시켰다.
** 독일의 물리학자이자 의학자(1814-1878). 1842년에 에너지 보존 법칙을 발표하였다.
*** 영국의 물리학자(1811-1896). 강력한 그로브전지(1839)와 가스전지(1843년)를 만들었다. 1847년에는 수증기가 고열의 백금선에 닿으면 수소와 산소로 해리解離되는 현상을 최초로 실험으로 증명하였다.

와트_{James Watt}*가 소호_{Soho}**에서 그의 아이디어를 금속 속에 구현한 숙련된 노동자들을 만나지 못했다면, 근대산업을 혁신시킨 이 법칙을 모른 채 수십 년이 지나갔을지도 모른다는 것을 상상해보라. 다행히도 그 숙련된 노동자들이 그의 엔진의 모든 부품을 완성시켜 마침내 완전한 기계장치 속에 갇힌 수증기를 말馬보다 더 유순하게 만들고 물보다 더 다루기 쉽게 만들었다. 한 마디로 말하면, 수증기가 근대산업의 혼l'âme이 되었다.

모든 기계는 똑같은 역사를 갖고 있다. 즉 그 역사는 뜬눈으로 지새운 밤들과 가난, 실망과 기쁨, 알려지지 않은 노동자들이 여러 세대에 걸쳐 발견한 부분적인 개선의 긴 역사이다. 그 노동자들은 보잘것없는 사소한 것들을 처음의 발명에 덧붙였다. 그런 것들이 없었다면, 아무리 창의적인 아이디어라 하더라도 결실을 맺지 못했을 것이다. 그 뿐만이 아니다. 모든 새로운 발명은 종합이다. 즉 기계공학과 공업의 방대한 영역에서 이전의 수많은 발명들의 결과이다.

과학과 공업, 지식과 응용, 발견과 새로운 발견으로 이끄는 실제적인 실행, 두뇌노동과 육체노동, 사고와 육체작업, 이 모든 것이 서로 연관된다. 모든 발견, 모든 진보, 인류의 부의 모든 증가는 과거와 현재의 육체노동과 정신노동 전체에서 기인한다.

---

* 영국의 기계기술자(1736–1819). 1765년에 증기기관의 개량 제작에 성공하였다.
** 런던 중심부의 번화가.

그렇다면 어느 누구라도 무슨 권리로 이 엄청난 전체의 아주 작은 부분을 가로채고는 이것은 내 것이지 당신의 것이 아니리고 말할 수 있겠는가?

Ⅲ

그렇지만 인류가 긴 세월을 지나는 동안, 인간에게 생산할 수 있게 해주고 또 그의 생산력을 증가시켜 주는 모든 것을 소수의 사람들이 독차지하게 되었다. 언젠가 우리는 이런 일이 어떻게 해서 일어났는지를 말할 것이다. 지금으로서는 사실을 확인하고 그 결과를 분석하는 것으로 충분하다.

토지의 가치는 실제로 계속 증가하는 인구의 욕구에서 나옴에도 불구하고, 오늘날 토지는 소수의 사람들이 차지하고 있다. 이들은 사람들에게 그 땅을 경작하지 못하게 막거나 못하게 할 수 있다. 또는 현대의 요구에 따라 경작하는 것을 허용하지 않는다. 광산은 여러 세대의 노동을 나타낸다. 광산의 가치는 공업과 인구밀도라는 수요에서만 나오는데, 광산은 아직도 소수의 사람들이 차지하고 있다. 그리고 이 소수의 사람들은 그들의 자본에 더 유리한 투자처를 찾아낸다면, 석탄의 채굴을 제한하거나 완전히 금지한다. 기계 역시 아직은 소수만의 재산이다. 따라서 어떤 기계는 분명히 처음의 엔진에 세 세대의 노동자들이 가한 개선을 나타내지만, 그럼에도 그 기계는 몇몇 고용주들의 것이다. 그리고 100년 전에 레이스 제조기를 만든 발명가의 손자들이 오늘날 바젤Bâle*이나 노팅엄Nottingham**에 있는 공장에 나타나서 자신들의 권리를 주장한다면, 그들은 이런 말을 들을 것이다: "돌아가시오! 이 기계는 당신들의 것이 아니오." 만일 그들이 그 기계를 소유하려고 한다면, 그들은 총에 맞아 죽을 것이다.

철도는 유럽의 조밀한 인구, 공업, 상업 및 교역이 없다면 쓸모없는 고철에 불과할 것이다. 그럼에도 불구하고 철도는 아마도 중세의 왕보다 더 많은 수입을 가져다주는 노선이 어디인지도 모르는 소수의 주주들의 것이다. 그런데 철로를 놓기 위해 긴 구덩이와 터널을 팔 때 수없이 죽은 사람들의 자식들이 어느 날 굶주리고 누더기를 걸친 모습으로 모여 주주들에게 빵을 요구한다면, 그들은 자신들을 해산시키고 "기득권"을 보호하기 위한 총검세례를 받을 것이다.

이 괴상한 제도 때문에, 노동자의 아들로 태어난 사람은 자신이 생산하는 것의 대부분을 주인에게 넘겨주지 않는다면 그가 경작할 수 있는 어떤 밭도, 그가 다룰 수 있는 어떤 기계도, 그가 파낼 어떤 탄광도 찾지 못할 것이다. 그는 보잘것없고 얼마만큼이 될지도 모르는 식량을 위해 노동력을 팔지 않으면 안 된다. 그의 아버지도 할아

---

* 스위스 북서쪽 라인 강변에 위치한 도시. 바젤 슈타트주의 주도州都
** 영국 잉글랜드 노팅엄셔 주의 주도

버지도 밭에서 물을 빼 공장을 세우고 기계를 향상시키기 위해 일하였다. 그들은 온 힘을 다해 일하였다. 누가 이보다 더 많이 줄 수 있겠는가? 그러나 그들의 후손은 가장 미개한 야만인보다 더 가난하게 태어났다. 만일 그가 밭을 경작할 수 있는 허가를 얻는다면, 이는 생산물의 ¼은 그 주인에게 바치고 또 ¼은 정부와 중간상인들에게 넘겨준다는 조건에서다. 그리고 이 세금은 계속 늘어날 것이기 때문에, 그에게는 경작방법을 개선할 힘조차 거의 남아있지 않을 것이다. 만일 그가 공업 쪽으로 진출한다면, 생산물의 ⅓이나 절반만 받고 나머지는 법률이 기계의 주인으로 인정하는 사람에게 주어야한다는 조건에서만 그에게 일하는 것이 허용될 것이다(그렇지만 이것조차 항상 허용되는 것은 아니다).

우리는 농민이 수확량의 ¼을 바치지 않는 한 한 치의 땅도 경작하지 못하게 한 봉건제후를 비난한다. 우리는 이때를 야만적인 시대라고 부른다. 그러나 형태는 바뀌었지만, 관계는 여전히 똑같다. 그리고 노동자는 자유계약이라는 이름 아래 봉건적인 의무를 받아들인다. 왜냐하면 어디에서도 그는 더 나은 조건을 찾아내지 못할 것이기 때문이다. 모든 것이 주인의 재산이 되었기 때문에, 그는 굴복하거나 아니면 굶어 죽을 수밖에 없다.

이런 사태로 말미암아 우리의 모든 생산은 잘못된 방향으로 나가고 있다. 기업은 사회의 필요에 대해서는 거의 신경 쓰지 않는다. 기업의 단 하나의 목적은 기업가의 이익을 늘리는 것이다. 여기에서 끊임없는 산업변동, 만성적인 상태의 위기가 생겨난다. 위기가 일어날 때마다 수많은 노동자들이 길거리로 쫓겨난다. 노동자들은 자신들이 생산한 재물을 살 수 없기 때문에, 기업은 밖에서 즉 다른 나라의 재산가들에게서 시장을 찾는다. 동양에서든 아프리카에서든, 이집트, 통킹Tonkin*, 콩고, 어디에서든 유럽인은 이런 처지에 있기 때문에 자신의 농노 수를 늘리지 않으면 안 된다. 그러나 어디에서나 그는 경쟁자를 만난다. 모든 나라가 똑같은 방향으로 진화하기 때문이다. 시장에서 우선권을 차지하기 위해 전쟁(영구적인 전쟁)이 일어날 수밖에 없다. 동양에서는 영토전쟁; 바다의 지배권을 위한 전쟁; 수입세를 부과하고 이웃국가들에게 여러 가지 조건을 강요하기 위한 전쟁; 반란을 일으키는 자들을 굴복시키기 위한 전쟁! 대포 소리가 유럽에서 끊이지 않는다. 여러 세대가 모두 학살되었으며, 유럽의 나라들은 예산의 ⅓은 군비에 쓴다. 우리는 세금이 얼마나 되는지 또 세금이 가난한 사람들을 얼마나 압박하는지를 잘 알고 있다.

　교육은 여전히 아주 소수의 특권이다. 노동자의 자녀는 열세 살이 되면 탄광으로 내려가든가 아니면 농장에서 아버지를 도와주지 않을 수 없는 마당에, 정말이지 교육에 대해 말할 수 있겠는가? 하루 종일 어쩔 수 없는 노동에 지치고 거의 언제나 녹초가 되어 저녁때 돌아오는 노동자에게 공부에 대해 말할 수 있겠는가? 사회는 적

---

* 베트남 북부 홍하(紅河:송코이강)의 삼각주를 중심으로 하는 지역.

대적인 두 개의 진영으로 분리된다. 이러한 상태에서 자유는 공허한 말이 된다. 급진주의자는 정치적 자유의 더 많은 확대를 요구하면서도, 자유의 숨결이 빠르게 프롤레타리아의 봉기로 이어진다는 것을 그는 곧 깨닫는다. 그러면 등을 돌리고 의견을 바꾼다. 그는 특별법과 무력통치로 돌아간다.

법원, 판사, 형리, 헌병, 간수 등의 거대한 집단이 특권을 유지하는 데 필요하다. 그리고 그 집단 자체가 밀고, 사기, 협박, 부패의 체제의 기원이 된다.

게다가 이 체제는 사교적인[사람을 사귀기 쉬운] 감정의 발달을 막는다. 모두가 알고 있는 것처럼, 올바름이 없다면, 자존심이 없다면, 동정심이 없다면 또 상호부조가 없다면 인류는 멸망하지 않을 수 없다. 마치 강탈과 노예사역使役으로 먹고사는 몇몇 동물종이 사라지는 것처럼 말이다. 그러나 이것은 지배계급이 바라던 바가 아니다. 따라서 그들은 그 반대를 증명하기 위해 완전히 거짓된 과학을 만들어낸다.

사람들은 자신이 소유하고 있는 것을 아무 것도 갖지 못한 자들과 나누어가질 필요성에 대해서 멋진 말을 하였다. 그러나 이 원리를 실천하려는 사람은 누구나 그 위대한 감정들이 시집詩集에서는 훌륭하지만 삶에서는 그렇지 못하다는 것을 곧바로 깨달았다. "거짓말을 하는 것은 자신을 비천하게 만드는 것이며, 자신의 품격을 떨어뜨리는 것이다"라고 우리는 말한다. 그런데 모든 문명생활은 거대한 기관이 되었다. 우리는 우리 자신과 우리의 아이들을 두 얼굴의 도덕을 가지고(즉 위선적으로) 사는 데 익숙해지게 한다. 그리고 두뇌는 거짓말을 하기에 적합하지 않기 때문에, 우리 스스로가 두뇌를 궤변에 익숙하게 만든다. 위선과 궤변이 문명인의 두 번째 본성이 된다.

그러나 사회는 그렇게 해서는 살 수 없다. 사회는 진실로 돌아가야 한다. 그렇지 않으면 사라질 수밖에 없다.

이렇게 해서 독점이라는 단순한 사실의 결과가 사회생활 전체에 퍼진다. 멸망하지 않으려면, 인간사회는 근본적인 원리로 돌아가야 한다: 생산수단은 인류의 공동산물이기 때문에, 그것은 인류의 공동재산이 되어야 한다. 그것을 개인적으로 독차지하는 것은 올바르지도 않고 유익하지도 않다. 모든 것은 모두의 것이다. 왜냐하면 모든 사람이 그것을 필요로 하기 때문이다. 왜냐하면 모든 사람이 그들의 힘의 정도에 따라 일했기 때문이다. 그리고 현재의 부 생산에서 각자의 몫을 결정하는 것은 현실적으로 불가능하기 때문이다.

모든 것은 모두의 것이다! 19세기가 만들어낸 엄청난 도구가 있다. 우리가 기계라고 부르는 철로 된 수백만 명의 노예들이 있다. 이것들은 우리를 대신해서 대패질하고, 톱으로 자르고, 베를 짜고, 실을 뽑는다. 이것들은 원료를 분해하고 재구성해 우리 시대의 놀라운 물건들을 만든다. 누구도 이 기계들 중의 단 한 개라도 잡고 "이것은 내 것이다. 그것을 사용하려면 당신은 당신이 생산한 것 하나하나에 대한 세금을 나에게 지불해야 할 것이다"라고 말할 권리가 없다. 이것은 중세시대의 영주가 농민에게 다음과 같이 말할 권리가 없는 것과 같다: "이 언덕, 이 목초지는 내 것이다. 그러므로 당신들은 수확하는 밀 다발, 쌓아올리는 건초더미 하나하나에 대한 세금을 나에게 지불해야 할 것이다."

모든 것은 모두의 것이다! 그리고 남자와 여자가 노동의 몫을 제공하기만 한다면, 그들은 모든 사람에 의해 생산되는 모든 것에 대해서 그들의 몫에 대한 권리가 있다. 그리고 그 몫은 그들에게 그 정도로도 복지를 줄 것이다!

"일할 권리" 또는 "각자에게 그의 노동의 산물 전체를"과 같은 애매한 문구들은 더 이상 필요하지 않다. 우리가 선언하는 것은 복지를 누릴 권리이다. 즉 모두를 위한 복지이다.

02
모두를 위한 복지

I

모두를 위한 복지는 꿈이 아니다. 우리 조상들이 우리의 노동력을 증대시키기 위해 한 것 덕분에, 모두를 위한 복지는 가능하고 실현할 수 있다.

우리가 알고 있는 것처럼 실제로 문명국에서는 생산자들이 인구의 ⅓밖에 되지 않지만, 그래도 그들은 각 가정에 어느 정도의 안락함을 주기에 충분할 정도로 생산한다. 게다가 오늘날 다른 사람의 노동산물을 낭비하는 모든 사람이 그들의 여가를 유용한 일에 쓰게 되면, 우리의 부가 생산자 수에 비례해서 늘어날 것이라는 사실을 우리는 알고 있다. 마지막으로, 부르주아경제학의 거물 맬더스

Thomas Malthus[*]의 이론과는 반대로 인류의 생산력이 인구증가보다 더 빠르게 늘어난다는 것을 우리는 알고 있다. 사람들이 한 영토에 밀집해 살수록, 그들의 생산력의 진보는 더욱더 빨라진다.

실제로 영국의 인구가 1844년부터 [1890년까지] 62%밖에 증가하지 못했지만, 그 생산력은 최소한 두 배 즉 130%가 늘어났다. 프랑스에서는 인구가 느리게 증가했음에도 불구하고 생산의 증가는 매우 빠르다. 농업이 공황을 겪었음에도 불구하고, 병역의무, 은행, 금융 및 공업에 대한 국가의 간섭에도 불구하고 지난 80년 동안 밀의 생산은 네 배가 늘었고 공업생산은 열 배 이상 늘어났다. 미국에서는 진보가 더욱 인상적이다. 이민자들이 밀려들어 왔음에도 불구하고, 오히려 바로 이 유럽의 잉여노동자들 때문에 미국의 생산이 열 배나 늘어났다.

그러나 이 숫자들은 우리의 생산이 더 나은 조건에서 어떻게 될 수 있는가에 대해 매우 희미한 관념밖에 주지 못한다. 오늘날 생산능력이 발전함에 따라, 놀고먹는 사람들과 중간상인들의 수도 엄청나게 늘어나고 있다. 예전에 사회주의자들이 말한 것, 즉 자본이 곧 극소수의 수중에 집중될 것이므로 소수 대부호의 재산을 몰수해 공동의 부로 소유해야 한다는 것과는 반대로 다른 사람의 노동에 기대

---

* 영국의 경제학자(1766–1834). 저서 《인구론》에서 인구는 기하급수적으로 증가하나 식량은 산술급수적으로 증가하므로 인구와 식량 사이의 불균형이 필연적으로 생겨날 수밖에 없으며, 여기에서 기근, 빈곤, 악덕이 발생한다고 주장하였다.

어 먹고 사는 사람들의 수가 계속 늘어나고 있다.

프랑스에서는 30명의 인구 중에서 직접 생산자는 10명이 안 된다. 프랑스의 농업자원 전체는 700만 명도 안 되는 사람들의 산물이며, 두 개의 큰 산업 즉 광업과 방직물에 종사하는 노동자들의 수도 250만 명이 안 된다. 노동자를 착취하는 자들의 수는 얼마나 되는가? 영국(스코틀랜드와 아일랜드 제외)에서는 103만 명의 노동자들(성인 남자와 여자, 아이들)이 모든 천을 만들고 있다. 탄광에서 일하는 사람은 50만 명이 조금 넘으며, 토지를 경작하는 사람은 50만 명도 안 된다. 통계학자들은 2600만 명 인구에 대해서 생산자가 최대 800만 명이라는 것을 확증하기 위해 숫자를 과장하고 있음에 틀림없다. 실제로 영국에서 세계 구석구석에 보내는 재물들의 생산자는 기껏해야 600만 명에서 700만 명의 노동자들이다. 그런데 금리생활자나 중간상인은 얼마나 되는가? 중간상인은 생산자에게 지불하는 것보다 5배에서 20배를 소비자로 하여금 지불하게 함으로써 폭리를 취하고 있다.

이것이 전부가 아니다. 자본을 가진 사람들은 생산을 제한함으로써 계속 생산량을 줄인다. 굴을 부자들만 먹고 평민은 먹지 못하게 하려고 굴통을 바다에 던져버린다는 것에 대해서는 말하지 말자. 수많은 사치품들 — 옷감, 음식물 등 — 이 굴과 똑같은 방법으로 취급된다는 것에 대해서도 말하지 말자. 모든 사람에게 필요한 물건들의 생산을 제한하는 방식만 상기해보자. 다수의 광부들은 매일 석탄을 캐내 그것을 추위에 떠는 사람들에게 보낼 준비가 되어 있다. 그러나 그들 중의 ⅓ 또는 ⅔가 일주일에 3일 이상 일하지 못하는 경우가 꽤 자주 있다. 석탄 값을 비싸게 유지해야 하기 때문이다. 수많은 직조공들이 방적기에서 일할 수 없다. 그들의 아내들과 아이들은 누더기를 걸치고 있고, 유럽인구의 ¾은 옷다운 옷이 없는데 말이다.

수백 개의 제철소, 수천 개의 공장이 계속 조업정지 중이다. 그 밖의 공장들은 조업시간의 절반 밖에 일하지 못한다. 그런데도 모든 문명국에는 일자리를 요구하지만 거절당하는 약 200만 명의 인구가 항상 있다.

이 수백만 명의 사람들은 황무지나 잘 경작되지 못한 땅을 많은 수확을 거둘 수 있는 밭으로 바꾼다면 행복해 할 것이다. 1년 간 머리를 쓰며 노동하면, 지금은 헥타르당 8헥토리터의 밀밖에 주지 못하는 땅의 생산량을 다섯 배로 충분히 늘릴 것이다. 그러나 이 대담한 개척자들은 실업상태에 있어야 한다. 왜냐하면 땅, 광산, 공장의 소유자들은 그들의 자본(이들의 자본은 지역사회에서 빼앗은 것이다)을 터키나 이집트의 공채에 투자하거나 아니면 파타고니아Patagonie*의 많은 금광에 투자하기를 좋아하기 때문이다. 그 소유자들은 이집트의 농부들, 조국에서 쫓겨난 이탈리아인들, 중국의 쿨리들coulies**로 하

---

* 남아메리카 대륙의 남쪽 끝으로 남위 38°선 이남 지역이다. 서부는 칠레의 영토, 동부는 아르헨티나의 영토이다.
** 저임금 미숙련의 하급노동자들.

여금 자신들을 위해 일하게 한다!

　이것은 생산을 의식적으로 또 직접적으로 제한하는 것이다. 그렇지만 간접적이며 무의식적인 제한도 있다. 이 제한은 전혀 쓸모없는 물건이나 오로지 부자들의 터무니없는 허영심을 만족시켜 주는 물건을 만드는 데에만 인간의 노동을 사용하는 것이다. 생산하는 데 쓰일 수 있는 힘, 특히 이 생산에 필요한 도구를 준비하는 데 쓰일 수 있는 힘을 낭비함으로써, 생산성이 간접적으로 얼마나 줄어드는지는 수치상으로 평가할 수 없을 것이다. 군비, 즉 이웃국가들에게는 경제법칙을 강요하고 국내적으로는 착취를 용이하게 하기 위해 시장을 쟁취하는 것 외에 다른 목적이 없는 군비에 유럽이 쏟아 붓는 수십억 프랑의 금액을 인용하는 것으로 충분하다. 갖가지 종류의 관리들에게는 매년 수백만 프랑을 지불하는데, 이들의 임무는 소수의 권리를 유지하고 국가의 경제생활을 다스리는 것이다. 판사, 감옥, 경찰, 소위 사법기관을 위해 수백만 프랑을 쓰고 있다. 하지만 대도시의 빈곤을 조금이라도 감소시키면 범죄가 상당히 줄어든다는 것을 우리는 알고 있다. 마지막으로, 언론매체가 해로운 사상이나 거짓된 뉴스를 퍼뜨리는 데 수백만 프랑을 쓰고 있다. 그 해로운 사상이나 거짓된 뉴스는 이런저런 정당, 이런저런 정치인 또는 이런저런 착취자들의 회사에게나 이익이 될 뿐이다.

　그 뿐만이 아니다. 왜냐하면 많은 노동을 순전히 낭비에 불과한 것에 쓰기 때문이다. 즉 여기에서는 부자의 마구간, 개집, 하인들을 유지하기 위해, 저기서는 사교계의 변덕과 아주 퇴폐적인 사치에 응답하기 위해서 말이다. 게다가 소비자에게 그가 필요로 하지 않는 것을 사게 하거나, 선전을 통해 나쁜 품질의 물건을 사게 하기 위해서 말이다. 그 뿐만 아니라, 아주 해롭지만 기업가에게는 이익이 되는 식품을 생산하기 위해서 말이다. 이러한 식으로 낭비되는 노동은 유용한 생산을 두 배로 늘리는 데 충분하거나, 아니면 작업장이나 공장의 도구들을 만들어내는 데 충분할 것이다. 그러면 곧 국민의 ⅔가 간절히 바라는 필수품으로 상점들을 가득 채울 것이다. 결국 [현재의 제도에서는] 각 나라에서 생산적인 노동에 종사하는 사람들 중 ¼은 어김없이 매년 서너 달은 실직상태에 있지 않을 수 없다. 그리고 절반은 아닐지라도, ¼의 노동은 부자들의 향락이나 대중의 착취 이외에는 다른 결과를 가질 수 없다.

따라서 만일 우리가 한편으로는 문명국들이 그들의 생산력을 늘리는 속도를 고려하고, 또 한편으로는 직접적으로든 간접적으로든 현재의 조건에 의해 그 생산에 가해진 제약을 고려한다면, 다음과 같이 결론짓지 않을 수 없다. 즉 조금이라도 합리적인 경제조직이라면 문명국가들로 하여금 이렇게 소리칠 정도로 많은 유용한 생산물들을 몇 년 안에 쌓게 할 것이라고 말이다: "충분하다. 석탄도 빵도 옷도 충분하다. 쉬면서 우리의 힘을 더 잘 사용하는 법과 우리의 여가를 더 잘 쓸 수 있는 법을 생각합시다."

아니다. 모두를 위한 복지는 더 이상 꿈이 아니다. 인간이 엄청나게 고생해야 1헥타르에서 8헥토리터나 10헥토리터를 수확하는 데 성공하거나, 농업과 공업에 필요한 기계도구를 자신의 손으로 만드는 데 성공할 때에는 모두를 위한 복지가 꿈일 수 있었다. 지금은 그것이 더 이상 꿈이 아니다. 인간이 모터를 발명한 후로는 말이다. 모터는 약간의 철과 몇 킬로그램의 석탄만 있어도 인간에게 아주 복잡한 기계를 움직일 수 있는 유순하고 마음대로 부릴 수 있는 말의 힘을 주기 때문이다.

그러나 복지가 현실이 되기 위해서는, 이 거대한 자본 ─ 도시, 집, 경작지, 공장, 교통도로, 교육 ─ 이 더 이상 독점자가 마음대로 쓰는 사유재산으로 간주되어서는 안 된다.

우리 조상들이 힘들여 얻었고 건설했고 만들었으며 또 발명해낸 이 훌륭한 생산도구는 공동재산이 되어야 한다. 그래야 단체정신이 그것으로부터 모두를 위한 가장 큰 이익을 이끌어낸다.

수용이 필요하다. 모두를 위한 복지는 목적이고, 수용은 수단이다.

Ⅱ

수용은 이렇게 해서 역사가 우리, 즉 19세기 말의 인간들 앞에 제기한 문제이다: 인간의 복지에 도움 되는 모든 것을 공동체로 복귀시키는 것.

그러나 이 문제는 법으로 해결할 수 없을 것이다. 누구도 그렇게 생각하지 않는다. 현재의 정부들도 정치혁명으로 생겨날 수 있는 정부들도 그 해결책을 찾을 수 없으리라는 것은 부자들뿐만 아니라 가난한 사람들도 잘 알고 있다. 그들은 사회혁명의 필요성을 느끼고 있다. 가난한 사람들뿐만 아니라 부자들도 이 혁명이 임박했다는 것, 그것이 갑자기 터질 수 있다는 것을 잘 알고 있다.

사람들의 정신에서 지난 반세기 동안 진화가 일어났다. 그러나 이 진화는 소수, 말하자면 유산계급에 의해 억압되었기 때문에 구체화될 수 없었다. 따라서 그 진화는 힘으로 장애물들을 부수고 혁명을 통해 강력하게 실현되어야 한다.

혁명은 어디에서 올 것인가? 혁명의 도래는 어떻게 알리는가? 누구도 이 문제에 대답할 수 없다. 그것은 알 수 없는 것이다. 그러나 관찰하며 심사숙고하는 사람들은 잘못 생각하지 않는다. 노동자들과 착취자들도, 혁명가들과 보수주의자들도, 사상가들과 실천가들도 모두 혁명이 아주 가까이에 있다고 느낀다.

그렇다면 혁명이 일어났을 때 우리는 무엇을 할 것인가?

우리 모두는 혁명의 드라마틱한 측면을 많이 연구하였다. 그러나 그 진실로 혁명적인 작업은 거의 연구하지 않았다. 따라서 우리 중의 많은 이들은 이 위대한 운동에서 단지 그 연출, 초기의 투쟁, 바리케이드만을 본다. 그러나 이 투쟁, 그 초기의 교전은 곧 끝난다. 혁명의 실제 작업이 시작되는 것은 오로지 옛 정부들이 패배한 다음이다.

무능하고 무기력하며 사방에서 공격받았기 때문에, 그들은 곧 반란의 숨결에 의해 쓰러졌다. 1848년의 부르주아 군주제는 며칠 만에 더 이상 존재하지 않았다. 마차가 루이 필리프Louis Philippe*를 프랑스 밖으로 데리고 갔을 때, 파리는 이미 전왕前王에 대해 관심을 갖지 않았다. 1871년 3월 18일 티에르Adolphe Tiers**정부는 몇 시간 만에 사라졌으며, 파리를 그 운명에 맡겼다. 그렇지만 1848년과 1871년은 반란에 불과하였다. 인민혁명 앞에서 통치자들은 놀라울 정도로 빠르게 사라졌다. 그들은 다른 곳에서 모의했을지 모르지만, 여하튼 도망치기 시작하였다. 그러면서 나중에 복귀하려고 애썼다.

옛 정부가 사라지자, 군대는 인민봉기의 물결 앞에서 머뭇거리며 더 이상 우두머리들에게 복종하지 않았다. 게다가 이 우두머리들 역시 조용히 도망쳤다. 군대는 팔짱을 낀 채 가만히 있거나, 아니면 상부의 명령을 거부하고는 반란자들에게 합류하였다. 경찰도 군중을 쳐야하는지 아니면 "코뮌 만세!"라고 외쳐야 하는지 더 이상 모른 채, 팔을 흔들었다. 도시에 있는 하사관들은 숙소로 돌아가서 새로운 정부를 기다렸다. 부유한 부르주아들은 짐을 꾸려서 안전한 곳으로 갔다. 인민은 남았다. 이렇게 해서 혁명의 도래를 알렸다.

몇몇 대도시에서는 코뮌이 선포되었다. 수천 명의 사람들이 거리

---

* 프랑스의 마지막 왕(1773-1877). 1830년 7월혁명으로 왕위에 올랐으나 1848년 2월혁명으로 왕위에서 쫓겨났다.
** 프랑스의 정치인이자 역사가(1797-1877). 제2공화정(1848-1870)의 붕괴 후 임시정부의 수반을 맡았다. 그리고 보불전쟁 직후 성립된 제3공화정에서는 초대 대통령을 지냈다.

를 돌아다녔다. 저녁때는 급히 만들어진 집회소에 몰려와 "무엇을 할 것인가?"를 물었다. 그리고 공적인 문제들을 열렬하게 토론하였다. 모든 사람이 관심을 가졌다. 어제는 가장 무관심했던 사람들이 아마도 가장 열광적이었을 것이다. 도처에 많은 선의善意와 승리를 확보하고 싶은 강한 열망이 가득하였다. 훌륭한 헌신적인 행위들이 일어났다. 인민은 앞으로 나갈 것만을 요구하였다.

이 모든 것은 아름답고 숭고하다. 그렇지만 그것은 아직도 혁명이 아니다. 반대로 이제 혁명가의 일이 시작된다.

틀림없이 보복행위들이 있었을 것이다. 와트랭Jules Watrin*이나 토마Jacques Léon Clément Thomas**같은 사람들은 민심을 잃은 대가를 치렀을 것이다. 그렇지만 그것은 투쟁에서 우연한 사고에 불과한 것이지 혁명이 아니다.

사회주의 정치인들, 급진주의자들, 인정받지 못한 저널리즘 천재들, 가두정치 연설가들 – 부르주아와 옛 노동자 – 은 시청이나 정부 청사로 달려가 빈자리를 차지하였다. 어떤 이들은 견장肩章을 마음껏 달았다. 장관실의 거울에 비친 자신들의 모습에 감탄하고는, 새로운 직책에 어울리는 거드름을 피며 명령을 내리는 연습을 했을 것이다. 편집실이나 공장의 예전 동료들에게 강한 인상을 주려면, 붉

---

* 1886년 1월 26일 데카즈빌Decazeville광산 파업 때, 광부들은 광산 엔지니어로 있었던 쥴르 와트랭을 창문으로 내던져 죽였다.
** 프랑스의 장군(1809-1871). 파리코뮌 때 처형된 사람들 중 한 명이다.

은 따나 수놓은 모자, 위엄 있는 몸짓이 필요하다! 다른 사람들은 관청의 서류에 파묻혀서 그것들을 이해하려고 애썼을 것이다. 그들은 법을 만들고 엄숙한 말로 된 법령을 반포했을 것이다. 하지만 아무도 그것을 집행할 생각은 하지 않았을 것이다. 왜냐하면 혁명이 왔기 때문이다.

그들은 자신들에게 없었던 권위를 갖기 위해 예전 정부형식의 승인을 추구했었을 것이다. 그들은 임시정부, 공안위원회, 시장, 시청 사령관, 공안위원장 등의 이름을 가졌을 것이다. 선거를 통해 뽑혔든 환호로써 지명되었든 간에, 그들은 국회나 코뮌위원회에 모였을 것이다. 그곳에서 10개 또는 20개의 파벌에 속하는 사람들이 서로 만났을 것이다. 이 파벌들은 흔히 말하는 것처럼 개인적인 당파가 아니었다. 그것들은 혁명의 정도, 범위, 과제에 관해 서로 다른 많은 생각들을 대표하였다. 가능주의자들Possibilistes*, 집산주의자들**, 급진주의자들, 자코뱅파들Jacobins***, 블랑키스트들Blanquistes****은 어쩔 수 없이 모였기 때문에 말싸움으로 시간을 낭비했을 것이다. 정직한 사람들이 야심가들과 뒤섞였다. 이 야심가들은 지배만을 꿈꾸고 군

---

* 프랑스 사회주의 운동의 한 파로서 가능한 것을 추구하는 점진적인 개혁을 주장하였다.
** 집산주의collectivisme는 토지, 철도, 광산 등 수많은 자본의 국유화를 주장하지만, 개별 소비의 자유는 인정하기 때문에 공산주의와는 차이가 있다.
*** 프랑스 혁명기에 부르주아와 소생산자 층에 기반을 두고 중앙집권적 공화정을 주장한 급진파.
**** 무장한 노동자들의 봉기로 정부를 타도하고 프롤레타리아가 권력을 장악해야 한다고 주장하는 프랑스 사회주의파.

중을 경멸하였다. 자신들이 거기 출신인데도 말이다. 정반대의 생각을 가지고 한데 모인 사람들은 모두 하루밖에 지속되지 않을 다수파를 만들기 위해 가짜 연합을 만들지 않을 수 없었다. 그들은 언쟁하고 서로를 반동분자, 권위주의자, 나쁜 놈이라고 불렀다. 중요한 대책에 대해서는 합의하지 못했고, 하찮은 일에 대해서는 하염없이 논의하였다. 실속 없이 화려한 선언만 남발하였다. 모두가 자신을 매우 중요하다고 여겼지만, 운동의 진정한 힘은 거리에 있었을 것이다.

이 모든 것은 연극을 좋아하는 자들을 즐겁게 할 수 있다. 그렇지만 그것은 혁명이 아니다. 이루어진 것이 아무 것도 없기 때문이다!

그 동안 인민은 고통을 겪는다. 공장들은 조업중단 상태에 있고, 작업장들은 문이 닫혀 있다. 상업은 제대로 돌아가지 않는다. 노동자는 이전에 그가 받았던 극히 적은 임금조차 벌지 못한다. 식료품 가격은 올라간다!

인민은 언제나 자신들의 특징이었으며 위대한 시대에는 숭고한 경지에까지 이르는 그 영웅적인 헌신정신을 갖고 참아낸다. 인민은 1848년에 외쳤다: "우리는 공화국을 위해 3개월의 궁핍을 바친다." 그렇지만 "대표자들"과 새로운 정부의 신사들은 - 말단 교도관에 이르기까지 - 그들의 봉급을 꼬박꼬박 받았다! 인민은 고통을 겪고 있다. 어린애 같은 신뢰를 가지고, 지도자들을 믿는 대중의 순박함을 갖고서 인민은 저기 높은 곳에서 즉 의회에서, 시청에서, 공안위원회에서 자신들을 돌보아줄 것으로 기대한다.

그러나 저기 높은 곳에서는 군중의 고통을 제외한 모든 종류의 것들을 생각한다. 1793년에 기아가 프랑스를 괴롭히고 혁명을 위태롭게 했을 때; 샹젤리제 거리는 사치스러운 장신구를 자랑하는 부인들의 호화로운 마차들이 줄지어 있었지만, 인민은 비참해질 대로 비참해졌을 때, 로베스피에르Maximilien de Robespierre *는 자코뱅당원들에게 영국헌법에 대한 자신의 논문을 토론하라고 촉구하고 있었다! 1848년에 노동자들이 산업의 전반적인 정지로 고통 받고 있었을 때, 임시정부와 의회는 군인연금과 죄수의 노역에 대해 하염없이 논의하고 있었다. 이 위기의 시대에 인민이 어떻게 사는지에 대해서는 신경쓰지 않았다. 그리고 프러시아군의 대포 밑에서 태어나서 70일밖에 존속하지 못한 파리코뮌을 비난해야 한다면, 그것은 아직도 다음과 같은 사실을 이해하지 못한 것이다. 즉 코뮌혁명은 투사들이 잘먹지 않고서는 승리할 수 없으며, 또 하루에 30수sou**로는 성벽에서 싸우면서 동시에 자기 가족을 부양할 수 없다는 사실을 말이다.

인민은 고통 받고 있기 때문에 다음과 같이 묻는다: "난관에서 벗어나려면 어떻게 해야 하는가?"

---

* 프랑스 혁명기의 정치가(1758~1794). 자코뱅파의 지도자로 왕정을 폐지하고 독재체제를 수립해 공포정치를 행하였다.
** 1수짜리 동전은 5상팀에 해당된다.

Ⅲ

그런데 이 질문에 대해서는 우리가 생각하기에 하나의 대답밖에 없는 것 같다: 우리는 다음과 같은 사실을 인정하고 큰소리로 선언하는 것이다. 즉 각자는 과거의 지위가 무엇이든 간에, 힘이 세든 약하든 간에, 재능이 있든 없든 간에, 무엇보다도 우선 생존권을 갖고 있다는 것을 말이다. 그리고 사회는 그것이 처분할 수 있는 모든 생활수단을 인정하고 선언한 다음 그것에 따라서 행동해야 한다.

혁명의 첫날부터 노동자가 자기 앞에 새로운 시대가 열리고 있다는 것을 알게끔 일이 이루어져야 한다. 이제부터는 누구도 음식물이 많이 있는데 아무 것도 먹지 못한 채 궁전 옆에 있는 다리 밑에서 잘 필요가 없을 것이다. 누구도 모피가게 옆에서 추위에 떨 필요가 없을 것이다. 원칙적으로든 실제로든 모든 것은 모두의 것이다. 끝으로, 인민에게 그 의무를 훈계하기 전에 인민의 필요를 생각하는 혁명이 역사에서 일어났다.

이것은 법령으로는 이루어질 수 없을 것이다. 오로지 모두의 생계를 보장하는 데 필요한 모든 것을 즉각적이면서도 효과적으로 소유하는 것에 의해서만 이루어질 수 있다. 이것이야말로 진정으로 과학적인 유일한 실천방법인 동시에 인민대중이 이해할 수 있고 바라는 유일한 방법이다.

우리는 반란을 일으킨 인민의 이름으로 밀 창고, 옷이 넘쳐흐르는 상점, 주택을 소유해야 한다. 어느 것도 낭비해서는 안 된다. 배고픈 사람들을 먹여 주고, 모든 필수품들을 제공하고 모든 욕구를 충족시키기 위해 지체 없이 조직해야 한다. 더 이상 이런저런 사람에게 이익을 주기 위해서가 아니라, 사회를 살리고 발전시키기 위해 생산해야 한다. "일할 권리" 같은 애매한 말들은 더 이상 필요없다. 1848년에 이 말로 인민을 속였는데, 아직도 그것으로 인민을 속이려고 한다. 복지가 이제부터는 가능하며 반드시 실현되어야 한다는 것을 인정하는 용기를 갖자.

1848년에 노동자들이 일할 권리를 요구했을 때, 국립작업장이나 시립작업장을 세웠다. 사람들은 그곳에서 하루 종일 힘들게 일하고 40수를 받았다. 그들이 노동조직을 요구했을 때, 그들은 다음과 같은 답변을 들었다: "여러분 참으십시오. 정부가 그것을 주선하겠습니다. 오늘치 40수가 여기 있습니다. 평생 힘들게 일해 온 노동자 여러분, 쉬십시오!" 그런데 기다리는 동안 대포를 조준하였다. 부대의 모든 군인들이 소집되었다. 노동자들 자신은 부르주아계급에게 잘 알려져 있는 수많은 방법으로 해산되었다. 어느 날 그들은 이런 말을 들었다: "아프리카로 가서 식민지를 개척하라. 그렇지 않으면 너희들을 총 쏴 죽일 것이다!"

만일 노동자들이 복지에의 권리를 요구한다면, 결과는 전혀 다를 것이다. 그 권리를 요구하게 되면 그들은 사회의 모든 부를 차지할 권리를 선언하게 된다. 각 가족의 필요에 따라 집을 얻어 살고, 식량도 얻어 사용하게 된다. 이렇게 해서 복지의 의미를 알게 된다. 배고 픔을 너무 많이 겪었기 때문이다. 그들은 모든 부(과거와 현재 세대들의 노동의 산물)에 대해 권리를 선언한다. 그들은 그것을 사용하면서, 부르주아들이 너무 오랫동안 독점해온 예술과 과학의 고상한 즐거움이 어떤 것인지를 알게 된다.

그리고 복지에 대한 권리를 주장함으로써, 그들은 – 이것은 더욱 중요한 것이다 – 그 복지가 어떤 것이 되어야하는지를 그들 스스로가 결정할 권리를 선언한다. 즉 그 복지를 확보하려면 무엇을 생산해야 하는지 또 이제부터는 가치 없는 것으로서 무엇을 포기해야 하는지를 그들 스스로 결정할 권리를 선언한다.

복지에의 권리, 이것은 사람답게 살고 아이들을 우리보다 더 나은 사회의 구성원이 되게끔 키울 가능성이다. 이에 반해 "일할 권리"는 계속 임금을 받는 노예로 있는 권리이다. 이 임금을 받는 노예란 내일의 부르주아에 의해 지배되고 착취당하는 고통 받는 인간이다. 복지에의 권리, 이것은 사회혁명이다. 일할 권리는 기껏해야 산업징역 un bagne industriel 이다.

바야흐로 노동자가 공동유산에 대해서 권리를 선언하고 그것을 소유할 때이다.

03
아나키즘적 공산주의

I

사유재산을 폐지한 모든 사회는 ― 우리의 생각에 따르면 ― 아나키즘적 공산주의로 조직될 수밖에 없을 것이다. 아나키l'anarchie는 공산주의로 통하고, 공산주의는 아나키로 통한다. 아나키와 공산주의 모두 현대사회의 지배적인 경향의 표현인 평등의 추구에 불과한 것이기 때문이다.

농민가족은 자신들이 기른 밀과 초가집에서 짠 양털 옷을 자신들의 노동산물이라고 생각할 수 있는 시대가 있었다. 그때에도 이러한 사고방식이 완전히 옳지는 않았다. 공동으로 만든 길과 다리가 있었고, 집단노동으로 물을 뺀 늪지가 있었다. 또한 울타리로 둘러싸고 모든 사람에 의해 유지된 공동목초지도 있었다. 방적기나 직물염색 방식에서의 개선은 모든 사람에게 도움이 되었다. 이 시대에는 농민

가정이 대부분의 경우 마을, 즉 코뮌la commune으로부터 도움 받는 조건에서만 살 수 있었다.

그러나 오늘날 산업국가에서는 모든 것이 서로 얽혀 있고 각각의 생산분야가 다른 모든 분야를 이용하기 때문에, 생산물에 개인주의적 기원을 주는 주장은 결코 지지할 수 없다. 문명국가에서 직물산업이나 광업이 놀라운 완성에 도달했다면, 그것은 크든 작든 간에 수많은 다른 산업들의 동시적인 발전 덕분이다. 그것은 철도망의 확장, 대서양 횡단 항해, 수백만 노동자들의 숙련, 노동자계급 전체의 일반적인 문화의 일정한 수준, 마지막으로 세계의 모든 곳에서 이루어진 사람들의 노동 덕분이다.

수에즈운하를 파다가 콜레라로 죽었거나 고트하르트터널tunnel de Gothard*에서 관절 경직으로 죽은 이탈리아사람들과 노예제도 폐지를 위한 전쟁에서 포탄에 맞아 죽은 미국인들은 프랑스와 영국의 면직산업 발전에 기여하였다. 맨체스터나 루앙Rouen의 공장에서 창백해진 소녀직공들이나, (어떤 노동자의 암시에 따라) 직물기계를 개선한 엔지니어와 마찬가지로 말이다.

우리 모두는 부를 축적하는 데 기여하였다. 그렇다면 각자의 몫은 어떻게 평가할 것인가?

생산에 대해서 이처럼 일반적이며 종합적인 관점을 취한다면, 우

---

* 스위스의 고트하르트 고개를 관통하는 철도터널(1882년에 개통).

리는 집산주의자들의 견해에 찬성할 수 없다. 집산주의자들은 부의 생산에 각자가 제공한 노동시간에 비례해서 보수를 지급하는 것이 이상理想이거나 이 이상으로의 한 걸음 전진일 수 있다고 주장하기 때문이다. 실제로 상품의 교환가치가 오늘날의 사회에서 상품을 생산하는 데 필요한 노동의 양으로 측정되는지는 여기에서 논의하지 않겠다(스미스와 리카르도는 그렇다고 주장했으며, 마르크스는 그 전통을 이어받았다). 나중에 이 문제로 다시 돌아가겠지만, 여기에서는 이렇게 말하는 것으로 충분하다. 즉 우리가 보기에 집산주의의 이상은 생산수단을 공동의 유산으로 간주하는 사회에서는 실현할 수 없을 것 같다는 것이다. 이 원리에 기초한다면, 그런 사회는 모든 형태의 임금을 즉시 포기하지 않을 수 없을 것이다.

우리가 확신하는 것은 집산주의체제라는 완화된 개인주의는 모든 사람이 토지나 생산수단을 소유한다는 부분적인 공산주의와 공존할 수 없으리라는 것이다. 새로운 소유형태는 새로운 분배형태를 요구한다. 새로운 생산형태는 낡은 형태의 정치조직에 적응할 수 없는 것과 마찬가지로 낡은 소비형태를 유지할 수 없을 것이다.

임금제도는 토지와 생산수단을 몇몇 사람이 개인적으로 차지하는 것에서 생겨났다. 이것이 자본주의생산의 발전을 위한 필수조건이었다. "노동전표bons du travail"* 형태로 감추려고 했지만, 임금제도

---

* 프루동이 주장한 것으로 생산에 소비된 노동시간에 따라 임금을 주는 제도.

는 자본주의와 함께 없어질 것이다. 노동수단의 공동소유는 틀림없이 공동노동의 열매를 공동으로 향유하게 할 것이다.

게다가 우리는 공산주의가 바람직할 뿐만 아니라 개인주의에 기초한 오늘날의 사회가 끊임없이 공산주의로 나아가지 않을 수 없다고도 주장한다.

지난 3세기 동안의 개인주의 발전은 특히 자본과 국가의 힘으로부터 자신을 보호하고 싶은 인간의 노력으로 설명된다. 한때 개인은 자신이 국가와 사회로부터 완전히 해방될 수 있다고 믿었으며, 또 그의 생각을 그를 대신해서 표현한 사람들도 그렇게 설교하였다. "돈으로 나는 필요한 모든 것을 살 수 있다"라고 말하였다. 그러나 개인은 잘못된 길에 들어섰으며, 근대사는 개인에게 다음과 같은 사실을 인정하게 한다. 즉 금고가 금으로 가득 차 있어도 개인은 모두의 도움이 없다면 아무 것도 할 수 없다는 사실을 말이다.

사실 이 개인주의 흐름과 함께 근대사에는 한편으로는 고대의 부분적 공산주의의 잔재를 유지하려는 경향이 있으며, 또 한편으로는 공산주의원리를 수많은 생활표현 속에서 재확립하려는 경향이 있다.

10세기, 11세기, 12세기의 코뮌들이 세속적인 영주나 종교적인 영주로부터 해방되는 데 성공하자마자, 그것들은 즉시 공동노동과 공동소비를 크게 확대시켰다.

도시 – 개인들이 아니라 – 는 먼 곳과 교역하기 위해 배를 빌려 원정대를 파견하였다. 이 교역은 개인에게 돌아가지 않고 모두에게 돌아갔다. 도시 역시 그 주민들을 위해 식료품을 샀다. 이런 제도들의 흔적은 19세기까지 유지되었으며, 인민은 그 기억을 그들의 전설 속에 경건하게 보존하였다.

이 모든 것이 사라졌다. 그러나 농촌코뮌은 이 공산제의 마지막 흔적을 유지하기 위해 아직도 싸운다. 국가가 무력으로 간섭하지 않는 한, 농촌코뮌은 성공하고 있다.

이와 동시에, "각자에게 그의 필요에 따라" 라는 똑같은 원리에 기초한 새로운 조직들이 수많은 다양한 형태로 나타났다. 왜냐하면 어느 정도의 공산제가 없다면 오늘날의 사회는 살 수 없을 것이기 때문이다. 상품생산이 사람들의 정신에 대단히 이기주의적인 성향을 주었음에도 불구하고, 공산주의 경향은 매순간 나타나서 갖가지 형태로 우리의 관계에 침투하였다.

예전에는 농민들이 다리를 지나갈 때 돈을 냈지만, 지금은 다리가 공공건조물이 되었다. 포장도로는 옛날에는 많은 곳에서 돈을 받았다. 지금은 동양을 제외하면 그런 곳이 없다. 박물관, 무료도서관, 무상교육, 아이들에 대한 무상급식, 모두에게 개방된 공원과 식물원, 모든 사람에게 공짜인 포장된 조명도로, 소비하는 양에 상관없이 가정에 공급되는 물, 이 모든 제도는 이런 원칙에 입각해 있다: "필요한 만큼 가지시오."

전차와 철도는 승차회수에 상관없이 이미 월간 또는 년간 승차권

제를 도입하였다. 그리고 최근 헝가리 같은 나라는 철도망에 구역
별 표를 도입하였다. 이것은 같은 요금으로 500km 또는 1000km를
돌아다닐 수 있게 한다. 우편업무의 경우처럼 거기서 단일요금까지
는 멀리 떨어져 있지 않다. 이 모든 혁신과 그 밖의 많은 것에서의 경
향은 소비를 따져보지 않는다는 것이다. 어떤 사람은 천 곳을 돌아
다니고 싶어하지만, 다른 사람은 오백 곳만을 돌아다니고 싶어한다.
이것은 개인적인 욕구이다. 한 사람의 욕구가 다른 사람의 욕구보다
두 배라고 해서, 그가 다른 사람보다 두 배로 돈을 내야할 이유는 없
다. 이것들이 우리의 개인주의사회에서조차 나타나는 현상이다.

　게다가 개인의 필요를 그가 사회에 주었거나 언젠가 줄 도움에 상
관없이 고려하는 경향이 있다. 아직은 그 경향이 약하지만 말이다.
사람들은 사회를 하나의 전체로 생각하기 시작했다. 이 전체에서는
그 각각의 부분이 서로 긴밀하게 연결되어 있어, 어떤 개인에게 준
도움은 모두에게 준 도움이다.

　공공도서관 ― 파리의 국립도서관이 아니라 예를 들면 대영박물
관이나 베를린도서관 ― 에 가면, 사서는 당신이 사회에 어떤 도움을
주었는지를 묻지 않고 당신이 요구하는 책을 50권이라도 대출해준
다. 그리고 당신이 목록에서 찾을 줄 모른다면, 그는 필요한 경우 당
신을 도와준다. 일률적인 입회권리 덕분에 ― 대부분의 경우 연구업
적을 선호하지만 ― 학회는 모든 회원에게 (그가 다윈 같은 인물이든 평범
한 아마추어이든) 박물관, 식물원, 도서관, 연구소, 연례기념식을 개방

한다.

상트페테르부르크에서 만일 당신이 무언가를 발명하고자 한다면 특별연구소에 가게 되는데, 그곳에서는 장소, 목수 작업대, 회전식 선반, 모든 필요한 도구, 모든 정밀기구를 얻을 수 있다 (당신이 그것들을 다룰 줄 안다면 말이다). 그리고 당신이 원하는 만큼 연구할 수 있다. 도구들은 있다. 당신 혼자 연구하고 싶지 않다면, 친구들에게 당신의 아이디어에 관심을 갖게 하거나 여러 직업의 다른 동료들과 함께 작업해라. 비행기구를 발명하든 아무 것도 발명하지 못하든, 그것은 당신의 문제이다. 어떤 아이디어가 당신의 마음을 사로잡았다는 것, 이것으로 충분하다.

마찬가지로 구명정 선원들은 가라앉는 배의 선원들에게 신분증을 요구하지 않는다. 그들은 소형보트를 물에 띄우고 거친 파도에 목숨을 건다. 그들은 모르는 사람을 구하다가 때로는 희생되기도 한다. 조난자들에 대해 알 필요가 있는가? "그들은 우리의 도움을 필요로 한다. 저기에 사람들이 있다. 이것으로 충분하다. 그들의 권리가 확실히 있다. 그들을 구하자!"

이것이 어디에서나 모든 측면에서 나타나고 있는 두드러지게 공산주의적인 경향이다. 개인주의를 권하는 우리 사회의 한가운데에서조차 나타나고 있다.

평소에는 아주 이기적인 한 대도시가 내일 어떤 재난 – 예를 들면 포위 –을 당한다고 가정해보자. 그러면 그 도시는 제일 먼저 아이들과 노인들을 보살필 필요가 있다고 결정할 것이다. 사회에 어떤 도움을 주었는지 또는 줄 것인지를 묻지 않고, 맨 먼저 그들에게 먹을 것을 주어야 한다. 그 다음에는 각자가 발휘한 용기나 지혜에 상관없이 전투원들을 돌보아야 한다. 수많은 남녀들이 자신들을 희생하면서 부상자들을 간호할 것이다.

이 경향은 존재한다. 각자의 가장 긴급한 필요가 충족되자마자, 인류의 생산력이 증가함에 따라 그 경향은 강해진다. 어떤 위대한 사상이 나타나 우리 일상생활의 더러운 편견을 대신할 때마다, 그 경향은 더욱 강해진다.

그렇다면 생산수단이 모두에게 다시 돌아갔을 때, 즉 공동작업을 하게 되었을 때, 노동이 – 이번에는 사회에서 명예로운 지위를 회복했기 때문에 – 모두에게 필요한 것보다 더 많이 생산하리라는 것을 어떻게 의심할 수 있겠는가? 그렇다면 (이미 매우 강력한) 이 경향이 그 적용범위를 넓혀나가 마침내 사회생활의 원리 자체가 된다는 것을 어떻게 의심할 수 있겠는가?

이 징후에 따르면, 게다가 다음 장들에서 말하게 될 수용의 실제적인 측면을 고려하면, 혁명이 현재의 체제를 유지하는 힘을 부술 때 우리의 첫 번째 의무가 공산주의를 즉시 실현하는 것이라고 우리는 생각한다.

그러나 우리의 공산주의는 푸리에주의자들의 공산주의도 아니며, 독일의 권위 있는 이론가들의 공산주의도 아니다. 우리의 공산주의는 아나키즘적 공산주의, 정부 없는 공산주의이다. 즉 자유로운 인간들의 공산주의이다. 그것은 인류가 여러 시대를 통해 추구해온 두 가지 목적 ─ 경제적 자유와 정치적 자유 ─ 의 종합이다.

II

"아나키"를 정치조직의 이상으로 받아들이는 것은 인류의 또 하나의 두드러진 경향을 표현하는 것에 지나지 않는다. 유럽사회 발전의 발걸음이 허용했을 때마다, 유럽사회는 권위의 굴레에서 벗어나서 개인자유의 원리에 기초한 체제를 준비하였다. 그리고 역사가 우리에게 보여준 것은 부분적 또는 전반적인 반란의 결과로 정부들이 뒤집어진 시기가 경제적 및 지적인 분야에서 갑작스러운 진보의 시기였다는 것이다.

어떤 때는 코뮌들의 해방이 있었다. 이 금자탑 ─ 자유로운 조합의 자유로운 노동의 산물 ─을 능가한 것은 그 후 만들어지지 않았다. 어떤 때는 농민봉기가 종교개혁을 일으켰으며 교황권을 위태롭게 하였다. 또 어떤 때는 구유럽 출신의 불만자들이 대서양 건너편에 만든 사회 (잠시 자유로운 사회)를 만들었다.

그리고 문명국가들의 현재의 발전을 관찰한다면, 우리는 정부의 활동영역을 제한하고 개인에게 더욱더 많은 자유를 주는 움직임이 매우 확실하게 점점 더 분명해지는 것을 볼 수 있다. 현재의 진화는 사실 과거에서 물려받은 잡동사니 같은 제도와 편견에 의해 방해받고 있다. 모든 진화와 마찬가지로, 이 진화는 앞길을 가로막는 낡은 장애물들을 넘어뜨리고 다시 태어난 사회에서 자유롭게 날아오르기 위해 혁명만을 기다린다.

이 해결할 수 없는 문제 − 즉 개인에게 복종을 강요하면서도 그 자체가 사회에 복종하는 정부를 갖는 문제 −를 해결하려고 오랫동안 시도하였지만 헛수고한 다음, 인류는 모든 종류의 정부에서 벗어나려고 시도하였다. 그러면서도 인류는 개인과 집단 간의 자유로운 합의를 통해 똑같은 목적을 추구하는 조직의 필요성을 충족시키려고 하였다. 하나하나의 작은 지역단위의 독립이 절실하게 필요하다. 공동협약이 법을 대신한다. 그리고 그것은 국경을 넘어서는 일반적인 목적을 위해 개별적인 이해利害를 규제한다.

전에는 정부의 기능으로 간주된 모든 것이 오늘날에는 논란의 대상이 되었다. 정부의 간섭 없이도 사람들은 더 쉽게 더 잘 서로 맞춰나간다. 이 방향에서 이루어진 진보를 연구하면, 우리는 다음과 같이 결론 내리게 된다. 즉 인류는 정부의 활동을 영零으로까지 줄이려는 경향이 있다. 말하자면 불의, 억압, 독점의 화신인 국가를 없애려는 경향이 있다.

우리는 이미 개인이 더 이상 법에 얽매이지 않고 사회적인 관습 − 우리 각자가 이웃의 지지, 협조, 동정을 구하는 데서 느끼는 욕구의 결과 − 만을 갖는 세계를 예견할 수 있다.

틀림없이 국가 없는 사회라는 생각은 적어도 사유자본이 없는 사회의 경제학만큼이나 반론을 불러일으킬 것이다. 우리 모두는 국가의 섭리적 기능에 대한 편견에 사로잡혀 있었다. 우리의 모든 교육, 로마전통의 교육, 로마법이라는 이름하에 연구하는 비잔틴법전, 대학에서 가르치는 다양한 학문은 우리로 하여금 정부와 복지국가의 미덕을 믿는 데 익숙하게 한다.

이 편견을 유지하기 위해 철학체계들이 다듬어졌으며, 또 그것들을 가르쳤다. 법에 대한 이론들도 같은 목적으로 만들어졌다. 정치도 이 원리에 입각해 있다. 그의 색깔이 무엇이든 간에, 모든 정치인은 인민에게 언제나 이렇게 말한다: "나에게 권력을 주시오, 나는 당신들을 짓누르는 비참한 상태로부터 당신들을 해방시키고 싶소. 또 그렇게 할 수 있소!"

요람에서 무덤까지 우리의 모든 행동은 이 원리에 따른다. 사회학이나 법률학의 아무 책이나 펴보라. 거기에는 정부의 조직과 법령이 매우 큰 지면을 차지하고 있는 것을 볼 수 있을 것이다. 이 때문에 우리는 정부와 정치인 이외에는 아무 것도 없다고 생각하는 데 익숙해진다.

언론도 똑같은 가르침을 갖가지 어조로 반복한다. 모든 지면이 의회에서의 논쟁과 정치인들의 음모에 대한 글로 채워져 있다. 반면에 국민의 방대한 일상생활은 기껏해야 경제문제나 법에 대한 몇 줄의 기사에, 또는 경찰을 통해 3면기사에 나타날 뿐이다. 그러므로 신문을 읽어도, 여러분은 자라나고 죽고 고통을 겪고 일하고 소비하고 창조하는 무수히 많은 사람들을 거의 생각하지 못한다. 우리의 무지로 인해 과장된 소수의 거추장스러운 인물들의 그림자가 인류를 가릴 정도로까지, 사람들이 그들을 칭송하기 때문이다.

그렇지만 인쇄물에서 생활 자체로 넘어가자마자, 사회를 한번 훑어보자마자, 정부가 행하는 역할이 지극히 작은 것에 놀란다. 이미 발자크Honoré de Balzac가 언급한 것처럼, 수백만의 농민들은 무거운 세금을 내야한다는 것을 제외하면 평생 동안 국가에 대해 아무 것도 모르는 상태에 있다. 매일 수백만 건의 거래가 정부의 개입 없이 이루어지고 있다. 그리고 그것들 중 대부분 – 상업거래와 증권거래 – 은 계약 당사자들 중 한쪽이 그 계약을 이행하지 않으려고 한다 해도 정부를 내세우지 않는 방식으로 처리된다. 상업을 잘 아는 사람에게 물어보라. 그는 상인들 사이에서 매일 이루어지는 교환이 상호신용에 기초해 있지 않다면 절대로 불가능하다고 말할 것이다. 약속을 지키는 습관, 신용을 잃어버리지 않으려는 욕망만으로도 이 상대적인 정직함 즉 상업상의 정직함은 아주 충분히 유지된다. 화려한 라벨을 붙여서 유해한 약품을 팔아 고객을 중독시키고도 전혀 양심의 가책을 느끼지 않는 사람이라 할지라도 계약은 명예를 걸고 지키려고 한다. 그러므로 치부致富가 유일한 동기이고 목적인 현재의 상태에서도 이 상대적인 도덕성이 발달할 수 있었는데, 다른 사람의 노동산물을 차지하는 것이 더 이상 사회의 기초가 되지 않게 되면 도덕성이 빠르게 진보한다는 것을 어떻게 의심할 수 있겠는가?

특히 우리 세대의 성격을 나타내는 인상적인 또 하나의 특징은 우리의 생각을 더 잘 뒷받침해 준다. 그것은 개인의 창의력에 의한 기업분야의 끊임없는 성장과 모든 종류의 자유로운 집단들의 놀라운 발전이다. 이에 대해서는 자유로운 합의la Libre Entente을 다루는 장章에서 더 자세히 말할 것이다. 여기서는 그런 사실들이 매우 많고 통상적인 것이어서 금세기[19세기] 후반의 본질을 이룬다고 말하는 것으로 충분하다. 비록 사회주의 저술가들이나 정치에 관한 저술가들은 그런 사실들을 무시하고 정부의 기능에 대해 계속 우리에게 이야기하는 것을 좋아하지만 말이다. 무한히 다양한 이 자유로운 조직들은 매우 자연스러운 산물이다. 그 조직들은 매우 빠르게 성장하고 아주 쉽게 결속한다. 그것들은 문명인의 욕구가 계속 성장함으로써 나타난 필연적인 결과이다. 끝으로, 그것들은 정부의 간섭을 매우 좋게 대신한다. 그러므로 우리는 그 조직들이 사회생활에서 점점 더 중요한 요소가 된다는 것을 인정해야 한다.

만일 자유로운 조직들이 아직도 생활 전체에 퍼져나가지 않고 있다면, 이는 그것들이 노동자들의 가난에서, 현재 사회의 카스트에서, 자본의 사적인 소유에서, 국가에서 넘을 수 없는 장애물들을 만나기 때문이다. 이 장애물들을 제거하라, 그러면 당신은 자유로운 조직들이 문명인들의 광대한 활동영역을 차지하고 있다는 것을 알게 될 것이다.

지난 50년의 역사는 우리가 맡기고 싶어한 임무들을 대의정부가 제대로 수행하지 못한 무능력의 생생한 증거를 제공하였다. 장차 19세기는 의회주의가 실패한 시기로 인용될 것이다.

그러나 이 무능은 모든 사람에게 매우 분명해지고 있다. 의회주의의 결함과 대의제원리의 근본적인 결점은 매우 분명하기 때문에, 그것들을 비판한 몇몇 사상가들(존 스튜어트 밀, 에밀 르베르데이Emile Leverdays*)은 인민의 불만을 표현한 것에 불과하다. 실제로, 몇 사람을 지명해 그들에게 "당신들 중 누구도 그것들에 대해 아무것도 모르지만, 우리의 모든 생활영역을 규제하는 법을 만드시오"라고 말한다면, 이것이 얼마나 불합리한지 모르겠는가? 다수의 통치란 나라의 모든 일을 의회나 선거인 집회에서 다수를 이루는 자들, 말하자면 "늪지대의 개구리들", 한 마리로 말해 의견이 없는 자들에게 맡기는 것을 의미한다는 사실을 사람들은 알기 시작했다. 인류는 새로운 출구를 구하고 있으며, 이미 그것을 찾아냈다.

국제우편연합, 철도조합, 학회는 법 대신에 자유로운 합의를 통해 찾아낸 해결책을 우리에게 제공하고 있다.

오늘날 세계 각지에 흩어져 있는 단체들이 어떤 목적을 위해 단결하려고 할 때, 그들은 더 이상 무엇을 해도 좋은 대의원들의 국제의회를 선출해 그 대의원들에게 "규칙을 만들어 주시오. 그것에 따

---

* 프랑스의 저술가(1835~1890). 당시의 공산주의운동에 참여하였다.

르겠소"라고 말하지 않는다. 직접 만나서든 서신으로든 합의할 수 없을 때는 현안문제에 정통한 대표들을 파견하면서 그들에게 이렇게 말한다: "이러저러한 문제에 대해 합의를 보도록 노력하시오. 그리고 당신들 호주머니 속에 법률이 아니라 합의안을 가지고 돌아오시오. 우리는 그것을 받아들일 수도 있고 받아들이지 않을 수도 있소."

이미 유럽과 미국에 걸쳐 있는 큰 회사들, 학회, 갖가지 종류의 단체들은 이런 식으로 행동하고 있다. 그리고 자유로운 사회는 이런 식으로 행동해야 할 것이다. 수용을 하려면, 의회대의제 원리에 따라 조직되어서는 결코 그 수용을 할 수 없을 것이다. 농노제에 입각한 사회는 절대군주제에 만족할 수 있었다. 임금제와 자본가에 의한 대중착취에 입각한 사회는 의회주의를 받아들였다. 그러나 공동유산의 소유권을 되찾은 자유사회는 자유로운 결속과 단체들의 자유로운 연합 속에서 새로운 조직을 찾아야 할 것이다. 이 새로운 조직이 역사의 새로운 경제단계에 어울리기 때문이다.

각각의 경제단계에는 그 정치단계가 대응한다. 새로운 정치생활 방식도 동시에 찾지 않으면서 소유권[사유재산]을 건드리는 것은 있을 수 없는 일일 것이다.

1871년의 파리코뮌은 저당 잡힌 도구들을
노동자들에게 돌려주고 있다.

04
수용

I

로스차일드_{Rothschild}[*]에 대해서는 다음과 같은 이야기가 있다. 1848년에 혁명으로 자기 재산이 위협당하는 것을 보고 그는 다음과 같은 잔꾀를 생각해냈다. 그는 말하였다: "내 재산이 다른 사람들을 희생시켜 얻은 것이라는 사실을 나는 순순히 인정한다. 그런데 그것을 수백만 명의 유럽인들에게 분배한다면, 각자의 몫은 1에퀴écu[5프랑짜리 은화]밖에 되지 않을 것이다. 만일 나에게 그것을 요구한다면 각자에게 1에퀴를 주겠다."

이 약속을 정식으로 발표한 다음, 우리의 백만장자는 태연하게 프

---

* 암셀 마이어 폰 로트쉴트: 금융재벌인 로스차일드가家를 일으킨 마이어 암셀 로트쉴트의 맏아들(1773~1855)로 프랑크푸르트의 사업을 계승하였다 (로스차일드는 독일어Rothschild의 영어식 발음이다).

랑크푸르트거리를 산책하였다. 서너 명의 통행인이 그에게 그들의 돈을 요구하였다. 그는 냉소적인 미소를 지으며 그것을 지불하였다. 그의 잔꾀가 성공했다. 백만장자의 가족은 아직도 큰 재산을 소유하고 있다. 부르주아계급에서 반항적인 사람들은 거의 똑같이 생각하며 이렇게 말한다: "아, 수용이라고요! 그 뜻을 압니다. 당신은 모든 외투를 모아 그것들을 쌓아놓고 각자가 마음대로 그 중의 하나를 가져가라고 한다면, 그들은 가장 좋은 것을 차지하려고 싸울 것이오."

이것은 악취미의 농담이다. 우리에게 필요한 것은 외투들을 산더미처럼 쌓아놓은 다음 재분배하는 것이 아니다. 추위에 떠는 사람들은 거기서 약간의 이득을 얻겠지만 말이다. 로스차일드의 재산을 나눠 갖자는 것도 아니다. 우리에게 필요한 것은 이 세상에 태어나는 모든 사람에게 기회가 보장되도록 우리를 조직하는 것이다. 첫째는 생산적인 노동을 배워 그 습관을 갖게 하는 기회가 보장되도록 우리를 조직하는 것이다. 그 다음에는, 지주나 사장의 허가를 요구하지 않으면서 또 자신이 생산하는 것 중에서 가장 좋은 부분을 땅이나 기계의 소유자들에게 넘겨주지 않으면서 노동할 수 있는 기회가 보장되도록 우리를 조직하는 것이다.

로스차일드가문이나 밴더빌트_{Vanderbilt}가문이* 소유한 갖가지 성

---

* 미국 역사상 가장 부유한 가문 중의 하나. 코넬리어스 밴더빌트(1794–1877)가 밴더빌트 가문

질의 재산에 대해서 말한다면, 그것들은 우리의 공동생산을 더 잘 조직하는 데 쓰일 것이다.

농부가 생산량의 절반을 내놓지 않고 땅을 경작할 수 있게 되는 날, 많은 수확을 위해 땅을 가꾸는 데 필요한 기계들이 남아돌아 경작자들이 자유롭게 사용할 수 있게 되는 날, 공장노동자가 독점자들을 위해 생산하지 않고 공동체를 위해 생산하게 되는 날, 노동자들은 더 이상 누더기를 걸치고 다니지 않을 것이다. 더 이상 로스차일드가도 그 밖의 착취자들도 없을 것이다.

누구도 자신이 생산한 것의 일부에 불과한 임금을 위해 자신의 노동력을 팔 필요가 없을 것이다. 사람들은 우리에게 말한다: "좋소. 그러나 로스차일드가 같은 사람들이 외부에서 들어올 것이다. 중국에서 수백만금을 모아 온 사람이 당신네 나라에서 사는 것을 당신들이 막을 수 있겠소? 그가 자기 주위에 하인들과 임금노동자들을 모아 놓고 그들을 착취하고 희생시켜서 치부致富하는 것을 당신들이 막을 수 있겠소?"

"당신들은 혁명을 전세계에서 동시에 일으킬 수 없소. 아니면 당신들은 당신네 나라에 들어오는 모든 사람을 수색해, 그들이 가지고 들어오는 돈을 압수하기 위해 국경에 세관을 세우겠습니까? 여행자들에게 총을 쏘는 아나키스트 경찰관이라니 좋은 구경거리가

의 가주家主로서 미국의 해운업, 철도산업으로 재산을 모았다.

되겠소!"

그렇지만 이런 추론 밑에는 큰 오류가 있다. 부자들의 재산이 어디서 왔는지는 결코 물어보지 않았기 때문이다. 조금만 심사숙고해도, 이 재산의 기원이 가난한 사람들의 빈곤이라는 사실을 충분히 알 수 있을 것이다.

가난한 사람들이 없는 곳에는 그들을 착취하는 부자도 더 이상 없을 것이다.

큰 재산가들이 나타나기 시작한 중세를 잠시 보자.

한 봉건영주가 비옥한 유역을 빼앗았다. 그러나 그 평야에 사람들이 살지 않는다면, 우리의 영주는 결코 부자가 아니다. 그의 땅은 그에게 아무것도 가져다주지 않는다. 달 속의 재산을 소유하는 것과 같을 것이다. 우리의 영주는 부자가 되기 위해 어떻게 할 것인가? 그는 농민을 찾을 것이다.

그렇지만 만약 모든 농민이 세금이 없는 한 조각의 땅을 가졌다면, 게다가 경작에 필요한 도구와 가축을 가졌다면, 누가 영주의 땅을 개간하러 가겠는가? 각자 자기 땅을 돌볼 것이다. 그러나 가난한 사람들이 있다. 어떤 사람들은 전쟁으로 망했고, 어떤 사람들은 가뭄으로 망했다. 또 어떤 사람들은 전염병으로 망했다. 그들은 말도 없고 쟁기도 없다(철은 중세에는 비쌌고, 경작용 말은 더 비쌌다).

가난한 사람들은 모두 더 좋은 조건을 찾았다. 그들은 어느 날 우리 영주의 토지 경계에 있는 도로에서 푯말을 보았다. 이 푯말은 이해할 수 있는 몇 가지 기호로 다음과 같은 내용을 알렸다. 즉 이 토지에 정착하는 노동자는 땅과 함께 초가집을 짓고 밭에 씨를 뿌릴 도구와 재료를 공급 받을 수 있으며 몇 년 간은 세금을 내지 않아도 된다는 것이었다. 이 세금면제의 햇수는 푯말에 십자 기호로 나타냈으며, 이 십자 기호의 의미를 농민은 이해하였다.

이렇게 해서 가난한 사람들이 영주의 땅에 몰려들었다. 그들은 길을 만들었고, 늪의 물을 뺐으며, 마을을 건설하였다. 9년 후 영주는 그들에게 임대차 계약을 강요하고, 5년 뒤에는 소작료를 징수한다. 그 다음에는 소작료를 두 배로 올린다. 농민은 이 새로운 조건을 받아들일 것이다. 왜냐하면 다른 곳에서 더 좋은 조건을 찾지 못할 것이기 때문이다. 그리고 영주들이 만드는 법의 도움으로 점차 농민의 가난이 영주의 부富의 원천이 되었다. 그리고 영주만이 아니라 많은 고리대금업자들이 마을에 들이닥쳤다. 농민이 가난해지면 가난해질수록 이 고리대금업자들의 수는 더욱더 늘어났다.

이런 일들이 중세에 일어났다. 그런데 오늘날에도 계속 마찬가지가 아닌가? 농민이 마음대로 경작할 수 있는 노는 땅이 있다면, 그는 한 조각의 땅을 팔아주는 자작님에게 헥타르당 1000프랑을 지불할 것인가? 그는 생산량의 ⅓을 빼앗아가는 비싼 임대료를 지불할 것인가? 그는 반타작 소작인이 되어 수확량의 절반을 지주에게 줄 것인가?

그러나 그는 가진 것이 아무것도 없다. 따라서 땅을 경작해 살 수만 있다면 그는 모든 조건을 받아들일 것이다. 그러므로 그는 지주에게 돈을 벌게 해줄 것이다.

19세기에도 중세와 마찬가지로 지주에게 돈을 벌어주는 것은 여전히 농민의 가난이다.

II

지주는 농민의 가난에 의해서 부유해진다. 기업가의 경우도 마찬가지이다.

어떻게 해서든 50만 프랑의 재산을 소유한 부르주아가 있다고 해보자. 그는 확실히 해마다 5만 프랑씩 자기 돈을 쓸 수 있다. 이것은 오늘날 볼 수 있는 분별없이 흥청망청 쓰는 사치에 비하면 사실 별것 아니지만 말이다. 그러나 그렇게 하면 그는 10년 후에는 무일푼이 될 것이다. 그러므로 "실리적인 사람"으로서 그는 자기 재산에는 손대지 않고 상당한 연 수입을 얻는 쪽을 택한다.

우리 사회에서는 아주 쉬운 일이다. 왜냐하면 우리의 도시나 시골은 한 달이나 심지어는 보름도 살아갈 돈이 없는 노동자들로 우글거리기 때문이다. 우리의 부르주아는 공장을 세운다. 특히 그가 유능하다는 평판이 있다면, 은행들은 서둘러 그에게 50만 프랑이라도 빌려준다. 이 많은 돈으로 그는 500명의 노동자를 일하게 할 수 있을 것이다. 만약 그 부근에 생계가 보장된 남녀들만 있다면,

누가 우리 부르주아에게 일하러 가겠는가? 아무도 하루에 3프랑의 임금을 받고 5프랑 또는 10프랑 가치의 상품을 만드는 데 동의하지 않을 것이다.

불행하게도 - 우리는 너무나도 잘 알고 있다 - 도시의 가난한 구역들이나 이웃 마을에는 아이들에게 아무것도 먹이지 못하는 사람들로 가득 차 있다. 그래서 공장이 완성되기도 전에 노동자들이 채용되기 위해 달려간다. 백 명밖에 필요하지 않은데, 이미 천 명이 왔다. 그러므로 공장이 돌아가자마자, 사장은 - 그가 지독한 바보가 아니라면 - 자기 공장에서 일하는 노동자 한 명당 1년에 천 프랑 가량의 순이익을 얻을 것이다.

이렇게 해서 고용주는 상당한 수입을 올릴 수 있다. 만일 어떤 수지맞는 사업부분을 선택했다면 그리고 수완이 있다면, 그는 공장을 조금씩 확대할 것이며 아울러 자신이 착취하는 사람들의 수를 두 배로 늘려 자신의 수입을 늘릴 것이다.

그러면 그는 그의 나라에서 명사名士가 될 것이다. 그는 다른 명사들, 지방의회 의원들이나 국회의원들을 점심식사에 초대할 수 있을 것이다. 그는 자기 재산을 다른 재산과 결합시키고[부자와 결혼하고], 나중에는 자기 자녀들을 유리한 자리에 앉힐 수 있을 것이다. 그러면 그는 국가로부터 어떤 사업권을 얻을 수 있을 것이다. 군대나 경찰에 물품을 공급하는 계약을 따낼 수 있을 것이다. 그의 재산은 계속 늘어날 것이다. 마침내 전쟁이나 단순한 전쟁 소문, 투기 그리고 증권거래소가 그에게 크게 한탕 해먹을 수 있게 해준다.

미국에서 만들어지는 거대한 재산의 9/10는 (헨리 조지Henry George*
가 그의 《사회문제Social Problems》에서 매우 잘 말한 것처럼) 국가의 도움으로
이루어진 큰 부정행위에 기인한다. 유럽의 경우에도 우리 군주국과
공화국에서 만들어지는 재산의 9/10는 똑같은 기원을 갖고 있다. 백
만장자가 되는 데 두 가지 방식은 없다.

부의 모든 비밀은 거기에 있다. 가난한 사람들을 찾아내 그들에게
3프랑을 지불하고는 10프랑 어치만큼 생산하게 해라. 이렇게 해서
재산을 모은다. 그 다음에는 국가의 도움을 얻어 한몫 잡아 그 재산
을 늘리는 것이다!

경제학자들이 저축해서 얻을 수 있다고 말하는 조금의 재산에 대
해서 더 이야기 할 필요가 있는가? "저축한" 잔돈이 굶주린 사람들
을 착취하는 데 사용되지 않는 한, 저축 그 자체는 아무것도 "가져다
주지"않는데 말이다.

구두장이를 예로 들어보자. 그는 벌이가 좋고 고객도 많다고 해보
자. 그는 절약해 하루에 2프랑, 한 달에 50프랑을 저축한다!

우리의 구두장이는 결코 아프지 않고, 열심히 저축하면서도 실컷
먹으며, 결혼도 하지 않고 자식도 없고, 결핵으로 죽지 않는다고 가

---

* 미국의 경제학자(1839–1897). 단일토지세를 주장한 《진보와 빈곤》을 저술하였다. 19세기말
영국의 사회주의운동에 커다란 영향을 끼쳐 "조지주의 운동"으로 확산되었다.

정해보자. 당신들이 원하는 모든 것을 가정해보자!

그럼에도 그는 50세에 15000프랑도 저축하지 못했을 것이다. 그리고 그가 일할 수 없는 노년 동안 살기에 충분할 만큼의 돈도 되지 않을 것이다. 확실히, 이렇게 해서는 재산이 쌓이지 않는다.

그러나 또 한 명의 구두장이를 예로 들어보자. 그는 몇 수_{sou}가 생길 때마다 그 돈을 꼬박꼬박 저축은행에 맡길 것이다. 저축은행은 가난한 사람들을 착취하려는 부르주아에게 그 돈을 빌려줄 것이다. 그 다음 그 구두장이는 도제를 고용할 것이다. 이 도제는 가난한 사람의 아들인데, 그 가난한 사람은 자기 자식이 5년에 걸쳐 그 일을 배워 밥벌이를 할 수 있다면 다행이라고 생각할 것이다.

도제는 우리의 구두장이에게 "이득을 가져다줄" 것이다. 그리고 우리의 구두장이에게 고객이 많다면, 그는 서둘러서 두 번째 제자, 세 번째 제자를 받아들일 것이다. 나중에는 두세 명의 노동자를 고용할 것이다. 이들은 하루에 6프랑어치만큼의 일을 하고 3프랑만 받아도 만족해하는 가난한 사람들이다. 그리고 만일 우리의 구두장이가 "운이 좋다면" 즉 꽤 교활하다면, 그의 노동자들과 도제들이 그 자신의 노동 이상으로 그에게 하루에 20여 프랑을 더 벌게 해줄 것이다. 그는 사업을 확장해 점점 더 부자가 될 것이며, 허리띠를 졸라맬 필요가 없을 것이다. 그는 자기 아들에게 약간의 재산을 남겨줄 것이다.

이것이 사람들이 "절약하고 검소한 습관을 갖고 있다"고 말하는 것이다. 근본적으로 그것은 정말로 가난한 사람들을 착취하는 것이다.

무역은 이 규칙에서 예외인 것 같다. 다음과 같이 말하는 사람이 있을 것이다: "어떤 사람은 중국에서 차를 사서, 그것을 프랑스로 수입해 자기 돈의 30%를 번다. 그는 아무도 착취하지 않았다."

그렇지만 사정은 마찬가지이다. 만일 우리의 상인이 차茶를 등에 져서 옮겼다면, 좋다! 옛날 중세 초기에는 무역이 바로 그런 방식으로 행해졌다. 그래서 오늘날과 같은 엄청나게 많은 재산을 얻지 못했다. 당시에는 상인은 힘들고 위험한 항해를 한 다음에야 간신히 몇 개의 금화를 얻었다. 그가 무역을 하게 된 것은 이득에 대한 욕망보다는 항해와 모험을 좋아했기 때문이다.

오늘날에는 방법이 더 단순하다. 자본을 소유한 상인은 사무실을 떠나지 않아도 부자가 된다. 그는 100톤의 차를 산다는 주문을 중개인에게 전보로 보낸다. 그는 배를 빌린다. 몇 주 후에, 범선이라면 3개월 후에, 배는 그에게 화물을 가져다주었을 것이다. 그는 항해의 위험을 부담하지 않는다. 그의 차와 배가 보험에 들어있기 때문이다. 그리고 만일 그가 10만 프랑을 썼다면, 그는 13만 프랑을 손에 넣을 것이다. 그가 어떤 새로운 상품에 투기해서 재산을 두 배로 늘리든가 아니면 몽땅 잃어버리든가 하는 모험을 시도하지 않는 경우라면 말이다.

그런데 그는 보잘것없는 임금을 받고서 (피로를 견디고 목숨을 걸면서 바다를 횡단하거나 중국까지 왕복하는) 힘든 일을 하기로 결심한 사람들을 어떻게 구할 수 있었는가? 그는 일하는 동안 굶어죽지 않을 만큼 임금을 받고 배에 짐을 싣고 내리는 부두노동자들을 어떻게 구할 수 있었는가? 어떻게 해서 말인가? 그들이 가난하기 때문이다! 항구에 가서 부두에 있는 카페에 들어가 보라. 배에서 일거리를 얻으려고 새벽부터 몰려와 부두에 앉아있는 사람들을 보라. 몇 주 또는 몇 달의 기다림 끝에 먼 항해를 하는 일자리를 얻었다고 좋아하는 선원들을 보라. 그들은 평생 동안 이 배 저 배를 타고 살아왔으며 앞으로도 배를 타고 살 것이다. 언젠가 파도 속에서 사라질 때까지 말이다.

그들의 움막에 들어가서, 누더기를 걸친 채 아버지가 돌아오기만을 기다리며 사는 아내들과 아이들을 보아라. 당신들은 문제에 대한 답을 얻을 것이다.

예를 늘리고, 그 중에서 당신들이 보기에 좋은 것들을 선택해보라. 상업, 금융업, 공업 또는 토지에서 생겨난 크고 작은 모든 재산의 기원을 생각해보라. 한쪽 사람들의 부가 다른 쪽 사람들의 가난으로 만들어졌다는 사실을 당신들은 어디에서나 확인할 수 있을 것이다. 아나키즘사회는 미지의 로스차일드가 갑자기 나타나 그 한가운데에 자리 잡는 것을 두려워할 필요가 없다. 만일 공동체의 모든 구성원이 몇 시간의 생산적인 노동을 한 다음에는 문명이 제공하는 모든 즐거움에 대해서 (즉 과학과 예술이 교양 있는 사람에게 주는 깊은 기쁨에 대해서) 권리가 있다는 것을 안다면, 그는 보잘것없는 양식을 위해 자신의 노동력을 팔지 않을 것이다. 아무도 문제의 로스차일드를 부자로 만들기 위해 일하려고 하지 않을 것이다. 그의 은화는 여러 가지 목적에 유용한 금속조각일 뿐이며, 새끼를 칠 수 없을 것이다.

위의 반대론에 대답하면서 우리는 동시에 수용의 한계를 결정하였다.

수용은 누구든 – 그가 은행가이든 기업가이든 지주든 – 다른 사람의 노동을 차지할 수 있게 하는 모든 것에 적용되어야 한다. 우리의 말은 간단하고 분명하다.

우리는 누구에게서도 그의 외투를 빼앗고 싶지 않다. 그러나 우리는 노동자들에게 그들을 착취할 수 있게 해주는 모든 것을 돌려주고 싶다. 우리는 최선을 다해 누구에게도 부족함이 없게 할 것이다. 그 자신과 아이들이 생존하기 위해 노동력을 팔아야 하는 사람이 한 사람도 없어야 할 것이다.

이것이 우리가 말하는 수용의 의미이다. 이것은 혁명기간 동안 우리가 해야 할 의무이다. 우리는 지금부터 200년 후가 아니라 가까운 장래에 혁명이 도래하리라고 본다.

Ⅲ

일반적인 아나키즘사상과 특별히 이 수용사상은 자주적인 성격을 지닌 사람들과 게으름을 최고의 이상으로 삼지 않는 사람들에게서 우리가 생각하는 것 이상으로 공감을 얻고 있다. 그렇지만 우리의 친구들은 종종 우리에게 말한다: "너무 지나치지 않도록 조심하시오! 인류는 하루 사이에 바뀔 수 없으니, 수용과 아나키 계획을 너무 서두르지 마시오! 서두르면 당신들은 지속적인 결과에는 하나도 도달하지 못할 것이오!"

그런데 수용에 관해서 우리가 걱정하는 것은 너무 멀리 나가는 것이 결코 아니다. 오히려 우리가 걱정하는 것은 이것이다. 즉 수용이 너무 작은 범위에서 이루어져서 지속되지 않는다는 것이다. 이럴 경우 혁명의 기세가 중도에서 멈추고 고갈되고 어정쩡해져서 아무도 만족시킬 수 없을 것이다. 또한 사회적으로는 굉장한 혼란과 기능의 정지를 일으키면서도, 전반적인 불만의 씨를 퍼뜨려 반드시 반동의 승리를 야기시킬 것이다.

사실 우리 사회에는 우리가 부분적으로 그것만 건드린다면 실질적으로 변화시킬 수 없는 기존관계들이 있다. 우리 경제조직의 여러 기구는 서로 밀접하게 연결되어 있기 때문에, 그 전체를 바꾸지 않고서는 단 하나도 바꿀 수 없다. 그 어떤 것이든 수용하려고 하면 이것을 곧 알게 될 것이다.

어느 지역에서 제한된 수용이 이루어진다고 가정해보자. 예를 들면, 최근 헨리 조지가 요구한 것처럼 공장은 손대지 않고 대지주들의 땅을 수용하는 것에 그치는 것, 또는 어느 도시에서 집은 수용하면서 소비물자는 공유화하지 않는 것, 어떤 공장지역에서는 공장은 수용하지만 대토지 소유에는 손을 대지 않는 것이다.

결과는 언제나 똑같을 것이다. 경제생활의 엄청난 대혼란이 일어나는데도, 이 경제생활을 새로운 기초 위에 재조직할 수단이 없다. 산업과 금융이 정지되어도, 정의의 원리로 돌아가지 못한다. 사회를 조화로운 전체로 재건하지 못한다.

농업이 대지주로부터 해방되어도 공업이 자본가나 상인이나 은행가로부터 해방되지 않는다면, 아무것도 이루어지지 않을 것이다. 농민은 오늘날 지주에게 소작료를 지불해야 하는 것으로만 고통을 겪는 것이 아니다. 그는 현재의 조건 전체 때문에도 괴로움을 겪는다. 그는 기업가에게 착취당하고 있다. 기업가는 – 농민의 노동에 비하면 – 그 가치가 15수밖에 되지 않는 삽을 그에게 3프랑 받고 판다. 농민은 국가가 징수하는 세금으로도 괴로움을 겪는다. 국가는 엄청난 계급조직의 관리들 없이는 존재할 수 없다. 농민은 국가가 보유하는 군대 유지비용으로도 괴로움을 겪는다. 국가가 군대를 보유하는 이유는 모든 나라의 기업가들이 시장을 얻기 위해 끊임없이 싸우고 있으며, 아시아나 아프리카의 어딘가를 착취할 때 일어나는 분쟁으로 전쟁이 매일 일어날 수 있기 때문이다. 농민은 시골의 인구감소로도 고통받는다. 농촌 청년들은 대도시의 공장으로 떠난다. 사치품생산자들이 일시적으로 주는 높은 임금의 유혹 때문이거나, 활기찬 생활의 즐거움 때문이다. 농민은 또한 인위적인 공업보호, 외국의 상품폭리, 주가조작, 토지 개량이나 도구개선의 어려움 등으로도 고통을 겪는다. 요컨대 농민은 소작료 때문에 고통을 겪을 뿐만 아니라 착취에 기초한 우리 사회의 조건 전체 때문에도 고통을 겪는다. 그러므로 수용으로 모두가 땅을 경작할 수 있고 또 소작료를 내지 않아도 된다고 하더라도, 이렇게 해서 농업이 일시적으로 번영한다 하더라도 (이것은 아직 증명되지 않았다), 그것은 곧 오늘날 처해 있는 침체에 다시 빠질 것이다. 모든 것이 다시 시작되어야 할 것이다. 더 많은 새로운 어려움을 가지고 말이다.

공업도 마찬가지이다. 농민을 토지 소유자로 만든 것처럼 공장을 내일 노동자들에게 돌려준다고 해보자. 사장은 없애지만, 지주에게는 땅을, 은행가에게는 돈을, 상인에게는 증권거래소를 남겨준다고 해보자. 노동자의 노동에 얹혀사는 게으름뱅이들의 무리, 수많은 중간상인들, 무수히 많은 관료들을 갖고 있는 국가를 그대로 남겨놓는다고 해보자. 그러면 공업은 제대로 돌아가지 않을 것이다. 여전히 가난한 상태에 있는 농민 대중에서 구매자를 찾지 못하기 때문에, 원료가 없고 (일부는 무역의 중단으로, 특히 공업이 전세계에 보급되어) 제품을 수출할 수 없기 때문에, 공업은 지지부진한 상태에 있을 수밖에 없고 노동자들은 길거리로 내몰릴 것이다. 이 굶주린 무리들은 일거리만 보장해준다면 어떤 음모가든 기꺼이 따르거나 구체제로 돌아갈 용의가 있다.

또는 끝으로, 지주의 토지를 수용하고 노동자들에게 공장을 돌려주지만, 많은 중간상인들을 그대로 내버려둔다고 해보자. 이 중간상인들이 우리 공장의 제품을 팔아치우는 동시에, 오늘날에는 큰 상업중심지에서 옥수수와 밀가루, 고기와 향신료에 투기하는데도 말이다. 그럴 경우 거래는 중단되고 제품들은 더 이상 유통되지 않을 것이다. 파리에서는 빵이 부족하고, 리옹Lyon은 비단을 살 사람들을 찾지 못할 것이다. 무시무시한 반동이 다시 일어나 시체를 짓밟고 도시와 농촌으로 기관총을 가지고 다니면서 처형과 유형流刑의 향연을 벌일 것이다. 1815년, 1848년, 1871년에 했던 것처럼 말이다.

우리 사회에서는 모든 것이 서로 연관되어 있다. 전체를 흔들지 않고는 그 무엇이든 개혁할 수 없다.

사유재산의 어느 한 형태를 — 토지든 공장이든 — 강타하는 날에는 다른 모든 사유재산 형태도 강타해야 할 것이다. 그래야 혁명이 성공할 것이다.

게다가 부분적인 수용을 바란다 하더라도, 그것에 만족할 수는 없을 것이다. 일단 신성한 소유권Sainte Prepriété원리가 흔들리면, 이론가들은 그 소유권이 여기에서는 토지에 딸려 있는 농노들에 의해서, 저기서는 공장의 노예들에 의해서 파괴되는 것을 막지 못할 것이다.

만일 대도시(예를 들면 파리)가 집이나 공장만을 수용한다고 해도, 반드시 대도시는 이전에 대출해 준 돈에 대한 이자로 5000만 프랑을 코뮌에 징수할 권리가 은행가에게 있다는 것을 더 이상 인정하지 않아야 할 것이다. 대도시는 농민들과 교류하면 기필코 농민들을 지주들로부터 해방시켜야 할 것이다. 먹고 생산할 수 있기 위해서, 대도시는 철도를 수용해야 할 것이다. 마지막으로, 물자낭비를 피하고 1793년의 코뮌처럼 상인들이 밀가루를 매점하지 못하도록 하기 위해, 대도시는 시민들에게 가게에 물자를 공급하고 생산물을 분배하는 일을 맡겨야 할 것이다.

그렇지만 몇몇 사회주의자들은 아직도 구분하려고 한다. 그들은 이렇게 말하였다: "토지, 광산, 공장은 수용되어야 한다. 우리는 이것을 바란다. 그것들은 생산수단이다. 그것들을 공공재산으로 생각하는 것이 옳을 것이다. 그러나 그 외에 식량, 옷, 주택 등의 소비재는 사유재산으로 남겨두어야 한다."

보통의 상식은 이 교묘한 구분보다 한수 위에 있다. 사실 우리는 숲 속의 나뭇가지 밑에서 살고 있는 야만인이 아니다. 일하는 유럽인에게는 방, 집, 침대, 난로가 필요하다.

아무것도 생산하지 않는 자에게는 침대, 방, 집이 게으름의 장소이다. 그러나 노동자에게 따뜻하고 밝은 방은 기계나 도구와 마찬가지로 생산수단이다. 그것은 내일 일할 때 쓰는 근육과 신경을 회복시키는 장소이다. 노동자의 휴식, 그것은 기계의 준비작업이다.

식량의 경우에는 더욱 명백하다. 방금 언급한 구분을 하는 소위 경제학자들도 기계 안에서 연소되는 석탄이 원료 자체와 마찬가지로 생산에 필요한 사물로 분류해야 한다는 것을 잘 알고 있다. 그렇다면 어떻게 해서 식량을 (식량이 없다면 인간이라는 기계가 조금의 노력도 할 수 없는데) 생산자에게 없어서는 안 되는 사물에서 제외시킬 수 있는가? 그것은 종교적 형이상학의 잔재인가?

부자의 푸짐한 고급 식사는 물론 사치스러운 소비이다. 그러나 생산자의 식사는 증기기관에서 태우는 석탄과 마찬가지로 생산에 필요한 사물 중 하나이다.

옷의 경우도 마찬가지이다. 사실 생산재와 소비재 간에 이런 구분을 하는 경제학자들이 뉴기니아 야만인들의 복장을 하였다면, 우리는 그러한 보류를 이해할 수 있다. 그러나 제대로 갖춰 입지 않고서는 글 한 줄 쓸 수 없는 사람들이 그들의 셔츠와 펜을 아주 다르게 구분하는 것은 터무니없다. 그리고 부인들의 화사한 의상은 사치품이지만, 일정한 양의 천, 면, 양모는 생산자에게는 생활필수품이다. 노동자가 일하러 갈 때 입는 셔츠와 바지, 하루의 일과가 끝났을 때 입는 웃옷, 모자는 망치나 모루와 마찬가지로 그에게 필요하다.

원하든 원하지 않든 간에, 인민은 혁명을 이런 식으로 이해한다. 정부를 몰아내자마자, 인민은 무엇보다도 위생적인 주거, 충분한 음식과 옷을 무상으로 확보하려고 할 것이다.

그리고 인민은 옳을 것이다. 인민의 이러한 행동방식은 생산도구와 소비재를 아주 많이 구분하는 경제학자들의 방식보다 "과학"에 더 잘 일치한다. 인민은 혁명이 바로 그렇게 시작되어야 한다고 이해한다. 그리고 그들은 과학이 될 자격을 요구할 수 있는 유일한 학문인 경제학의 기초를 쌓을 것이다. 이 학문은 이렇게 부를 수도 있을 것이다: 인류의 필요와 그것을 만족시켜주는 경제적 수단에 대한 연구.

05
식량

I

다가올 혁명이 사회혁명임에 틀림없다면, 그것은 목적뿐만 아니라 그 방법 때문에도 이전以前의 봉기들과 구분될 것이다.

한 세기 전부터 프랑스에서 일어난 세 개의 큰 대중운동은 많은 면에서 서로 다르다. 그렇지만 그것들은 모두 한 가지 공통된 특징을 갖고 있다.

인민은 구체제를 뒤엎으려고 싸웠다. 그들은 고귀한 피를 흘렸다. 그 후 용감하게 맞선 다음, 그들은 잊혀졌다. 다소 정직한 사람들로 구성된 정부가 만들어져서 1793년의 공화국, 1848년의 작업장, 1871년의 자유코뮌을 조직하려고 했다.

자코뱅사상에 물들어있는 이 정부는 무엇보다도 정치문제에 몰두하였다: 권력기구의 재조직, 관료의 숙청, 교회와 국가의 분리, 시민의 자유 등등.

노동자 클럽들이 새로운 위정자들을 감시하는 것은 사실이다. 종종 그들은 자신들의 생각을 강요한다. 그러나 이 클럽들에서조차 연설자가 부르주아든 노동자든 간에, 지배하는 것은 언제나 부르주아 사상이다. 정치문제에 대해 많이 말했지만, 빵 문제는 잊고 있었다.

위대한 사상, 즉 세계를 움직인 사상은 그런 시기에 나왔다. 이때 한 말은 한 세기가 지났지만 아직도 우리의 마음을 움직인다.

그러나 변두리 지역에는 빵이 부족하였다.

혁명이 일어나자마자 노동은 불가피하게 중단되었다. 생산물의 유통은 멈추었으며 자본은 자취를 감추었다. 고용주는 이 시기에 두려워할 것이 아무것도 없었다. 그는 주위의 가난을 이용해 투기하지는 않았지만, 금리로 먹고 살았다. 그러나 임금노동자는 곧 하루살이 생활을 하게 되었다. 식량과 생활필수품의 부족이 예고되었다.

비참한 생활이 나타났다. 구체제 하에서도 거의 볼 수 없었던 비참한 생활이었다.

1793년 변두리지역에 있는 사람들은 말하였다: "지롱드당원들이* 우리를 굶기고 있다." 그래서 지롱드당원들이 단두대에서 처형되었

---

* 지롱드당Girondins: 프랑스혁명 때 입법의회와 국민공회의 당파. 자코뱅당과 마찬가지로 공화정을 내세웠지만, 온건한 의회주의, 소유권과 재산권의 옹호, 통제경제 반대, 연방주의를 제창하고 부르주아 본위의 정책과 현상유지를 주장하였다.

고, 산악당*과 파리코뮌이 전권을 장악했다. 코뮌은 실제로 빵 문제에 신경을 썼다. 코뮌은 파리를 먹여살리기 위해 영웅적인 노력을 하였다. 리옹에서는 푸셰Joseph Fouché**와 콜로 데르부아Jean Marie Collot d'Herbois***가 곡식저장소를 만들었다. 그러나 그것들을 채우기에는 돈이 조금밖에 없었다. 시의회는 밀을 구하려고 애썼다. 밀가루를 매점한 제빵업자들이 교수형에 처해졌지만, 빵은 계속 부족하였다.

따라서 사람들은 왕당파의 음모자들을 비난하였다. 하루에 12명 내지 15명을 단두대에서 처형하였다. 하인들과 공작부인들도 함께 처형하였는데, 특히 하인들이 많았다. 공작부인들은 코블렌츠Coblentz[독일 서부에 있는 도시]로 도망쳤기 때문이다. 그러나 매일 100명의 공작과 자작을 단두대에서 처형했다하더라도, 사정은 전혀 변하지 않았을 것이다.

궁핍은 점점 심해졌다. 살기 위해서는 언제나 임금을 받아야 했는데, 임금을 받지 못했기 때문이다. 천여구의 시체로 무엇을 할 수 있었겠는가?

그때 인민은 싫증나기 시작했다. 반동분자는 노동자의 귀에 속삭였다: "이게 당신들의 혁명이요. 당신들은 전보다 더 궁핍해졌소." 부

---

* 프랑스혁명기 국민공회의 좌파. 구성의원들의 대부분은 자코뱅당에 속하는 급진적인 의원들로 소시민과 무산계층을 기반으로 삼았으며, 지롱드당과 대립하였다.
** 프랑스의 정치가(1759 – 1820). 프랑스혁명 후 국민공회 의원으로 당선되었다. 산악당에 속하였다.
*** 프랑스의 배우이자 혁명가(1749 – 1796). 공포정치 시대에 공안위원회의 위원으로 활동하였다.

자들은 조금씩 힘을 냈다. 그들은 은신처에서 나와 가난한 사람들에게 자신들의 화려한 사치를 뽐냈다. 그들은 멋부린 옷차림을 하고는 노동자들에게 말하였다: "여보시오. 바보 같은 짓은 이제 지긋지긋하오. 당신들이 혁명으로 얻은 것이 무엇이요? 이제 그만하시오!"

혁명가는 가슴이 아팠지만 더 이상 참지 못하고, 마침내 자인하였다: "혁명은 또 실패하였다!" 그는 누추한 집으로 돌아가 되는 대로 내버려두었다.

그러자 반동이 보란 듯이 모습을 드러냈다. 반동이 쿠데타를 수행하였다. 혁명은 죽었으며, 시체를 짓밟는 일만이 남았다.

시체를 짓밟았다. 피가 넘쳐흘렀다. 백색테러가 사람들을 쓰러뜨렸으며, 감옥은 만원을 이루었다. 이러는 동안 고급 사기집단의 향연은 다시 시작되었다.

이것이 우리의 모든 혁명의 모습이다. 1848년 파리 노동자들은 공화국을 위해 "3개월의 궁핍"을 바쳤다. 3개월 후[1848년 6월] 그들은 더 이상 할 수 없이 마지막 필사적인 노력을 하였지만, 이 노력은 대학살로 끝났다.

그리고 1871년의 코뮌은 전투원 부족으로 실패했다. 코뮌은 교회와 국가의 분리를 잊지 않고 공포하였다. 하지만 모두에게 **빵**을 주는 일은 너무 늦게 생각하였다. 그리고 파리에서는 잘 차려입은 상류계급 사람들이 파리코뮌의 국민군들을 비웃으며 이렇게 말하였다: "꺼져 버려, 바보들아! 너희들이 몇 푼의 돈을 위해 사람을 죽이는 동안, 우리는 고급레스토랑에서 잘 먹을 것이다!" 마침내 코뮌은 잘 못을 깨닫고 공동급식소를 만들었지만, 너무 늦었다. 베르사이유 정규군이 이미 성벽에 와 있었다!

"빵이다. 혁명에 필요한 것은 빵이다!"

다른 사람들이 화려한 선언문을 발표하는 데 몰두해도 내버려두어라. 다른 사람들이 어깨를 온통 장식줄로 꾸며도 내버려두어라. 끝으로, 다른 사람들이 정치적 자유에 대해 비난해도 내버려두어라!

우리의 임무는 혁명의 첫날부터 또 혁명이 지속되는 날까지 자유를 위해 싸우는 곳에는 빵 없는 사람이 단 한 명도 없게끔 하는 것이다. 동냥으로 던져주는 겨가 섞인 빵 한 덩어리를 받아가려고 빵가게 앞에 줄 서는 여자가 단 한 명도 없게끔 하는 것이다. 허약한 체격에 필요한 것이 부족한 어린이가 단 한 명도 없게끔 하는 것이다.

부르주아사상은 위대한 원리 – 아니 오히려 큰 거짓말 – 에 대하여 거드름 피우며 말하는 것이었다. 인민의 생각은 모두에게 빵을 보장해주는 일일 것이다. 그리고 부르주아와 부르주아사상에 감염된 노동자들이 간담회에서 잘난 척 하는 동안에, "실리적인 사람들"이 정부의 형태에 대해 끝없이 이야기를 늘어놓는 동안, 우리 즉 "유토피아주의자들"인 우리는 매일의 빵에 대해 생각해야 한다.

우리는 모두가 실컷 먹어야 하고 또 실컷 먹을 수 있다고 주장할 용기를 갖고 있다. 우리는 모두를 위한 빵이라는 표어를 가질 때만 혁명이 성공할 것이라고 감히 주장한다.

II

우리는 유토피아주의자이다. 이것은 잘 알려져 있다. 사실 유토피아주의자이기 때문에, 우리는 우리의 유토피아를 밀고 나가 혁명이 모두에게 집, 옷, 빵을 보장해주어야 하며 또 그럴 수 있다고까지 생각한다. 이것은 당파색에 상관없이 부르주아들의 마음에 들지 않는다. 왜냐하면 배부른 인민을 제어하기가 얼마나 어려운지는 그들이 아주 잘 알고 있기 때문이다.

그렇지만 우리는 우리의 주장을 바꾸지 않는다. 혁명을 일으킨 인민에게 빵을 보장해주어야 한다. 빵 문제가 모든 것보다 앞서야 한다. 빵 문제가 인민을 위한 방향으로 해결된다면, 혁명은 올바른 길로 나아갈 것이다. 사실 식량 문제를 해결하려면 다른 모든 해결책은 제쳐놓고 평등원리를 받아들여야 한다.

다음 혁명은 - 이 점에서는 1848년의 혁명과 비슷한데 - 엄청난 산업공황 속에서 터질 것임이 확실하다. 약 12년 전부터 우리는 이미 흥분의 도가니 속에 있다. 상황은 악화되고 있을 뿐이다. 모든 것이 그 방향으로 나가고 있다. 오래된 시장들의 정복을 위해 경기에 뛰어든 신흥국가들의 경쟁, 계속 늘어나는 세금, 국가의 부채, 내일의 불안, 먼 곳에서의 대규모 사업이 그렇다.

유럽의 수백만 명의 노동자들은 이 순간에도 굶고 있다. 혁명이 일어나 화약의 도화선에 불을 지른 것처럼 퍼져나가면, 사정은 더 나빠질 것이다. 유럽이나 미국에 바리케이트가 세워지면 곧바로 실업자들의 수는 두 배로 늘어날 것이다. 이 대중들에게 빵을 보장하려면 무엇을 해야 하는가?

실리적이라고 자처하는 사람들이 이 문제를 노골적으로 제시한 적이 있는지 우리는 모른다. 그런데 우리가 아는 것은 그들이 임금제도를 유지하고 싶어 한다는 것이다. 따라서 실업자들에게 빵을 주기 위해 "국립작업장"과 "공공사업"을 권하는 것을 보게 될 것이다.

1789년과 1793년에 국립작업장을 열었기 때문에, 1848년에도 똑같은 방법에 의존했기 때문에, 나폴레옹 3세도 18년간 파리의 프롤레타리아들에게 공공사업을 주어 그들을 억누르는 데 성공했기 때문에 (그 사업은 오늘날 파리에 20억 프랑의 빚과 일인당 90프랑의 지방세를 부담시키고 있다), "맹수를 길들이는"이 훌륭한 방법은 로마와 심지어는 4000년 전에 이집트에서도 실행되었기 때문에, 끝으로 전제군주들, 왕들, 황제들은 언제나 채찍을 잡는 시간을 벌기 위해 인민에게 빵조각을 던져주었기 때문에, "실리적인" 사람들이 임금제도를 영속화하는 이 방법을 권하는 것은 당연하다. 고대 이집트의 파라오들이 쓴 방법을 마음대로 사용할 수 있는데, 우리의 머리를 쥐어짜 본들 무슨 소용이 있겠는가?

그러나 만일 혁명이 불행하게도 이 길로 들어간다면, 그것은 실패할 것이다.

1848년 2월 27일 국립작업장이 열렸을 때 파리의 실업자는

8000명밖에 되지 않았다. 하지만 보름 후 실업자는 이미 49000명이나 되었다. 실업자는 곧 10만 명으로 늘어났다. 지방에서 올라온 자들을 계산에 넣지 않고서도 말이다.

그러나 이 시기에는 프랑스의 공업과 상업이 오늘날과 비교하면 절반도 고용하지 않았다. 그리고 잘 알다시피, 혁명 때 가장 많이 고통 받는 것은 무역과 공업이다. 직접적으로든 간접적으로든 수출을 위해 일하는 노동자들의 수만 생각해 보라. 소수의 부르주아를 고객으로 하는 사치품산업에 고용된 노동자들의 수를 생각해 보라!

유럽에서 혁명이 일어나면 공장들과 작업장들 중 적어도 절반은 즉시 조업을 멈춘다. 그것은 수백만 명의 노동자들이 가족들과 함께 길거리로 쫓겨나는 것을 뜻한다.

그런데 사람들은 국립작업장을 이용해 진실로 이 무시무시한 상황을 대비하려고 한다. 즉 실업자들을 고용하기 위해 즉흥적으로 만들어진 새로운 공장을 이용해서 말이다!

프루동이 이미 말한 것처럼, 분명한 것은 재산에 대한 아무리 작은 침해도 사기업과 임금제도에 기초한 체제 전체를 완전히 해체시킬 것이라는 사실이다. 사회 그 자체가 생산을 모두 장악해 그것을 인구 전체의 필요에 따라 재조직해야 할 것이다. 그러나 이 재조직은 하루나 한 달 안에는 불가능하기 때문에, 이 재조직은 일정한 기간의 적응을 요구하기 때문에 (그 동안에는 수백만 명의 사람들은 생존수단이 없을 것이다), 무엇을 해야 하는가?

이러한 조건에서는 진실로 실리적인 해결책이 하나밖에 없다. 그 것은 반드시 해야할 일이 엄청나다는 것을 인정하면서 – 우리 자신이 지지할 수 없게 된 상황을 흐지부지 덮어버리지 말고 – 새로운 원리에 따라 생산을 재조직하는 것이다.

그러므로 우리가 보기에 실리적으로 행동하려면, 인민은 봉기한 코뮌들에 있는 모든 식량을 즉시 장악해 목록을 만들어야 한다. 모든 사람은 하나도 낭비하지 말고 모은 재원을 이용해서 위기의 시기를 극복해야 한다. 그 기간 동안 공장노동자들과는 협정을 맺어 그들에게 부족한 원료를 제공하고 그들의 생계를 수개월 보장해주어, 농민이 필요로 하는 것을 생산하게끔 해야 할 것이다. 잊지 말아야 할 것은 프랑스가 독일의 은행가들, 러시아나 샌드위치제도iles Sandwich*의 왕후들을 위해 비단을 짠다면, 파리가 전세계의 부자들을 위해 멋있는 잡화雜貨들을 만든다면, 프랑스 농민의 ⅔는 환하게 밝혀줄 램프도 갖지 못할 것이고, 오늘날 농업에 필요한 기계도구도 갖지 못할 것이라는 사실이다.

끝으로, 남아도는 비생산적인 토지를 개간하는 것이다. 그리고 집약적인 경작, 채소재배, 원예재배를 할 경우에 비해 ¼도 심지어는 1/10도 생산하지 못하는 땅을 개량하는 것이다.

---

* 하와이제도의 옛 이름으로 1778년 1월 18일 제임스 쿡이 발견한 후 샌드위치 제도라고 이름 붙였다. 그 후 1890년대 중반까지 샌드위치 제도라고 불리었다.

이것이 우리가 예상할 수 있는 단 하나의 실리적인 해결책이다. 원하든 원치 않든 간에, 이 해결책은 반드시 필요하다.

Ⅲ

현재 자본주의체제의 지배적인 독특한 특징은 임금제도이다.

한 사람 또는 한 무리의 사람들이 필요한 자본을 갖고 기업을 세운다. 그들은 작업장이나 공장에 원료를 공급하고, 생산을 조직하고, 제품을 팔고, 노동자들에게 일정한 임금을 지불하는 일을 맡는다. 끝으로 그들은 관리해준 대가를 받고, 당면한 위험이나 그 제품의 시장가격 변동에서 오는 손해를 보상한다는 구실하에 잉여가치 이익을 챙긴다.

임금제도를 몇 마디 말로 하면 이렇다.

이 제도를 유지하기 위해 현재의 자본소유자들은 몇 가지 양보를 할 용의가 있을 것이다. 예를 들면 이익의 일부를 노동자들과 나누어 갖거나, 아니면 이익이 많을 때 임금을 올려주는 연동제를 제정하는 것이다. 요컨대 그들은 기업을 경영하고 그 이익을 떼어낼 권리를 자기들에게 계속 남겨준다면 몇 가지 희생에 동의할 것이다.

잘 알다시피 집산주의는 이 체제에 중요한 변화를 가져오지만, 그럼에도 불구하고 임금제도를 유지한다. 다만 국가, 즉 전국 또는 지방의 대의제정부가 고용주를 대신할 뿐이다. 국가나 코뮌의 대표자,

또는 그 대리인인 관료가 기업의 관리인이 된다. 이들은 또한 생산의 잉여가치를 모두에게 이익이 되게끔 사용할 권리를 보유한다. 게다가 이 체제에서는 일꾼[인부]의 노동과 미리 경력을 쌓은 사람의 노동 사이에 결과적으로는 매우 큰 교묘한 차별을 한다. 일꾼의 노동은 집산주의자가 보기에 단순한 노동에 불과하다. 반면에 장인, 엔지니어, 과학자 등등은 마르크스가 복잡한 노동이라고 부르는 일을 한다. 따라서 그들은 더 높은 임금을 받을 권리가 있다. 그러나 일꾼과 엔지니어, 직조공과 과학자도 모두 국가의 임금노동자이다. 최근에는 감언이설로 꾀기 위해 "모두가 관료"라고 말하였다.

그렇다면 다음의 혁명이 인류에게 할 수 있는 최대의 봉사는 모든 형태의 임금제를 불가능하게 하거나 실시할 수 없게 하는 상황을 만드는 것일 것이다. 그런 상황에서는 임금제를 부정하는 공산주의가 받아들일 수 있는 유일한 해결책으로 인정받을 것이다.

사실 집산주의적 변화가 만일 번영과 평온의 시기 동안에 점진적으로 행해진다면, 그런 변화가 가능할 수 있다는 것을 우리는 인정한다(나로서는 이런 조건에서 조차 그 가능성을 상당히 의심하지만 말이다). 하지만 혁명의 시대에는 불가능할 것이다. 왜냐하면 무기를 들고 일어선 다음 날부터 수백만 명의 사람들을 먹여 살려야 하기 때문이다. 정치혁명은 산업을 뒤집어버리지 않고도 행해질 수 있다. 그러나 인민이 소유권[재산]에 손을 대는 혁명은 불가피하게 교환과 생산을 갑자기 중지시킬 것이다. 국고에 있는 수백만 프랑으로는 수백만 명의 실업자들에게 임금을 주기에 모자랄 것이다.

이 점은 아무리 강조해도 지나치지 않다. 새로운 기초에 입각한 산업의 재조직(이 문제가 얼마나 엄청난 것인지는 우리가 곧 보여줄 것이다)은 며칠 내로 이루어지지 않을 것이다. 그리고 프롤레타리아는 임금제를 지지하는 이론가들을 위해 몇 년 동안이나 곤궁을 참을 수도 없을 것이다. 궁핍의 시기를 잘 넘기기 위해 그들은 비슷한 경우에 항상 요구한 것, 즉 식량의 공유화(배급)을 요구할 것이다.

인내심을 설교해도 소용이 없을 것이다. 인민은 더 이상 참지 않을 것이다. 모든 식량이 공유화되지 않는다면, 그들은 빵가게를 약탈할 것이다.

만일 인민의 압력이 충분히 강하지 않으면, 인민은 총살당할 것이다. 집산주의가 실험할 수 있으려면, 무엇보다도 질서, 규율, 복종이 필요하다. 그리고 자본가들은 자칭 혁명가들에 의해 인민이 총살당하는 것이 인민으로 하여금 혁명을 혐오하게 하는 가장 좋은 방법이라는 사실을 곧 알아차리기 때문에, 그들은 틀림없이 "질서"의 옹호자들(집산주의자들이라 하더라도)을 도와줄 것이다. 그들은 이렇게 하는 것이 다음번에 집산주의자들을 분쇄하는 방법이라고 생각한다.

만일 이런 식으로 해서 "질서가 회복되면", 결과는 쉽게 예견된다. "약탈자들"을 총살하는 것으로 만족하지 않을 것이다. "무질서의 장본인들"을 찾을 것이고, 재판소와 교수대를 재건할 것이다. 가장 열렬한 혁명가들은 단두대 위에 오를 것이다. 1793년의 되풀이가 될 것이다.

반동이 지난 세기에 어떻게 승리했는지를 잊지 말자. 맨 먼저 에베르파(les Hébertistes)*와 과격파가 단두대로 보내졌다. 그들은 미녜 François Mignet**가 그 투쟁을 생생히 기억하면서 "아나키스트들"이라고 부른 사람들이다. 당통파(les Dantoniens)***가 그들의 뒤를 따랐다. 그리고 로베스피에르파(les Robespierristes)가 이 혁명가들을 처형했을 때, 이번에는 그들 자신이 단두대에 섰다. 이렇게 해서 인민은 혁명에 진저리를 냈으며, 혁명이 실패하는 것을 보고는 반동분자들이 하는 대로 내버려두었다.

"질서가 회복된다면" 감히 말한다면 집산주의자들은 아나키스트들을 단두대로 보낼 것이다. 가능주의파는 집산주의자들을 단두대로 보낼 것이다. 끝으로 가능주의파 자신들은 반동분자에 의해 단두대에서 처형될 것이다. 혁명이 다시 시작되어야 할 것이다.

그러나 모든 것을 보면 인민의 힘이 충분히 강하다는 생각이 든다. 혁명이 일어나면 아나키즘적 공산주의 사상이 퍼져나갈 것이다. 이것은 억지로 꾸며낸 사상이 아니다. 인민 자신이 우리에게 그 사

---

* 에베르파는 프랑스혁명기에 자크 르네 에베르(Jacques Rene Hebert)(1757 – 1794)를 중심으로 한 정치파벌이다. 에베르는 자코뱅당의 강경파 인사 중의 한 사람으로 언론인이자 작가이다.
** 프랑스의 역사가(1796 –1884). 저서로는 《프랑스 혁명사》(1824) 등이 있다.
*** 당통(Gerorges Jacques Danton)(1759 – 1794)은 프랑스의 혁명가이자 정치가이다. 국민공회에서는 산악당에 속하였고 자코뱅당의 우익을 형성하여 좌파인 에베르 일파와 대립하였다. 당통은 공포정치의 완화를 요구해 로베스피에르에 의해 처형되었다.

상을 불어넣었다. 다른 모든 해결책으로는 안 된다는 것이 분명해짐에 따라 공산주의자들의 수는 늘어날 것이다.

그리고 만일 인민의 압력이 충분히 강하다면, 사태는 전혀 다른 모습을 보여줄 것이다. 봉기한 도시들의 인민은 다음날은 굶어도 좋으니 몇몇 빵가게를 약탈하는 대신에, 밀 창고, 도살장, 식품창고 - 요컨대 사용할 수 있는 모든 식량창고 -를 손에 넣을 것이다.

선의의 남녀시민들은 모든 상점과 모든 곡식저장소에 있는 것의 목록을 만드는 일에 곧 착수할 것이다. 통계위원회가 있음에도 파리가 오늘날에도 여전히 모르고 있는 것, 그리고 [1871년] 포위되었을 때에도 알지 못한 것, 즉 얼마만큼의 식량을 보유하고 있는지를 봉기한 코뮌은 24시간이면 알게 될 것이다. 48시간이면 모든 식량과 그것들이 저장된 장소, 분배방법을 보여주는 정확한 도표 수백 만 장이 이미 인쇄되었을 것이다.

모든 가옥 집단에서, 모든 거리와 구역에서, 자원자 집단들(식량 자원자들)이 조직될 것이다. 이들은 서로 합의해가며 일을 처리할 것이다. 자코뱅파의 총칼이 끼어들지 않아야 할 것이다. 자칭 과학적인 이론가들이 혼란을 일으키지 않아야 할 것이다. 아니, 그들이 명령하는 권한을 갖지 않는다면 하고 싶은대로 내버려두어라. 그러면 인민, 특히 프랑스 국민의 모든 사회계층이 지녔지만 실천할 기회가 거의 없었던 저 놀랄만한 조직정신이 혁명으로 끓어오르고 있는 파리와 같은 대도시에도 나타날 것이다. 그때에는 거대한 봉사가 자유롭게 구성되어 한 사람 한 사람에게 없어서는 안 되는 식량이 공급될 것이다.

다만 인민이 자유롭게 행동하도록 하라. 그러면 8일 이내에 식량이 놀라울 만큼 질서정연하게 공급될 것이다. 인민이 열심히 일하는 것을 본 적이 없는 자들이나 평생을 책 속에 파묻혀 산 자들만이 그것을 의심할 것이다. 진가를 제대로 인정받지 못한 위대한 존재Grand Meconnu, 즉 인민의 조직가정신에 대해서는 파리의 바리케이트시절에 그것을 본 사람들에게 말하여라. 또는 50만 명의 굶주린 사람들에게 식량을 준 지난 런던의 대파업 때 그것을 본 사람들에게 말하여라. 그러면 그들은 인민이 관청의 관리들보다 얼마나 나은지 말해줄 것이다!

그렇지만 보름이나 한 달 동안은 어느 정도의 부분적이고 상대적인 무질서를 견뎌야 할 것이다. 이것은 별로 중요하지 않다! 대중에게는 그래도 오늘날보다는 더 나을 것이다. 그뿐만 아니라 혁명의 시기에는 사람들이 딱딱하게 굳은 소시지나 빵을 먹으면서도 불평하지 않고 웃으면서, 심지어는 토론하며 지낼 것이다! 어쨌든 직접적인 필요에 의해 자발적으로 생겨나는 것은 방에 처박혀 헌 책들 사이에서 또는 시청의 사무실에서 생각해낼 수 있는 어떤 것보다도 훨씬 더나을 것이다.

Ⅳ

대도시의 인민은 틀림없이 모든 시민의 필요를 만족시키기 위해 단순한 것에서 복잡한 것에 이르는 모든 식량을 장악할 것이다. 빨리 이루어질수록 더 좋을 것이다. 그 만큼 곤궁이 줄어들면 그 만큼 내분을 피할 수 있기 때문이다.

그러나 어떤 기초 위에서 조직되어야 식량을 공동으로 사용할 수 있는가? 이것이 자연스럽게 생겨나는 질문이다.

그런데 그것을 공정하게 할 수 있는 상이한 두 가지 방법은 없다. 한 가지 방법밖에 없으며, 이것이 정의감정에 부합하는 단 하나이다. 그리고 그것이 실제로 실리적이다. 그것은 유럽에서 농업코뮌들이 받아들인 제도이다.

아무데나 있는 농민코뮌을 예로 들어보자. 자코뱅파가 공동체관행을 파괴하기 위해 갖가지 짓을 한 프랑스의 경우를 보자. 코뮌이 예를 들어 숲을 소유한다고 하자. 작은 나무가 부족하지 않는 한, 각자는 그가 원하는 만큼 가져갈 권리가 있다. 이웃사람들의 여론 이외에는 다른 통제가 없다. 큰 나무의 경우, 그것은 충분하지 않기 때문에 배급에 의존한다.

공동목초지도 마찬가지다. 목초지가 충분히 있다면 각 농가의 소들이 무엇을 먹든 또 목초지에 소가 얼마나 있든 통제하지 않는다. 목초지가 불충분할 때에만 분배 – 또는 배급 – 에 의존한다. 스위스 전체, 프랑스와 독일의 많은 코뮌들, 공동목초지가 있는 곳에는 어디서나 이 방식이 실행된다.

그런데 큰 나무가 무진장 많고 토지도 부족하지 않은 동유럽국가에 가면, 농민들이 필요에 따라 숲에서 나무를 자르고, 필요한 만큼 땅을 경작하는 것을 볼 수 있다. 그들은 큰 나무를 배급할 생각도 하지 않으며, 또 땅을 분할할 생각도 하지 않는다. 그러나 어느 하나가 부족해지면, 각 가정의 필요에 따라 큰 나무는 배급되고 땅은 분배될 것이다. 이미 러시아의 경우가 그렇다.

한 마디로 말하면 이렇다: 풍부하게 소유하고 있는 것에 대해서는 제한하지 않지만, 조절하거나 분배해야 하는 것은 배급한다! 유럽에 사는 3억 5000만 명 중 2억 명은 아주 자연스러운 이 관행을 아직도 따르고 있다.

주목해야 할 것이 있다. 적어도 한 가지 물자에 대해서는 대도시에서도 똑같은 방식이 지배한다. 대도시에도 풍부하게 있는 것은 각 가정에 공급되는 물이다.

가정에 물을 공급할 펌프들이 충분히 있어 물 부족을 걱정하지 않아도 되는 한, 수도회사는 각 가정에서 소비하는 물을 제한하려 하지 않는다. 마음껏 쓰시오! 그렇지만 아주 더운 시기에 파리에 물이 부족하지는 않을까 걱정된다면, 수도회사는 신문에 네 줄의 경고문을 실어 알리면 된다는 것을 잘 알고 있다. 그렇게 하면 파리시민들은 물 소비를 줄이고 물을 너무 낭비하지 않을 것이다.

그런데 만약 물이 결정적으로 부족하게 되면, 어떻게 할 것인가? 배급제에 의존할 것이다! 이 조치는 매우 자연스럽고 사람들의 정신에도 매우 잘 어울리기 때문에, 1871년 파리는 두 번 포위되었을 때 두 번에 걸쳐 식량 배급을 요구하였다.

세부적으로 들어가서, 배급이 이루어지는 방식에 대한 도표를 작성할 필요가 있는가? 그것은 공정할 뿐만 아니라 오늘날 존재하는 모든 것보다 훨씬 더 공정하다는 사실도 증명할 필요가 있는가? 도표를 만들고 상세히 설명해도 우리는 부르주아(그리고 유감스럽게도, 부르주아화된 노동자들)를 설득하지 못할 것이다. 이들은 인민을 정부가 더 이상 제 역할을 하지 않으면 서로 심하게 싸우는 야만인들의 결합체로 여기기 때문이다. 그러나 인민이 심사숙고하는 것을 결코 본 적이 없는 자들만이 잠시라도 의심할 것이다. 만일 인민이 배급의 주인공이 된다면, 그들이 가장 순수한 정의와 공정의 감정에 따라서 배급할 것이라는 사실을 말이다.

인민의 모임에 가서, 자고새 새끼는 게으른 미식가 귀족을 위해 남겨 놓고 흑빵은 병원에 있는 환자들에게 주자고 말한다면, 당신은 야유를 받을 것이다.

그러나 같은 모임이나 사거리의 길모퉁이에서, 가장 맛있는 음식은 연약한 사람이나 병든 사람에게 먼저 주어야 한다고 설득하라.

파리 전역에 10마리의 자고새 새끼와 단 한 상자의 말라가Malaga산 포도주가 있다면, 그것들을 회복기에 있는 사람들에게 갖다주라고 말하라.

병자 다음에는 어린이라고 말하라. 모두에게 줄 만큼 충분한 양이 없다면, 암소와 염소의 젖을 어린이에게 주어라. 극도로 궁핍해지면, 마지막 고깃덩어리는 어린이와 노인에게 주고 딱딱한 빵은 건장한 남자에게 주어라.

한 마디로 말해, 어떤 식량이 충분하지 못해 배급해야 한다면, 가장 필요로 하는 자들에게 배급해야 한다. 이렇게 말하면, 당신의 의견은 만장일치로 받아들여질 것이다.

부자가 이해하지 못하는 것을 인민은 이해한다. 인민은 그것을 언제나 이해하였다. 그러나 부자조차도 길거리에 내쫓겨서 대중과 접촉하면, 그도 역시 그것을 이해한다.

이론가들은 - 이들에게는 군인의 제복과 병영의 공동식탁이 문명의 결정판이다 - 아마도 국영식당과 렌즈콩[렌탈콩] 수프를 곧 도입해야 한다고 요구할 것이다. 그들은 누구나 와서 일정한 배급량의 수프, 빵, 채소를 먹을 수 있는 거대한 식당을 설치하면, 연료와 식량을 절약할 수 있다는 이점利點을 내세울 것이다.

우리는 이 이점에 이의를 제기하지 않는다. 인류가 각자 빵을 만드는 데 사용한 맷돌과 화덕을 차례로 버림으로써 연료와 노동력을 절약했다는 것을 우리는 아주 잘 알고 있다. 100개의 가마에 따로따로 불을 피우는 것보다 한꺼번에 100가구가 먹을 수 있는 수프를 만드는 것이 더 경제적일 것이라고 우리는 생각한다. 우리는 또한 감자를 요리하는 방법이 천 가지나 된다는 것도 알고 있지만, 백 가구를 위해 단 하나의 솥에서 요리된 감자도 맛이 나쁘지 않다고 생각한다.

끝으로 우리가 아는 바로는, 요리의 다양성이 특히 각각의 주부가 하는 양념의 개성에 달려있기 때문에, 다량의 감자를 함께 요리해도 주부들은 각자 자기 방식대로 맛을 낼 수 있을 것이다. 그리고 백 가지 다른 입맛을 만족시키기 위해 고기 국물로 백 가지 다른 수프를 만들 수 있다는 것을 우리는 안다.

우리는 이 모든 것을 알고 있다. 그렇지만 주부가 자신의 솥에서 자신의 불로 그녀 스스로 요리하고 싶다면, 누구도 그녀에게 이미 공공취사장에서 요리된 감자를 가져오게 할 권리가 없다고 우리는 주장한다. 무엇보다도 우리는 각자가 자기 가족과 함께 또는 친구들과 함께, 또는 좋다면 레스토랑에서 자유롭게 식사할 수 있기를 바란다.

오늘날 사람들에게 형편없는 음식을 제공하는 레스토랑을 대신해서 큰 공중식당이 틀림없이 생겨날 것이다. 이미 파리의 주부는 고기 국물을 정육점에서 얻어와 자신이 좋아하는 수프로 만드는 데 익숙하다. 런던의 주부는 돈을 조금 주면 빵가게에서 자신의 고기를 구워달라고 하거나 심지어는 사과파이나 대황大黃파이를 만들어달라고 할 수 있다는 것을 안다. 시간과 연료를 절약하기 때문이다. 그리고 일반식당 – 미래의 공동취사 화덕 – 이 더 이상 속임수나 섞음질 또는 식중독의 장소가 되지 않으면, 그곳에 가 이미 만들어진 식품의 기본적인 부분들을 구한 다음 각자의 입맛에 따라 마무리하는 습관이 생겨날 것이다.

그러나 이것을 법으로 만들어 이미 요리된 음식을 집에 가져가 먹는 것을 의무화한다면, 이는 19세기 인간에게 혐오감을 불러일으킬 것이다. 수도원이나 병영의 관념, 즉 명령에 의해서 타락하거나 종교 교육에 의해서 왜곡된 두뇌 속에 생긴 병적인 관념만큼이나 말이다.

누가 코뮌의 식량에 대해서 권리를 가질 것인가? 이것은 확실히 우리가 우리 자신에게 물어보게 될 질문일 것이다. 각 도시는 스스로 대답할 것이다. 그리고 우리는 그 대답들이 모두 정의감정에 의해 부추겨질 것이라고 확신한다. 노동이 조직되지 않고 사람들이 흥분의 시기에 있는 한, 그리고 무기력한 게으름뱅이와 비자발적인 실업자를 구분할 수 없는 한, 사용가능한 식량은 예외 없이 모두를 위한 것이어야 한다. 인민의 승리에 대해 무기를 들고 저항했거나 그 승리를 막을 음모를 꾸민 사람들은 지체 없이 그 반란을 일으킨 지역에서 스스로 그 모습을 숨길 것이다. 그러나 언제나 보복을 싫어하는 관대한 인민은 수용자이든 피수용자이든 간에 함께 남아있는 모든 사람들과 빵을 나눌 것 같다. 이런 사상에 고무되었다면, 혁명은 잃어버린 것이 아무것도 없었을 것이다. 그리고 노동이 다시 시작되면, 어제의 투사들이 같은 작업장에서 만나는 것을 보게 될 것이다. 노동이 자유로운 사회에서는, 게으름뱅이들을 걱정할 필요가 없을 것이다.

"그러나 식량은 한 달이면 떨어질 것이다"라고 비판자들은 즉시 소리칠 것이다.

그것이 더 낫다고 우리는 대답한다. 이것은 프롤레타리아가 평생 처음으로 실컷 먹었다는 사실을 증명할 것이다. 소비한 것을 새로 채워 넣는 방법에 대해서는, 이것이 바로 우리가 다루려고 하는 문제이다.

V

사실 사회혁명이 한창인 도시는 어떤 방법으로 식량을 조달할 수 있는가?

우리는 이 질문에 대답할 것이다. 그런데 분명한 사실은 식량조달을 위해 의존하는 방법이 지방과 이웃나라들에서의 혁명의 성격에 달려있다는 것이다. 만일 온 나라가, 아니 더 나아가서 만일 유럽 전체가 동시에 사회혁명을 수행해 철저한 공산주의로 출발할 수 있다면, 그에 상응해서 행동할 것이다. 그러나 만일 유럽의 몇몇 코뮌만이 공산주의를 시도한다면, 다른 수단을 선택해야 할 것이다. 상황에 따라 방법이 다르다.

더 멀리 나가지 전에 유럽을 한번 살펴보자. 예언자인 체 하지 말고, 우리는 혁명의 길이 어느 것인지, 적어도 그 본질적인 특징이 무엇인지 보아야 한다.

102

물론, 유럽 전체가 동시에 봉기하고 도처에서 수용하고 또 어디에서나 공산주의원리에서 영감을 받는 것이 매우 바람직할 것이다. 그와 같은 봉기가 우리 세기의 과업을 아주 용이하게 해줄 것이다.

그러나 모든 것을 보면 그런 일이 일어날 것이라고 생각되지 않는다. 혁명으로 유럽이 뜨거워지리라는 것을 의미하지 않는다. 만일 유럽대륙의 4대 도시 - 파리, 비엔나, 브뤼셀, 베를린 - 중 하나에 혁명이 일어나 그 정부를 뒤집는다면, 다른 세 도시도 몇 주 안에 그렇게 할 것이 거의 확실하다. 또한 이베리아 반도[스페인과 포르투갈을 포함하는 반도], 심지어는 런던과 페테르부르크에서도 혁명이 곧바로 일어날 개연성이 상당히 있다. 그러나 혁명의 성격이 어디에서나 같을 것인가? 이것은 매우 의심스럽다.

아마도 수용은 도처에서 다소 광범위하게 실시될 것이다. 그리고 유럽의 주요 국가 중 어느 한 곳이 실시하면 이 조치는 다른 모든 나라에 영향을 미칠 것이다. 그러나 혁명의 시작은 지역마다 큰 차이를 나타낼 것이며, 그 발전도 나라마다 다르게 전개될 것이다. 1789년 - 1793년에 프랑스 농민들은 봉건적 권리의 매입을 결정적으로 폐지하고 부르주아가 왕정을 뒤엎는 데 4년이 걸렸다. 잊지 말아야 할 것이다. 혁명이 전개되는 데에는 어느 정도 시간이 걸린다. 혁명이 어디에서나 똑같은 걸음으로 진행되는 것을 보지 못해도 실망하지 말라.

유럽의 모든 나라에서 혁명이 특히 처음부터 분명하게 사회주의 성격을 가질 것인지는 아직도 의심스럽다. 상기해야 할 것은 독일이 아직도 완전한 통일제국이라는 사실이다. 이 나라의 진보적인 당파들은 1848년의 자코뱅공화국과 루이 블랑의 "노동조직"을 꿈꾸고 있다. 반면에 프랑스인민은 공산주의코뮌은 아니지만 적어도 자유로운 코뮌을 원한다.

모든 점에서 보면, 다음 혁명 때는 독일이 프랑스보다 더 멀리 나갈 것이라고 생각할 수 있다. 프랑스는 18세기에 부르주아혁명을 하면서 17세기의 영국보다 더 멀리 나갔다. 프랑스는 왕권과 함께 토지귀족의 권력도 폐지했다. 영국에서는 이 토지귀족이 여전히 강력한 세력을 이루고 있지만 말이다. 그러나 설령 독일이 1793년의 프랑스보다 더 멀리 나가고 더 잘 한다 해도, 그 혁명의 시작을 고취시킬 사상은 틀림없이 1848년의 사상일 것이다. 러시아에서 혁명을 부추길 사상이 금세기의 지적 운동에 의해 어느 정도 수정된 1789년의 사상인 것처럼 말이다.

그렇지만 이러한 예측에 더 이상 중요성을 부여하지 말고, 우리는 이렇게 결론지을 수 있을 것이다. 즉 혁명은 유럽의 나라마다 다른 성격을 지닐 것이다. 생산물의 사회화가 달성되는 수준도 똑같지 않을 것이다.

그렇다면 사람들이 종종 말한 것처럼, 선진국가들은 후진국가들과 보조를 맞추어야 하는가? 모든 문명국에서 공산주의혁명이 무르익는 것을 기다려야 하는가? 결코 그렇지 않다! 게다가 그것을 바란다 하더라도, 가능하지 않을 것이다. 역사는 시대에 뒤진 자들을 기다리지 않는다.

또 한편으로 우리는 한 나라 안에서도 혁명이 몇몇 사회주의자들이 꿈꾸는 것처럼 한꺼번에 이루어진다고 생각하지 않는다. 프랑스의 5대 도시나 6대 도시 – 파리, 리옹, 마르세이유, 릴, 생테티엔, 보르도 – 중 한 곳이 코뮌을 선언하면, 다른 도시들이 그 예를 따를 가능성이 아주 높다. 그러면 여러 소도시들도 그렇게 할 것이다. 어쩌면 여러 탄광지대와 몇몇 산업중심지도 지체 없이 사장들을 쫓아내고 자유로운 집단들을 구성할 것이다.

그러나 많은 시골들은 아직 그 정도는 아니다. 봉기한 코뮌들과 비교하면, 그런 지역들은 신중한 태도를 취하면서 계속 개인주의 체제하에서 생활할 것이다. 집달리도 세무관리도 세금을 독촉하러 오지 않는 것을 보고, 농민들은 봉기를 일으킨 사람들에게 적대감을 갖지 않을 것이다. 상황을 이용해 그들은 지역의 착취자들에게 복수할 날을 기다릴 것이다. 그러나 농민봉기를 항상 특징짓는 저 실리정신을 갖고 (1792년의 열렬한 노동을 상기하자) 그들은 세금과 저장에서 해방된 만큼 더욱더 애착심을 갖고 토지를 열심히 경작할 것이다.

외국에서도 도처에서 혁명이 일어날 것이다. 그러나 혁명의 양상은 가지각색이다. 여기서는 통일주의[중앙집권주의]이고, 저기서는 지방분권주의이다. 하지만 어디에서나 다소간 사회주의이다. 결코 획일적이지 않다.

VI

이제는 반란을 일으킨 우리의 도시로 돌아가, 그 도시가 어떻게 식량을 마련해야 하는지 보자.

만약 국민 전체가 아직 공산주의를 받아들이지 않았다면, 필요한 식량을 어디서 구할 수 있는가? 이것이 제기되는 문제이다.

프랑스의 대도시, 원한다면 수도를 예로 들어보자. 파리는 사냥해서 잡은 짐승들 외에도 매년 수천 톤의 곡물, 35만 마리의 소, 20만 마리의 송아지, 30만 마리의 돼지, 200만 마리 이상의 양을 소비한다. 또한 파리는 800만 kg의 버터와 1억 7200만 개의 달걀 그리고 그 밖의 것도 같은 규모로 필요로 한다.

밀가루와 곡물은 미국, 러시아, 헝가리, 이탈리아, 이집트, 인도에서 수입해 온다. 축산물은 독일, 이탈리아, 스페인, 심지어는 루마니아와 러시아에서도 수입해 온다. 향신료의 경우 세계에서 기여하지 않은 나라는 하나도 없다.

우선 프랑스의 시골에서 경작되어 소비되기만을 기다리는 생산물들이 어떻게 해서 파리나 그 밖의 대도시에 공급되는지를 보자.

권위주의자들에게는 이 문제가 아무런 어려움을 제기하지 않는다. 그들은 제일 먼저 강력하게 중앙집권화된 정부, 즉 모든 강제기관(경찰, 군대, 단두대)으로 무장한 정부를 도입할 것이다. 이 정부는 프랑스에서 수확되는 모든 것에 대해 통계를 만들게 할 것이다. 전국을 몇 개의 식량공급 구역으로 나눌 것이다. 그리고는 일정한 양의 특정한 식량을 이러저러한 날 일정한 장소에 수송해, 특정한 역에서 이러이러한 관리에게 넘겨주고 일정한 창고에 보관하라고 명령할 것이다.

그러나 이런 해결책은 바람직하지 않을 뿐만 아니라 게다가 결코 실행되지도 못할 것이라고 우리는 확신한다. 그것은 순전히 공상이다.

손에 펜을 들고 그런 상태를 꿈꿀 수는 있다. 그러나 실제로 그것은 현실적으로 불가능하다. 인간의 독립정신을 고려하지 않기 때문이다. 그러한 시도는 전반적인 반발을 불러일으킬 것이다. 하나의 방데Vendée*가 아니라 서너 개의 방데, 도시에 대한 농촌의 싸움, 이 제도를 강제하려는 도시에 대한 프랑스 전체의 반발이 일어날 것이다.

자코뱅파 공상은 그만해라! 다르게 조직할 수는 없는지를 보자.

1793년 농촌은 대도시들을 굶주리게 했고 혁명을 망쳤다. 그렇지만 프랑스의 곡물생산은 1792년 – 1793년 동안 줄어들지 않았다는 것이 증명되었다. 모든 것을 보면, 곡물생산이 증가하였다는 생각이 든다. 그러나 농촌부르주아들은 영주의 토지 중 상당부분을 차지하고 그 토지에서 수확한 다음, 그들의 밀을 아시냐 지폐assignats**를 받

---

* 방데는 프랑스 서부에 있는 주이다. 1793년-1795년 프랑스혁명 중에 방데지방을 중심으로 왕당파 농민들이 반란을 일으켰다.
** 프랑스혁명 때 발행된 불환지폐. 재정난을 타개하기 위해 발행했으나, 남발로 인한 경제계의 혼란과 가치 폭락으로 1796년에 집정정부에서 폐지하였다.

고는 팔려고 하지 않았다. 그들은 밀을 저장하고는 가격이 오르기를 기다리거나 금화를 기대하였다. 이 독점자들에게 밀을 팔라고 강제하기 위한 국민의회 의원들의 가장 엄중한 조치도 형의 집행도 불매동맹을 이기지 못하였다. 그렇지만 잘 알다시피 국민의회 의원들은 서슴지 않고 독점자들을 단두대로 보냈으며, 인민도 그들을 가로등에 매달아 죽였다. 그렇지만 밀은 여전히 창고에 있었다. 도시민들은 굶주렸다.

그러나 시골 농민들에게는 힘든 노동의 대가로 무엇이 주어졌는가?

아시냐 지폐! 매일 그 가치가 떨어지는 종이조각. 실제가치는 없고 500리브르라고 인쇄된 지폐. 1000리브르 지폐로 장화 한 켤레 살 수 없었다. 그래서 농민은 — 이것은 당연했다 — 결코 1년치 노동을 블라우스 한 벌조차 살 수 없는 종이조각과 교환하려고 하지 않았다.

그러므로 가치 없는 종이조각을 — 그것이 아시냐 지폐라고 불리든 "노동권"이라고 불리든 간에 — 농민에게 공급하는 한, 마찬가지일 것이다. 식량은 여전히 시골에 있을 것이다. 단두대와 수장형水葬刑을 다시 사용한다 하더라도, 도시는 식량을 얻지 못할 것이다.

농민에게 제공되어야 하는 것은 종이가 아니라 그가 당장 필요로 하는 상품이다. 지금 그에게 없는 것은 땅을 갈 적당한 도구, 악천후로부터 몸을 보호해줄 옷, 양초를 대신하는 램프와 석유, 삽, 갈퀴, 쟁기이다. 농민은 오늘날 이 모든 것을 갖고 있지 않다. 그가 그 필요를 느끼지 않기 때문이 아니다. 궁핍하고 격심한 노동의 생활에서는 수많은 유용한 물건들을 그 가격 때문에 구입할 수 없기 때문이다.

도시는 부르주아의 치장을 위해 싸구려 장신구들을 만들지 말고, 농민에게 부족한 것을 당장 생산하는 데 전념해라. 파리의 재봉틀로 웨딩드레스를 만들지 말고 농촌을 위한 작업복과 일요일에 입을 수 있는 옷을 만들어라. 영국인들이 프랑스포도주와 교환해 보낼 때까지 기다리지 말고, 공장은 농기구, 가래, 갈퀴를 만들어라!

도시는 붉은 색이나 여러 가지 색의 어깨띠를 두르고 농민의 생산물을 이러저러한 곳으로 갖고 가라고 명령하는 의원들을 농촌마을에 파견하지 말라. 도시는 다음과 같이 말하는 친구나 형제들을 농촌마을에 보내라: "당신들의 농산물을 우리에게 가져오시오. 그리고 우리 창고에서 당신들이 좋아하는 모든 공산품을 가져가시오." 그러면 식량이 사방에서 쏟아져 들어올 것이다. 농민은 사는 데 필요한 것은 보관하고, 그 나머지는 도시노동자들에게 보낼 것이다. 역사상 처음으로 농민은 도시노동자들을 착취자가 아니라 형제로 볼 것이다.

어쩌면 이것은 산업의 완전한 변화를 요구할 것이라고 말하는 사람도 있을 것이다. 몇몇 부문에서는 확실히 그렇다. 그러나 많은 산업부분을 빨리 바꾸면, 도시가 현재 농민에게 매우 비싸게 파는 옷, 시계, 가구, 도구, 간단한 기계를 공급할 수 있다. 직조공, 제봉사, 구두제조공, 철물공, 고급가구 세공인이나 그 밖의 많은 사람들은 사치품생산을 그만두고 유용한 물건을 만드는 것이 어렵지 않을 것이다. 다만 우리는 이 변화의 필요성을 잘 이해하고 그것을 정의와 진보의 행위로 간주해야 한다. 이론가들이 소중하게 여기는 환상 – 혁명은 잉여가치를 소유하는 것에 만족하고, 생산과 상업은 현재의 상태 그대로 내버려둘 수 있다는 환상 –을 더 이상 품지 말라.

우리 생각으로는 이것이 문제의 전부이다. 농민에게 농산물과 교환할 때 무엇이 적힌 종이조각을 주지 말고 농민이 필요로 하는 소비재를 주어라. 그렇게 하면 식량이 도시로 쏟아져 들어올 것이다. 만일 그렇게 하지 않는다면, 도시는 식량이 부족해질 것이다. 그 결과, 도시에서는 반발[반동]과 진압이 일어날 것이다.

VII

이미 말한 것처럼 모든 대도시는 밀, 밀가루, 육류를 지방에서뿐만 아니라 외국에서도 사온다. 외국은 파리에 향신료, 어류, 고급식품, 막대한 양의 밀과 육류를 보내고 있다.

그러나 혁명 때에는 더 이상 외국에 의지해서는 안 되거나 가능한 한 가장 적게 의지해야 할 것이다. 러시아의 밀, 이탈리아나 인도의 쌀, 스페인과 헝가리의 포도주가 서유럽 시장에 넘쳐나고 있는데, 이는 수출국가들이 그것들을 너무 많이 갖고 있기 때문이 아니다. 또는 그 생산물들이 목초지의 민들레처럼 저절로 자라기 때문도 아니다. 예를 들면 러시아에서는 농민이 밀을 수출해 지주와 정부에 소작료와 세금을 내기 위해 하루에 16시간까지 노동하고 해마다 3개월에서 6개월을 굶는다. 오늘날 러시아의 마을에서는 수확이 끝나면 곧 경찰이 나타난다. 농민이 밀을 수출업자들에게 팔 때 순순히 내놓지 않으면, 경찰은 체납된 세금과 소작료를 이유로 농민의 마지막 소와 마지막 말까지 팔아버린다. 따라서 자신의 소를 15프랑에 팔지 않기 위해 그는 9개월분의 밀만 남겨놓고 나머지는 판다. 다음 수확 때까지 살기 위해, 풍년이 들면 3개월 동안, 흉년이 들면 6개월 동안 밀가루에 자작나무 껍질이나 갯는쟁이 씨앗을 섞어 먹는다. 이때 런던에 있는 사람들은 그의 밀로 만든 비스킷을 즐기고 있다.

그러나 혁명이 일어나면 곧바로 러시아농민은 자신과 아이들을 위해 빵을 확보할 것이다. 이탈리아와 헝가리의 농민들도 똑같이 할 것이다. 인도인은 이 좋은 예를 이용할 것이라고 희망해보자. 미국 대농장의 일꾼들도 마찬가지일 것이다. 이 대농장들이 이미 공황으로 해체된 상태에 있지 않는 한 말이다. 따라서 외국에서 오는 밀과 옥수수에 더 이상 의지해서는 안 될 것이다.

우리의 모든 부르주아문명은 열등민족과 후진공업국을 착취하는 것에 기초해 있기 때문에, 혁명의 첫 번째 이익은 이미 이 "문명"을 위협해서 소위 열등민족들을 해방시키는 것일 것이다. 그러나 이 엄청난 이익이 나타나면, 서양의 대도시로 몰려들어오는 식량공급이 확실하게 상당히 줄어들 것이다.

국내에 대해서는 사태의 진행을 예측하는 것이 더 어렵다.

한편으로 농민은 틀림없이 혁명을 이용해, 땅바닥에 닿을 정도로 구부러진 등을 다시 세울 것이다. 하루에 14시간에서 16시간을 일하는 대신에, 그는 그 절반만 일해도 될 것이다. 이것은 밀과 고기 등 주요 식량의 생산 감소를 초래할 수 있을 것이다.

그러나 또 한편으로 농민이 더 이상 무위도식하는 사람들을 먹이기 위해 노동하지 않아도 되기 때문에, 곧 생산의 증가가 있을 것이다. 새로운 토지가 개간될 것이며, 더 완전한 기계가 작동될 것이다. 농민이 그렇게도 오랫동안 바라던 토지를 영주로부터 되찾은 "1792년만큼 농민이 토지를 열심히 경작한 적은 없었다"고 미슐레 Jules Michelet*는 대혁명에 대해 이야기할 때 우리에게 말하였다.

개량된 기계와 화학비료 등이 공동체에 공급되면, 머지않아 집약 재배가 모든 농민에게 가능해질 것이다. 그러나 모든 점에서 보면, 프랑스에서도 다른 곳에서와 마찬가지로 처음에는 농업생산의 감소가 있을 것으로 생각된다.

어쨌든 국내와 외국으로부터의 공급 감소를 예상하는 것이 가장 현명할 것이다.

이 부족을 어떻게 메울 것인가?

물론 가능하다! 우리 스스로 그 부족을 보충하는 것이다. 공연히

---

* 프랑스의 역사가(1798 – 1874).

일을 복잡하게 생각할 필요가 없다. 해결책은 간단하다.

농촌이 하는 것처럼 대도시도 땅을 경작해야 한다. 생물학이 "기능의 통합"이라고 부르는 것으로 돌아가야 한다. 일을 나눈 다음에는 "통합"해야 한다. 이것은 모든 자연이 따라가는 길이다.

게다가 철학을 제외하면, 모든 사태의 추세가 그렇게 돌아갈 것이다. 파리는 8개월이 지나면 밀이 부족해진다는 것을 알아야 할 것이다. 그러면 파리는 밀을 재배할 것이다.

땅? 그것은 부족하지 않다. 무엇보다도 대도시 주위에는, 특히 파리 주위에는 여러 개의 공원과 귀족들의 잔디밭이 있다. 이 수백만 헥타르의 땅은 농민의 현명한 노동에 의해, 러시아남부의 대초원지대(이 초원지대는 부식토로 뒤덮여 있지만 햇빛으로 인해 건조하다)보다 훨씬 더 비옥하고 생산적인 밭이 되어 파리를 둘러쌀 것이다.

노동력? 200만 명의 파리시민들이 더 이상 러시아의 공작들, 루마니아의 귀족들이나 베를린의 부호 부인들의 의상을 만들어 즐겁게 해줄 필요가 없게 되었을 때, 그들은 무엇에 주의를 집중해야 하는가?

금세기의 모든 기계를 사용하고, 개량된 기구를 다루는 노동자의 지성과 전문지식을 이용하며, 발명가, 화학자, 식물학자, 식물원 교수들, 젠빌리에Gennevilliers*의 채소재배자들의 도움을 받고, 기계를

---

* 파리 북부에 있는 도시.

늘리고 개량하는 데 필요한 도구를 사용하고, 끝으로 파리인민의 조직정신, 쾌활함, 활력을 이용한다면, 파리의 아나키즘코뮌의 농업은 아르덴Ardenne*의 곡괭이로 파는 농업과는 전혀 다를 것이다.

증기, 전기, 태양열, 풍력은 곧 이용될 것이다. 증기가래와 증기석발기[곡식에서 돌 고르는 기계]를 사용해 많은 준비노동이 빠르게 행해질 것이다. 그렇게 해서 토지는 부드럽고 비옥해진다. 인간, 특히 여자가 잘 돌보기만 해도 토지는 작물로 뒤덮일 것이며, 그것도 한 해에 서너 번 되풀이될 것이다.

남자도 여자도 아이들도 전문가로부터 원예재배기술을 배우고, 이 목적을 위해 따로 남겨놓은 작은 면적의 토지에서 여러 경작방법을 시도한다. 또한 가장 많이 수확하기 위해 서로 경쟁하고, 지나친 피로나 과로가 되지 않을 정도로 육체작업을 해 대도시에서는 종종 부족한 체력을 회복한다. 그들은 밭일을 즐겁게 할 것이다. 이 밭일은 더 이상 고역이 되지 않고, 즐거움, 축제, 인간존재의 갱신更新이 될 것이다.

"불모의 땅은 없다! 토지의 가치는 인간의 가치이다!" 이것이 현대농업의 마지막 말이다. 토지는 사람들이 요구하는 것을 준다. 다만 문제는 토지에게 현명하게 요구하는가이다.

세느Seine와 세느에와즈Seine-et-Oise처럼 작은 두 개의 도가 파리와

* 벨기에 남동부와 룩셈부르크, 프랑스 북동부 일부에 걸치는 지역.

같은 대도시를 먹여 살려야 한다고 해도, 그 정도의 면적이면 혁명이 주위에 일으킬 수 있는 식량부족을 실제로 충분히 메울 것이다.

농업과 공업의 결합, 농민이면서 동시에 공업인인 것, 이것이야말로 공산주의코뮌이 정말로 수용의 길로 나아갈 때 우리가 반드시 도달하는 것이다.

공산주의코뮌만이 이러한 미래를 약속한다. 공산주의코뮌이 무너지는 것은 굶주림 때문이 아니다. 위험은 거기에 있지 않다. 위험은 겁 많은 정신, 편견, 어중간한 조치에 있다.

위험은 당통Danton이 프랑스를 향해 "대담하게, 대담하게, 더욱 대담하게"라고 외쳤을 때, 그가 본 곳에 있다. 지성의 대담함이 무엇보다도 우선이다. 그러면 의지의 대담함이 틀림없이 곧 뒤따를 것이다.

1794년 7월 27일 테르미도르반동réaction thermidorienne*때의 시청 공격을 그린 피에르 가브리엘 베르톨Pierre Gabriel Berthault**의 판화. 공격은 성공해 로베스피에르와 그의 동료들을 체포해 처형하였다.

06
주택

I

　노동자들의 정신의 움직임을 주의 깊게 지켜본 사람들은 하나의 중요한 문제 즉 주택문제에 대해서 부지불식간에 의견이 일치한다는 사실을 눈치 챘을 것이다. 한 가지 확실한 사실이 있다: 프랑스의 대도시와 많은 소도시에서는 노동자들이 조금씩 다음과 같은 결론에 도달하고 있다. 즉 주택은 결코 국가가 그 소유자로 인정하는 자들의 재산이 아니라는 결론에 도달하고 있다.

　하나의 진화가 사람들의 정신에서 이루어지고 있다. 따라서 인민은 더 이상 집에 대한 소유권이 정당하다고 생각하지 않는다.

　집은 그 소유자가 지은 것이 아니다. 그것은 수백 명의 노동자들이 세우고 꾸미고 장식한 것이다. 배고픔으로 인해 건설현장에 내몰렸으며, 생존욕구로 인해 줄어든 임금을 받아들일 수밖에 없었던 노동자들이 말이다.

자칭 소유자라는 사람이 쓰는 돈은 그 자신의 노동의 산물이 아니었다. 그는 다른 모든 부와 마찬가지로 노동자들에게 마땅히 주어야할 것의 ⅔ 또는 절반만을 지불하고는 돈을 모았다.

끝으로 - 특히 여기서는 그 엄청남이 눈에 띈다 - 집의 실제가치는 소유자가 거기서 얻을 수 있는 이익에 달려 있다. 그런데 이 이익은 다음과 같은 사정에서 생겨날 것이다. 즉 집이 도시에 세워졌다는 것(도로가 포장되고, 가스등이 설치되어 있으며, 다른 도시들과 정기적인 통신을 할 수 있고, 공업, 상업, 학문 및 예술에 관한 시설들이 그 안에 모여 있는 도시에 세워졌다는 것), 도시가 다리나 부두, 기념건축물로 장식되어 있으며 여기에 사는 주민에게 농촌마을에서는 알지 못하는 많은 위락과 편익을 주고 있다는 것, 20-30세대 동안이나 사람들의 노동에 의해 도시가 살기 좋고 위생적이며 아름답게 되었다는 것이다.

파리의 몇몇 구역에 있는 어떤 집의 가치는 백만 프랑이다. 이는 그 집의 벽에 백만 프랑의 노동이 들어있기 때문이 아니다. 그 집이 파리에 있기 때문이다. 수 세기 전부터 노동자, 예술가, 사상가, 학자 및 문인이 파리를 오늘날과 같은 것, 즉 산업, 상업, 정치, 예술 및 학문의 중심지로 만드는 데 기여했기 때문이다. 또한 파리는 과거를 갖고 있기 때문이다. 그 거리가 문학 덕분에 지방과 외국에 알려져 있기 때문이다. 파리가 1800년 동안의 노동의 산물, 오십 세대에 걸친 프랑스 전국민의 노동의 산물이기 때문이다.

그렇다면 누가 이 땅의 아무리 작은 조각이라도, 가장 보잘것없는 건물이라도 차지할 권리가 있겠는가? 도저히 있을 수 없는 부정을 저지르지 않으면서 말이다. 그렇다면 공동유산의 아무리 적은 부분이라도 누가 누구에게 팔 권리가 있겠는가?

이 점에 관해서는, 말하자면 노동자들 사이에 의견이 일치한다. 무상주택 사상은 파리 포위 때 매우 분명하게 표명되었다. 그것은 집주인들이 요청한 조항들의 무조건적인 파기를 요구하는 것이었다. 그것은 또한 1871년의 파리코뮌 때 다시 표명되었다. 이때 파리 노동자들은 코뮌 평의회로부터 집세 폐지에 대한 단호한 결정을 기대하였다. 이것은 여전히 혁명이 일어날 때 가난한 사람들의 첫 번째 관심사가 될 것이다.

혁명 때든 아니든 노동자에게는 안식처, 즉 주택이 필요하다. 그러나 그 집이 아무리 나쁘고 비위생적이라 하더라도, 언제나 주인은 당신을 거기서 쫓아낼 수 있다. 사실 혁명 때는 집주인이 당신의 옷가지를 길거리에 던질 집달리나 경찰관을 찾지 못할 것이다. 그러나 내일 새 정부가 겉으로는 혁명적인 척하면서도 또 다시 강제력을 구성해 당신을 내쫓으려고 경찰 무리를 보낼지 누가 알겠는가? 잘 알려진 바와 같이 파리코뮌은 4월 1일까지 내야하는 집세의 면제를 선언하였다 — 4월 1일까지만이다![1] 그 후 파리가 대혼란 상태에 빠져 산

---

1. 3월 30일의 법령. 이 법령에 의해서 1870년 10월, 1871년의 1월과 4월의 집세가 면제되었다.

업이 정지했을 때에도 집세는 지불해야 했다. 이 때문에 혁명가는 돈이 30수밖에 없었다.

그렇지만 노동자는 집주인에게 집세를 주지 않음으로써 단순히 권력해체의 이익을 얻는 것이 아니라는 사실을 알아야 한다. 그는 주택의 무상無償이 말하자면 인민의 동의에 의해 원칙으로 인정되고 재가되었다는 것을 알아야 한다. 무상주택이 인민에 의해 소리 높이 선언된 권리라는 것을 알아야 한다.

그런데 우리는 모든 성실한 사람의 정의감과 아주 잘 일치하는 이 조치가 임시정부의 부르주아들과 섞여 있는 사회주의자들에 의해 채택되기를 기다릴 것인가? 우리는 오랫동안 기다려야 할 것이다. 반동의 복귀가 있을 때까지 말이다!

이것이 진지한 혁명가들이 어깨띠와 모자 – 명령과 복종시키기의 표시 – 를 거부하고 인민 속의 인민으로 남아있으면서, 집의 수용이 기정사실이 될 때까지 인민과 함께 일하는 이유이다. 그들은 사상의 흐름을 이 방향에서 만들려고 애쓸 것이다. 그들은 이러한 사상을 실행하려고 애쓸 것이다. 그리고 그 사상이 무르익으면, 인민은 집의 수용을 실시할 것이다. 틀림없이 방해가 되는 이론들(즉 집주인들에게 지불하는 배상금에 대한 이론들)과 그 밖의 무의미한 말에는 귀를 기울이지 않을 것이다.

집 수용이 이루어지는 날, 피착취자 즉 노동자는 새로운 시대가 왔다는 것을 알게 될 것이다. 그들은 이제 더 이상 부자나 권력자에게 굴복하지 않아도 될 것이다. 평등이 공공연하게 선포되었다. 혁명은 기정사실이며, 이미 너무나도 많이 본 연극적 가식이 아니다.

II

만일 수용사상이 인민에 의해 받아들여진다면, 흔히 우리를 위협하는 넘을 수 없는 장애물에도 불구하고 그 사상은 실행에 옮겨질 것이다.

물론 계급장을 달고 내각이나 시청의 의자에 앉아있는 신사들은 틀림없이 장애물을 쌓아올릴 것이다. 그들은 집주인들에게 배상금을 주는 일, 통계를 만드는 일, 긴 보고서를 작성하는 일에 대해 말할 것이다. 그렇다. 그들은 아주 오랫동안 긴 보고서를 작성할 것이다. 그리하여 그들은 실업의 궁핍에 짓눌리고 아무런 결과를 얻지 못하자 혁명에 대한 신뢰를 잃어버린다. 결국 관료주의적 수용은 모든 사람에게 지긋지긋한 짓이 된다.

사실 여기에는 모든 것을 침몰시킬 수 있는 암초가 있다. 그러나 인민이 그들의 마음을 사로잡으려고 하는 거짓된 논증을 받아들이지 않는다면, 그들이 새로운 생활은 새로운 방식을 요구한다는 것을 이해한다면, 그들이 그 일을 스스로 한다면, 그 때는 수용이 큰 어려움 없이 행해질 수 있을 것이다.

그런데 어떻게? 수용이 어떻게 행해질 수 있는가? 사람들은 우리에게 물을 것이다. 우리는 그것을 말할 것이다. 그러나 조건부로 말할 것이다. 우리는 수용계획을 아주 세세한 점까지 말하고 싶지는 않다.

우리가 일찍이 알고 있는 바에 따르면, 한 인간이나 한 집단이 오늘날 제시할 수 있는 모든 것은 인간의 생활에 의해 극복된다. 우리가 말한 것처럼, 인간의 생활은 사전에 지시할 수 있는 것보다 더 잘할 것이다. 그것도 더 쉽게 말이다.

따라서 수용과 수용된 재산의 분배가 정부의 개입 없이 이루어질 수 있는 방법을 개괄적으로 기술할 때, 우리는 그 일이 불가능하다고 선언하는 사람들에게 대답하는 것으로 그치겠다. 그러나 우리는 결코 이러저러한 조직방식을 권할 생각이 없다. 우리에게 중요한 것은 단지 수용이 인민의 발의에 의해 행해질 수 있고 달리 행해질 수는 없다는 사실만을 증명하는 것이다.

다음과 같이 예상할 수 있다: 수용행위가 처음 시작되면 곧 구역, 거리, 가옥 집단에서 선의를 지닌 시민들의 단체가 나타날 것이다. 도움을 주러온 이들은 비어 있는 아파트들, 너무 많은 가족이 사는 아파트들, 비위생적인 주택들, 거주자들에 비해 너무 넓기 때문에 누추한 집에서 좁게 산 사람들이 들어와 살 수 있는 집들의 수를 조사할 것이다. 이 자원자들은 며칠 내에 거리와 구역별로 위생적인 아파트와 비위생적인 아파트, 좁은 아파트와 넓은 아파트, 악취를 풍기는 주택과 호화주택에 대해 완전한 리스트를 작성할 것이다.

그들은 그 리스트를 자유롭게 서로 알려주어 며칠이면 완전한 통계를 가질 것이다. 거짓통계는 사무실에서 만들어질 수 있다. 정확한 진짜 통계는 개인으로부터만, 즉 간단한 것에서 복잡한 것으로 올라갈 때에만 나올 수 있다.

이때 누구의 허가를 기다릴 것도 없이, 아마도 시민들은 누추한 집에 거주하는 동지들을 발견하게 되면 그들에게 즉시 이렇게 말할 것이다: "동지여, 이번에는 진정한 혁명이요. 오늘 저녁 이러저러한 장소로 오시오, 모든 구역의 사람들이 와서 아파트를 재분배 받을 것이오, 만일 당신이 지금 사는 누추한 집에 싫증났다면, 방 다섯 개짜리 아파트를 하나 고르시오. 그곳으로 이사하면 될 것이오, 당신을 쫓아내려는 자에게는 무장한 인민이 말할 것이오!"

"그러나 모든 사람은 방 스무 개짜리의 아파트를 바랄 것이요!"라고 우리에게 말하는 사람이 있을 것이다.

아니다. 그렇지 않다! 인민은 물통 속의 달을 요구한 적이 전혀 없었다. 오히려 인민이 부정을 고치려고 하는 것을 볼 때마다. 그들이 양식良識과 정의감에 고취되어 있는 것에 대해 우리는 감동한다. 인민이 불가능한 것을 요구하는 것을 우리는 본 적이 있는가? 두 번의 포위기간 동안 파리의 인민이 빵이나 땔감의 배급량을 둘러싸고 서로 싸우는 것을 본 적이 있는가? 그들이 나타낸 인내심을 외국 신문 기자들은 끊임없이 찬탄하였다. 그렇지만 이 인내심 있는 사람들도 제일 늦게 오는 자는 빵도 불도 없이 하루를 보내야 한다는 것을 잘 알고 있었다.

물론 우리 사회의 혼자 행동하는 개인들에게는 많은 이기주의적 본능이 있다. 우리는 이것을 아주 잘 알고 있다. 그러나 이 본능을 일깨우거나 키우는 가장 좋은 방법은 주택 문제를 어떤 위원회에 맡기는 것이라는 사실도 우리는 알고 있다. 그때에는 정말 모든 사악한 열정이 나타날 것이다. 그것은 그 위원회에서 강력한 권한이 있는 자의 열정일 것이다. 아주 작은 불평등에도 고성이 오갈 것이다. 어떤 사람에게 아주 작은 이익이 주어지면 굉장한 고함소리가 터져나올 것이다. 당연하다.

그러나 인민 자신이 거리, 구역, 군별로 단결해 빈민가의 주민들을 부르주아의 넓은 주택으로 이주시키는 일을 한다면, 사소한 불편이나 작은 불평등은 쉽게 해결될 것이다. 대중의 좋은 본능에 호소하는 일은 거의 없었다. 혁명 때 그런 일이 이따금 있긴 했다. 그것은 침몰하는 배를 구하는 것이었다. 그렇지만 결코 잘못 생각한 것은 아니었다. 노동자들은 언제나 이 호소에 위대한 자기희생으로 응답하였다.

다음번 혁명 때도 마찬가지일 것이다.

그럼에도 불구하고 아마도 불의가 있을 것이다. 그것을 피할 수 없을 것이다. 우리 사회에는 어떻게 해도 이기주의적인 구습을 버릴 수 없는 개인들이 있다. 그러나 문제는 불의가 있는지 없는지를 아는 것이 아니다. 중요한 것은 그 수를 줄일 수 있는 방법을 아는 것이다.

그런데 인류의 모든 역사, 모든 경험 그리고 사회심리학에 따르면 가장 공정한 방법은 문제를 당사자들에게 맡기는 것이라고 한다. 오직 그들만이 모든 관료주의적 재분배에서 누락되는 많은 사소한 일들을 고려하며 해결할 수 있을 것이다.

III

게다가 문제는 주택을 절대적으로 평등하게 재분배하는 것이 아니다. 수용 도상에 있는 사회에서는 상당수의 가정들이 아직도 겪는 불편함을 쉽게 개선할 수 있을 것이다.

석공들, 즉 돌을 깎는 사람들 – 한마디로 하면 "건축" 관계자들 – 이 그들의 생계가 보장된다는 것을 알면, 그들은 자신들이 익숙해 있는 일을 위해 하루에 몇 시간 일을 더 한다고 해도 아무것도 요구하지 않을 것이다. 그들은 하인들을 필요로 하는 대저택을 다르게 개조할 것이다. 그러면 몇 개월 내에 오늘날보다 훨씬 더 위생적인 집들이 생겨날 것이다. 충분한 설비가 갖추어지지 못한 집에 사는 사람들에게 아나키즘코뮌은 이렇게 말할 수 있을 것이다:

"참으시오, 동지들! 자본가들이 세운 어떤 것보다 훌륭하고 위생적이고 쾌적하며 아름다운 궁전 같은 주택들이 이제 자유로운 도시의 땅에 세워질 것이요, 그것들은 가장 필요로 하는 사람들의 것입니다. 아나키즘코뮌은 수지타산의 관점에서 집을 짓지 않습니다. 아나키즘코뮌이 시민들을 위해 짓는 건축물들은 집단정신의 산물로서 인류 전체에게 본보기가 될 것입니다. 그것들은 당신들의 것입니다!"

혁명을 일으킨 인민이 집들을 수용해 무상주택, 거주의 공동화, 위생적인 거주에 대한 각 가정의 권리를 선언한다면, 혁명은 처음부터 공산주의성격을 지녔을 것이다. 그리고 그것은 결코 쉽사리 벗어날 수 없는 길로 나갔을 것이다. 혁명은 개인소유에 치명적인 타격을 가했을 것이다.

집의 수용은 이렇게 해서 사회혁명의 씨앗을 가지고 있다. 사태의 성격은 그 혁명이 이루어지는 방식에 달려있을 것이다. 아나키즘공산주의로의 넓고 큰 길이 열릴 것인가, 아니면 권위주의적 개인주의의 진흙탕 속에서 계속 어쩔 줄 몰라할 것인가.

사람들이 우리에게 할 수많은 반대(한편으로는 이론적인 수준의 반대, 다른 한편으로는 실제적인 수준의 반대)를 예측하는 것은 쉽다.

중요한 것은 어떤 대가를 치르더라도 부정不正을 유지하는 것이기 때문에, 틀림없이 정의의 이름으로 말할 것이다. 이렇게 외칠 것이다: "파리 사람들은 좋은 집을 차지하고 농민들에게는 움막집을 준다면, 이는 고약한 짓이 아닌가?" 그러나 우리는 잘못한 것이 아니다. 이 정의의 열광적인 지지자들은 그들의 본성 때문에 자신들이 옹호하는 도저히 있을 수 없는 부정을 잊고 있다.

그들은 파리에서조차 노동자가 부자의 저택을 창문 너머로 보면서 처자식과 함께 빈민굴에서 산다는 것을 잊고 있다. 그들은 모든 연령의 사람들이 맑은 공기와 햇빛이 부족한 밀집된 구역에서 죽어 간다는 것을 잊고 있다. 그들이 잊고 있는 것은 이러한 부정을 고치는 것이 혁명의 첫 번째 의무가 되어야 한다는 사실이다.

사리사욕을 챙기는 이런 반대로 시간을 끌지 말자. 우리가 알다시피, 파리와 농촌 사이에는 실제로 불평등이 아직도 존재하지만, 이것은 날마다 줄어들고 있다. 농민이 더 이상 지주, 제조업자, 고리대금업자, 국가 등의 짐바리 짐승[고된 일꾼]이 되지 않을 때, 농촌은 틀림없이 오늘날보다 더 위생적인 주거를 얻게 될 것이다. 일시적이며 바로잡을 수 있는 부정을 피하기 위해, 수세기 전부터 존재해 온 부정을 유지해야 하는가?

소위 실제적인 반대도 역시 더 이상 설득력이 없다.

이렇게 말하는 사람이 있을 것이다: "아주 가난한 사람이 있다고 하자. 절약한 끝에 그는 가족이 살기에 아주 큰 집을 사게 되었다. 그는 매우 행복하다. 당신들은 그도 길거리로 내쫓을 것인가?"

물론 그렇지 않다! 그의 집이 가족을 겨우 살게 할 정도의 크기라면 거기에 그대로 살아도 된다. 창 밑에 정원을 가꾸어도 된다. 우리의 젊은이들은 필요하다면 그를 도와줄 것이다. 그러나 만일 그의 집에 다른 사람에게 세놓은 방이 있다면, 그 세든 사람을 만나 이렇게 말할 것이다: "동지여, 당신은 방세를 더 이상 내지 않아도 되오, 당신의 아파트에 그대로 살면서 한푼도 내지 마시오. 이제부터는 집달리를 두려워할 필요가 없소. 이것이 사회주의요!"

그리고 집주인이 혼자서 스무 개의 방을 차지하고 있고, 그 구역에 단칸방에서 다섯 명의 아이와 함께 사는 부인이 있다면, 사람들은 그 스무 개의 방 중에서 조금 고치면 부인이 다섯 명의 자녀와 함께 살 수 있는 방이 있는지를 보러 갈 것이다. 이렇게 하는 것이 그 어머니와 다섯 아이들을 빈민굴에 내버려두고 살이 피둥피둥 찐 신사가 성 같은 집에 살게 하는 것보다 더 공정하지 않은가? 게다가 그 신사는 그것에 매우 빨리 익숙해질 것이다. 스무 개의 방을 정리해 줄 하인들이 없게 되면, 그의 부인도 기꺼이 아파트의 절반을 내놓을 것이다.

질서를 옹호하는 자들은 이렇게 소리지를 것이다: "그것은 완전히 뒤집어버리는 것이 될 것이다. 이사가 끝이 없을 것이다! 모든 사람을 길거리로 내쫓고 아파트를 추첨으로 재분배하는 것이 좋겠다!" 그렇지만 만일 어떠한 정부도 개입하지 않는다면 그리고 이 작업을 위해 자발적으로 생겨난 단체에게 모든 변화를 맡긴다면, 이사가 집주인의 탐욕 때문에 일 년 동안 이루어지는 것보다 적게 행해질 것이라고 우리는 확신한다.

우선, 어느 정도 큰 모든 도시에는 비어 있는 아파트들이 매우 많다. 이것은 현재 빈민굴에 사는 사람들의 대부분을 입주시키기에 거의 충분할 것이다. 호화저택과 고급아파트의 경우, 많은 가정들은 살려고 하지 않을 것이다. 여러 하인들의 손으로 유지되지 않는다면, 그것은 이용할 수 없기 때문이다. 또한 그곳에서 산 사람들도 곧 사치스럽지 않은 집을 찾지 않으면 안 될 것이다. 귀부인들이나 은행가의 아내들도 그런 집에서 직접 요리해야 할 것이다. 그러므로 은행가를 총칼로 위협해 다락방으로 데려가거나, 다락방에 사는 사람을 은행가의 저택으로 데려가지 않아도 점점 사람들은 가능한 한 혼란을 일으키지 않으면서 합의를 통해 현재의 주택들에서 재배치될 것이다. 농촌코뮌은 작은 땅의 소유자들을 거의 건드리지 않으면서 밭을 재분배할 것이다. 코뮌이 사용하는 방식의 분별력과 명민함을 보게 될 것이다. 러시아의 코뮌이 – 이것은 많은 조사를 통해 확인되었다 – 농지 이전을 행한 것은 개인지주가 소송을 통해 법정에 호소해서 한 것보다 적었다. 유럽의 대도시주민들이 러시아나 인도의 농민들보다 더 어리석거나 조직능력이 떨어진다고 생각해야 하는가?

게다가 모든 혁명은 일상생활이 어느 정도 뒤집어지는 것을 의미한다. 부르주아가 그의 수프냄비를 엎지르지 않으면서 이 큰 위기를 잘 넘기기를 바라는 사람들은 실망할 것이다. 선량한 부르주아가 저녁식사 시간을 놓치는 일 없이 정부를 바꿀 수 있다. 그러나 그렇게 해서는 사회가 그 자신을 키워준 사람들에 대해 저지른 범죄를 바로잡지 못한다.

대혼란이 있을 것은 확실하다. 다만 이 대혼란이 순전한 손실이 되어서는 안 된다. 그것을 최소한으로 줄여야 한다. 그리고 다시 말하지만 – 이것은 아무리 반복해도 지나치지 않다 – 우리가 모든 사람에게 미치는 불편을 최소한으로 줄일 수 있는 것은 당사자들에게 호소해서이지 관청에 호소해서가 아니다.

인민이 큰 실수를 되풀이하는 것은 그들이 자만하는 자들, 즉 그들의 대표자가 되는 명예를 열심히 추구하고 무엇이든 할 수 있고 뭐든지 알고 있으며 무엇이든 조직할 수 있다고 자만하는 자들을 대의원으로 선출해야 할 때이다. 그러나 인민은 자신들이 알고 있는 것, 즉 직접 관계가 있는 것을 조직해야 할 때는 관청이 할 수 있는 것보다 더 잘 한다. 파리코뮌 때 보지 않았는가? 또 런던의 최근 파업*때 보지 않았는가? 각각의 농촌코뮌에서 매일 보지 않는가?

---

* 1889년 런던 부두노동자들의 파업.

07
의복

집들이 도시의 공동재산으로 간주된다면, 그리고 식량배급을 실시한다면, 한 걸음 더 나가지 않을 수 없을 것이다. 의복 문제를 생각할 필요가 있을 것이다. 유일한 해결책은 인민의 이름으로 모든 의복 상점이나 창고를 수용하고 모든 사람에게 개방해 각자가 필요로 하는 옷을 갖게 하는 것이다. 의복의 공유화와 각자가 필요한 옷을 공동창고에서 꺼내거나 기성복공장에 주문할 권리, 이것은 공산주의원리가 집과 식량에 적용된 다음 곧바로 필요한 해결책이다.

이 때문에, 재치도 있고 재간도 있는 우리의 비판자들이 주장하는 것처럼 모든 시민으로부터 웃옷들을 빼앗거나 옷들을 쌓아두고서 그것을 추첨할 필요가 없다는 것은 분명하다. 각자는 자신의 웃옷을 그대로 갖고 있으면 된다. 만약 한 벌을 갖고 있다면 말이다. 열벌을 갖고 있어도, 누구도 그에게서 그것들을 빼앗으려고 하지 않을 것이다. 사람들은 부르주아가 걸치고 다닌 것보다는 새 옷을 더 좋아할 것이기 때문이다. 새 옷이 충분히 있기 때문에 헌 옷을 징발할 필요가 없을 것이다.

만일 우리가 대도시의 상점이나 창고에 쌓여 있는 옷들에 대해 통계를 낸다면, 아마도 우리는 파리, 리용, 보르도, 마르세이유에는 코뮌이 남녀 각 시민에게 옷을 줄 수 있을 만큼 충분한 의복이 있다는 사실을 알게 될 것이다. 게다가 모든 사람이 자기 취향에 맞는 옷을 찾지 못하면, 공동작업장이 곧 그 부족을 메울 것이다. 우리가 잘 알고 있는 바와 같이, 우리의 기성복공장은 대규모 생산에 적합한 기계를 갖추었기 때문에 아주 신속하게 작업한다.

"그러나 누구나 검은 담비의 털로 안을 댄 외투를 갖고 싶어할 것이다. 부인들은 모두 비로드[거죽에 고운 털이 돋도록 짠 비단]드레스를 요구할 것"이라고 이미 우리의 반대자들은 외치고 있다.

솔직히 말해서, 우리는 그렇게 생각하지 않는다. 모든 사람이 비로드옷을 선호하지 않는다. 모든 사람이 검은 담비의 털로 안을 댄 외투를 꿈꾸지 않는다. 오늘날에도 파리여성들에게 각자 옷을 고르라고 하면, 사교계의 괴상한 장식을 붙인 것보다는 간소한 의복을 선호하는 파리여성들이 있을 것이다.

취향은 시대에 따라 바뀐다. 혁명의 순간에 우세한 것은 틀림없이 검소함이라는 취향일 것이다. 사회도 개인과 마찬가지로 비굴함의 시간이 있다. 그러나 사회는 또한 영웅주의의 순간도 있다. 사회가 지금처럼 쩨쩨하고 어리석을 정도로 개인적인 이익의 추구에 빠져있을 때는 매우 초라하지만, 위대한 시기에는 사회의 모습이 바뀐다. 사회는 고귀함과 부추김의 순간을 갖는다. 용기 있는 사람들은 오늘날 거드름 피우는 자들에게 있는 영향력[지배력]을 되찾을 것이다. 헌신적인 행위가 나타날 것이며, 위대한 본보기들이 모방될 것이다. 이기주의자들마저도 남에게 뒤지는 것을 부끄럽게 여겨 관대하고 용감한 사람들과 보조를 맞출 것이다.

1793년의 대혁명에는 이런 종류의 예가 많다. 그리고 이처럼 − 개인과 마찬가지로 사회에서도 자연스러운 − 도덕적 부활이 폭발할 때, 그 숭고한 충동은 인류를 한 걸음 더 전진시킨다.

우리는 이 아름다운 열정이 행할 역할을 과장하려고 하지 않는다. 우리는 이 열정에 희망을 걸고서 우리의 이상사회를 설계하지 않는다. 그러나 그런 열정이 가장 어려운 처음 순간을 넘어가는 데 도움을 줄 것이라고 인정한다고 해도, 우리는 전혀 과장하는 것이 아니다. 그런 헌신이 일상생활에서 계속된다는 것은 기대할 수 없다. 그러나 우리는 처음에는 그런 헌신을 기대할 수 있다(그리고 그것이 필요한 모든 것이다). 아나키즘사회가 이 박애의 충동을 필요로 하는 이유는 바로 대지를 청소해 수 세기에 걸쳐 억압과 노예제로 쌓인 쓰레기를 치우기 위해서이다. 나중에는 희생에 호소하지 않아도 살 수 있을 것이다. 그 사회는 억압을 없애버렸으며, 그렇게 해서 연대감이 넘치는 새로운 사회를 만들어냈을 것이기 때문이다.

게다가 만일 혁명이 우리가 말하는 정신으로 이루어진다면, 개인들의 자유로운 창의성은 광범위한 활동영역을 찾아 이기주의자들의 훼방을 좌절시킬 것이다. 거리마다, 구역마다 단체들이 생겨나 옷을 공급하는 일을 맡을 것이다. 그들은 반란을 일으킨 도시가 보유하는 물자의 목록을 만들고, 처분할 수 있는 자원을 아주 자세하게 파악할 것이다. 시민들이 의복에 대해서도 식량과 똑같은 원칙을 적용할 것은 거의 확실하다: "풍부하게 있는 것은 많이 주고, 그 양이 한정된 것은 배급한다."

모든 남자에게 검은 담비 털로 안을 댄 외투를 공급할 수 없고 모든 여자에게 비로드드레스를 공급할 수 없기 때문에, 사회는 아마도 불필요한 것과 필요한 것을 구분할 것이다. 그래서 - 적어도 일시적으로는 - 비로드드레스와 검은 담비 옷을 불필요한 것으로 분류하고, 오늘은 불필요한 물건이 내일은 보통의 것이 될지는 아마도 그 추이를 지켜볼 것이다. 아나키즘도시의 모든 주민에게 필수품은 보장하지만, 일시적으로 사치품으로 간주되는 물품을 허약자와 병자에게 주는 것은 사적인 활동에 맡길 수 있다. 즉 병약자들에게 모든 사람의 일상적인 소비에 들어가지 않는 물품을 공급하는 것은 사적인 활동에 맡길 수 있다.

"그러나 그것은 평준화이다, 수도회 같은 회색의 세계이다, 그것은 모든 예술작품, 인생을 아름답게 하는 모든 것의 소멸이다!"라고 우리에게 말하는 사람이 있을 것이다.

결코 그렇지 않다! 언제나 이미 존재하는 것을 기초로 삼기 때문에, 우리는 아나키즘사회가 그 시민들에게 백만장자가 될 재산을 주지는 못해도 어떻게 해서 그들의 아주 예술적인 취향을 만족시킬 수 있는지는 곧 보여줄 것이다.

영국의 화가 월터 크레인Walter Crane이
1871년의 파리코뮌에 헌정한 그림

08

재원財源

I

도시든 구역이든 한 사회가 주민 모두에게 필수품을 보장하려고 한다면(우리는 어떻게 하면 필수품 개념이 사치품까지 확대될 수 있는지를 볼 것이다), 그 사회는 생산하는 데 없어서는 안 되는 모든 것을 반드시 장악해야 할 것이다. 즉 기계, 공장, 수송수단 등을 반드시 장악해야 할 것이다. 그 사회는 현재의 소유자로부터 자본을 몰수해 공동체에 돌려주어야 할 것이다.

실제로 사람들이 부르주아 사회조직을 비난하는 이유는 단지 자본가가 일하지 않으면서도 공업이나 상업의 이익 대부분을 차지하며 살기 때문만이 아니다. 우리가 이미 언급한 것처럼, 주된 불평은 모든 생산이 절대적으로 잘못된 방향을 취했다는 것이다. 왜냐하면 생산이 모두에게 복지를 보장해줄 목적으로 행해지지 않기 때문이다. 이것이 그 생산을 비난하는 이유이다.

　게다가 상품생산이 모두를 위해 행해지는 것은 불가능하다. 그것을 바라는 것은 자본가에게 그의 속성에서 벗어나라고 요구하는 것이 될 것이다. 즉 부의 증대를 추구하는 사기업가가 되기를 그만두지 않고서는 수행할 수 없는 직분을 수행하라고 요구하는 것이 될 것이다. 각 기업가의 사적 이익에 기초한 자본주의조직은 거기서 기대할 수 있는 모든 것을 사회에 주었다. 그 조직은 노동자의 생산력을 증대시켰다. 자본가는 증기, 화학이나 기계의 급속한 발달, 금세기의 발명들이 산업에서 행한 혁명을 이용해서 자신의 이익을 위해 인간노동의 효율을 증대시키는 데 전념하였다. 그리고 그는 그렇게 하는 데 크게 성공하였다. 그러나 그에게 또 다른 임무를 주는 것은 완전히 불합리할 것이다. 예를 들어 그가 이 노동의 우수한 효율을 사회 전체에 이익이 되게끔 사용하기를 바라는 것은 그에게 박애나 자선을 요구하는 일이 될 것이다. 자본주의기업은 자선에 기초할 수 없다.

　이제 사회가 해야 할 일은 오늘날에는 몇몇 산업에만 한정되어 있는 이 우수한 생산성을 일반화해 모두에게 이익이 되게끔 이용하는 것이다. 그러나 모두에게 복지를 보장해주려면, 사회가 모든 생산수단을 소유해야 한다는 것은 분명하다.

　경제학자들은 우리에게 의심할 바 없이 상기시킬 것이며 또한 상기시키기를 좋아하는 것은 몇몇 특수한 산업분야에서는 젊고 건장하며 숙련된 노동자들이 비교적 안락하다는 사실이다. 사람들은 언제나 이 소수를 우리에게 자랑스럽게 가리킨다. 그러나 이 안락 – 몇몇 사람들의 특권 – 조차 그들에게 확실한 것인가? 어쩌면 내일 태만, 부주의 또는 주인의 탐욕으로 인해 그 특권을 누린 사람들도 길거리로 쫓겨날지도 모른다. 그렇게 되면 그들은 그때까지 누린 안락의 기간을 수개월 또는 수년의 궁색함이나 가난으로 갚을 것이다. 단명한 기업들은 말할 것도 없고, 얼마나 많은 중요한 산업들(직물, 철, 설탕 등)이 혹은 투기 때문에, 혹은 노동의 자연스러운 이동의 결과로, 혹은 자본가들 간의 경쟁의 결과로 잇달아 조업을 중단하거나 활기를 잃어버리는 것을 우리는 보지 않았는가! 모든 주요 직물산업과 기계공업은 최근 이러한 위기를 겪었다. 주기적으로 조업을 정지하는 것이 그 두드러진 특징인 산업들에 대해서는 거의 말할 필요가 없다.

또한 몇몇 부류의 노동자들의 상대적인 안락이 어떤 대가로 얻어지는지 말할 필요가 있는가? 사실 그것은 농업의 파괴, 파렴치한 농민착취, 대중의 빈곤을 대가로 해서 얻어진 것이다. 어느 정도 안락을 누리는 이 소수의 노동자들에 비하면, 얼마나 많은 사람들이 안정된 임금 없이 그날그날 살고 있는가? 이들은 자신들을 필요로 하는 곳이면 아무 곳에서라도 일할 용의가 있다. 또한 얼마나 많은 농민들이 보잘것없는 식량을 받고 하루에 14시간을 일하고 있는가? 자본은 농촌인구를 감소시키고 있고, 식민지와 산업이 발달하지 못한 나라들을 착취하고 있다. 자본은 엄청나게 많은 노동자들을 전문교육을 받지 못하게 해 그들의 직업에서조차 무능한 존재로 머물러 있게 한다. 한 산업의 번영은 끊임없이 다른 열 개의 산업의 몰락을 대가로 해서 얻어진다.

이것은 우연이 아니다. 그것은 자본주의체제의 필연이다. 몇몇 부류의 노동자들에게 보수를 잘 주기 위해서, 오늘날 농민은 사회의 짐바리 짐승이 되어야 한다. 도시를 위해서 농촌을 버려야 한다. 소규모 수공업체들은 대도시의 불결한 변두리에 밀집해서 많은 무가치한 물건들을 거의 쓸데없이 만들어내야 한다. 그래야 그 수공업체에서 보잘것없는 임금을 받는 구매자들이 대기업제품을 살 수 있다. 조악한 천의 옷은 저임금 노동자들에게 판다. 그러려면 재봉사는 기아임금으로 만족해야 한다! 자본주의체제 하에서 몇몇 특권적인 산업의 노동자가 일종의 제한된 안락을 누리려면, 동양의 후진국들이 서양의 국가들에 의해 착취되어야 한다.

그러므로 현 체제의 해악은 생산의 "잉여가치"가 – 로드베르투스 Johann Karl Rodbertus*와 칼 마르크스가 말한 것처럼 – 자본가에게 넘어가는 것에 있지 않다. 이와 같이 주장하는 것은 사회주의 개념과 자본주의체제에 대한 총괄적인 견해를 좁히는 것이다. 잉여가치 자체는 좀 더 깊은 원인들의 하나의 결과에 불과하다. 해악은 각 세대

---

* 독일의 경제학자이자 사회주의자(1805–1875).

가 소비하지 않은 단순한 잉여가 아니라, 그 여하한의 "잉여가치"가 있을 수 있다는 것에 있다. 왜냐하면 "잉여가치"가 있으려면, 남자, 여자와 어린이들이 배고픔 때문에 그들의 노동력을 팔지 않으면 안 되기 때문이다. 그 노동력이 생산하는 것, 특히 그 노동력이 생산할 수 있는 것의 작은 부분을 얻기 위해서 말이다.

그러나 이 해악은 생산에 필요한 것이 소수만의 소유물로 있는 한 지속될 것이다. 토지를 경작하거나 기계를 움직일 권리를 갖기 위해 그 소유주에게 공물을 바치지 않을 수 없는 한, 그리고 주인이 생활에 필요한 물건들을 최대한으로 생산하기 보다는 최대한의 이익을 약속하는 것을 자유롭게 생산하는 한, 복지는 매우 소수에게만 일시적으로 보장될 수 있을 것이다. 그것도 그때마다 사회의 일부의 가난을 대가로 해서 얻어질 것이다. 실제로 이와 동시에 다른 수많은 노동자들을 착취해야 한다면, 한 산업에서 얻은 이익을 균등하게 분배하는 것으로는 충분하지 않다. 문제는 인간의 에너지를 가장 적게 소비하면서 모두의 복지에 가장 필요한 재화들을 가능한 한 많이 생산하는 것이다.

이 전체적인 시야는 사적인 소유자의 소관이 될 수 없다. 따라서 그것을 이상理想으로 삼는 사회는 전체적으로 부를 생산하면서 복지를 제공하는 데 도움이 되는 모든 것을 수용하지 않으면 안 될 것이다. 사회는 토지, 공장, 광산, 통신수단 등을 장악해야 한다. 게다가 사회는 생산수단을 연구할 뿐만 아니라 모두를 위해 무엇을 생산해야 하는지도 연구해야 할 것이다.

II

사람은 자신의 가족에게 풍족한 양식, 쾌적한 집, 필요한 의복을 보장해주려면 하루에 몇 시간 노동해야 하는가? 이 문제는 종종 사회주의자들의 관심을 끌었다. 그들은 일반적으로 — 물론 모든 사람이 일한다는 조건에서 — 하루에 너댓 시간이면 충분할 것이라고 가정한다. 지난 세기[18세기] 벤자민 프랭클린Benjamin Franklin*은 그 한계를 5시간으로 정했다. 그 후 안락함에 대한 욕구가 늘어났다고 해도, 생산력 또한 그것보다 훨씬 더 빠르게 늘어났다.

다른 장章에서 농업에 대해 말할 때, 오늘날처럼, 잘 경작되지 않은 땅에 씨앗을 되는 대로 뿌리지 말고 합리적으로 경작하는 인간에게 땅이 무엇을 줄 수 있는지를 우리는 볼 것이다. 미국 서부의 대농장들은 그 크기가 수십 리외lieu[약4km] 평방 킬로미터나 되지만, 그 토양이 문명국들의 비옥한 땅보다는 빈약하기 때문에, 헥타르당 12-18헥토리터밖에 수확하지 못한다. 즉 유럽이나 미국 동부에 있는 농장들의 수확량의 절반밖에 수확하지 못한다. 그렇지만 두 사람이 하루에 2.5헥타르의 땅을 갈 수 있게 해주는 기계 덕분에,

---

* 미국의 정치가이자 저술가(1706-1780).

100명이 일 년에 만 명이 일 년 동안 빵을 먹는 데 필요한 모든 것을 생산한다.

따라서 한 사람이 같은 조건에서 일 년 내내 먹을 빵을 얻으려면 30시간, 즉 매일 5시간씩 6일간의 반나절 노동으로 충분할 것이다. 그리고 5인 가족에게 같은 것을 보장하려면 30일간의 반나절 노동으로 충분할 것이다.

오늘날의 현실에서 얻은 자료에 따르면, 우리는 또한 집약노동을 할 경우 60일 이하의 반나절 노동으로 전가족이 빵, 고기, 야채, 심지어는 고급과일도 확보한다는 사실을 증명할 수 있을 것이다.

또 한편으로 오늘날 대도시에 세워지는 노동자주택의 건설비를 조사하면, 영국의 대도시에 노동자를 위한 작은 집 한 채를 짓기 위해서는 1400일 내지 1800일간 5시간씩 노동하면 충분할 것으로 확신할 수 있다. 그리고 이런 종류의 집은 적어도 50년은 견디기 때문에, 1년에 28일 내지 36일의 반나절 노동으로 한 가족에게 위생적이고 꽤 세련되었으며 필요한 모든 시설을 갖춘 주택을 제공할 수 있다. 반면에 고용주로부터 똑같은 주택을 임차할 경우 노동자는 일 년에 75일 내지 100일의 노동을 지불한다.

주의해야 할 것은 이 숫자들이 우리 사회의 잘못된 조직 때문에 오늘날 영국에서 집 짓는 데 드는 비용의 최대치를 나타낸다는 사실이다. 벨기에서는 노동자 주택단지들이 훨씬 적은 비용으로 세워졌다. 모든 것을 고려하면, 잘 조직된 사회에서는 1년에 30일 내지

40일간의 반나절 노동이면 아주 쾌적한 주택을 충분히 확보한다고 단언할 수 있다.

이제 옷이 남아있다. 여기서는 계산이 거의 불가능하다. 다수의 중간상인들이 차지한 이익을 추정할 수 없기 때문이다. 따라서 고급 직물을 예로 들면, 목초지의 소유자, 면양의 주인, 양모상, 모든 중간상인, 철도회사, 실공장, 직공들, 기성복상인, 소매상, 도매상 등의 손에 들어가는 돈을 모두 더해보라. 당신들은 각각의 옷에 대해 부르주아 무리에게 얼마를 지불하는지 알게 될 것이다. 그러므로 당신들이 런던의 큰 가게에서 100프랑을 지불하는 외투 한 벌이 몇 분의 노동을 나타내는지는 결코 말할 수 없다.

확실한 사실은 현재의 기계로도 진짜 엄청나게 많은 양의 옷감을 만들어낼 수 있다는 것이다.

몇 개의 예로 충분할 것이다. 예컨대 미국에서는 751개의 면방직공장(실공장과 직물공장)에서 17만 5천 명의 남녀노동자들이 19억 3940만 미터의 면제품과 매우 많은 양의 직조용 실을 생산한다. 평균적으로 면제품만도 1만 1천 미터 이상이 매일 9시간 반 일하는 300일간의 노동에 의해 생산된다. 즉 10시간에 40미터의 면직물을 생산하는 셈이다. 한 가족이 일 년에 기껏해야 200미터를 사용한다고 가정하면, 이것은 50시간의 노동, 다시 말하면 매일 5시간씩 10일 간의 반나절 노동에 상당할 것이다. 그리고 그 밖에도 직조용 실(즉 재봉실과 직물을 짜고 면을 섞은 양모천을 만들기 위한 실)을 얻을 것이다.

직물만의 경우 미국의 공식통계에 따르면, 1870년에는 노동자 한 사람이 하루 13-14시간 일해 1년에 흰 면제품 9천500미터를 생산하였다. 16년 후(1886년)에는 주당 55시간밖에 일하지 않았는데도 2천700미터를 짰다. 날염된 면직물에서조차 그들은 직조와 날염을 포함해서 1년의 2,669작업시간에 2만 9150미터를 생산하였다. 다시 말하면 시간당 거의 11미터를 생산하였다. 따라서 200미터의 날염된 흰 면직물을 얻으려면 1년에 20시간을 노동하지 않아도 충분할 것이다.

여기서 지적할 필요가 있는 것은 원료가 밭에서 수집된 상태 거의 그대로 공장에 운반되며 이것이 옷감으로 바뀌는 일련의 공정이 20시간 걸려서 완료된다는 사실이다. 그런데 이 200미터의 옷감을 상인에게서 사려면, 보수가 좋은 노동자라도 적어도 매일 10시간씩 10일 내지 15일간의 노동, 즉 100시간 내지 150시간의 노동을 제공해야 할 것이다. 그리고 영국농민의 경우, 그는 이 사치품을 얻으려면 한 달 또는 그보다 조금 더 일해야 할 것이다.

이 예로 우리가 이미 알고 있는 것은 잘 조직된 사회에서는 연간 50일의 반나절 노동으로도 오늘날의 프티부르주아들이 입는 것보다 더 좋은 옷을 입을 수 있다는 사실이다.

그런데 이 모든 것으로 본다면, 토지의 생산물을 얻는 데에는 매일 5시간씩 60일, 주택을 얻는 데에는 40일, 의복을 얻는 데에는 50일의 반나절 노동이 필요했을 뿐이다. 게다가 휴일을 뺀다면, 1년의 노동일은 300일이므로 그것들을 얻는 데에는 반년의 노동밖에 필요하지 않았다.

아직도 150일의 반나절 노동이 남아있다. 이것은 그 밖의 생활필수품(술, 설탕, 커피나 차, 가구, 운송 등)을 얻는 데 쓸 수 있을 것이다.

이 계산이 근사치라는 것은 분명하다. 그러나 그 계산은 다른 방식으로도 증명될 수 있다. 문명국가에서 아무것도 생산하지 않는 사람들, 사라질 운명에 있는 유해산업에서 일하는 사람들, 끝으로 쓸데없는 중간상인직에 있는 사람들을 계산하면, 각 나라에서 진정한 의미의 생산자 수가 두 배로 늘어날 수 있다는 것을 우리는 알게 된다. 그리고 만일 필수품을 생산하는 데 종사하는 사람이 10명이 아니라 20명이라면, 또 사회도 인간의 에너지를 절약하는 데 더 신경을 쓴다면, 이 20명은 하루에 5시간만 일해도 생산을 전혀 감소시키지 않을 것이다. 그리고 부잣집이나 주민 10명마다 한 사람의 관리를 두는 관청에서 낭비되고 있는 인간에너지의 소비를 줄이고 이 힘을 이용해 국가의 생산성을 늘리면, 현재의 생산으로 만족할 경우 하루의 노동을 4시간 심지어는 3시간 하는 것에 그칠 수 있다.

이 모든 것에 대한 연구에서 얻은 고찰에 따르면, 우리는 다음과 같은 결론을 제시할 수 있다:

농업과 그 밖의 여러 산업에 종사하는 주민들이 수백만 명이나 되는 사회 – 예를 들면 세느에와즈도를 포함한 파리 – 를 상상해보자. 이 사회에서는 모든 아이들이 손과 머리를 가지고 일하는 것을 배운다고 가정하자. 어린이교육에 종사하는 여성들 이외의 모든 성인은 20세나 22세부터 45세나 50세까지 하루 5시간 일할 의무가 있으며, 그리고 필요하다고 생각되는 인간의 노동분야에서 스스로 선택한 직업에 종사한다고 해보자. 이런 사회는 그 모든 구성원들에게 복지를 보장해 줄 수 있을 것이다. 즉 오늘날 부르주아가 누리는 것보다 훨씬 더 실제적인 안락함을 보장해 줄 수 있을 것이다. 게다가 이 사회의 각 노동자는 하루에 적어도 5시간은 과학이나 예술에 사용하거나, 아니면 나중에는 필수품범주에 들어갈지 모르지만 지금으로서는 그 범주에 들어가지 않는 개인적인 욕구를 충족시키는 데 사용할 수 있을 것이다. 인간의 생산성이 증대되면, 그 모든 것은 더이상 사치스러운 것 또는 접근하기 어려운 것으로 간주되지 않을 것이다.

09
사치욕구

I

그렇지만 인간은 먹고 마시고 집을 얻는 것만으로 살 수 있는 존재가 아니다. 물질에 대한 요구를 충족시키면, 곧바로 예술적 성격이 있는 욕구가 더욱더 뜨겁게 나타날 것이다. 열이면 열 욕망이 다 다르다. 그리고 사회가 문명화될수록 개성이 더욱더 발달할 것이며, 욕망도 더욱더 다양해질 것이다.

오늘날에도 이런저런 하찮은 물건을 구입하기 위해 또는 특정한 쾌락 즉 특정한 지적 또는 물질적 즐거움을 얻기 위해 필수품을 스스로 절약하는 남녀를 볼 수 있다. 기독교인이나 금욕주의자는 이 사치욕망을 부정할 수 있다. 그러나 실제로 생활의 단조로움을 깨뜨리고 생활을 즐겁게 만드는 것은 바로 이 하찮은 물건들이다.

사람이 매일 노동만 하고 개인적인 취향에 따른 단 하나의 즐거움도 결코 얻을 수 없다면, 인생은 불가피한 고통을 겪으며 살 가치가 있는가?

우리가 사회혁명을 원하는 이유는 물론 첫째로 모두에게 빵을 보장해주기 위해서다. 이 끔찍한 사회를 변화시키기 위해서다. 건장한 노동자들이 자신들을 착취할 고용주를 찾지 못해 어깨가 처진 채 걸어다니는 것을 우리가 매일 보는 이 끔찍한 사회를 말이다. 여자들과 아이들이 잠잘 집이 없어 밤새 어슬렁거리고, 가족 전체가 딱딱한 빵으로 연명하고, 아이들, 남자들과 여자들이 보살핌을 받지 못해, 심지어는 영양부족으로 죽는 것을 우리가 매일 보는 이 끔찍한 사회를 말이다. 우리가 반란을 일으키는 이유는 이 불공평을 끝장내기 위해서다.

그러나 우리는 혁명으로부터 다른 것을 기대한다. 우리가 알고 있듯이, 살려면 힘들게 투쟁할 수밖에 없기 때문에 노동자는 과학과 특히 과학적 발견, 예술과 특히 예술창조의 고상한 즐거움(인간이 도달할 수 있는 것 중에서 가장 고상한 즐거움)을 전혀 알지 못한다. 혁명이 모두에게 나날의 양식을 보장해주어야 하는 이유는 오늘날에는 소수에게만 국한 되어 있는 그 즐거움을 모두에게 확보해주기 위해서이며, 모두에게 여가를 주어 지적 능력을 발달시킬 수 있게 하기 위해서이다. 여가는 — 빵 다음으로 — 최고의 목표이다.

물론 수많은 사람들에게 빵, 석탄, 옷, 주택이 부족한 오늘날, 사치는 하나의 범죄이다. 사치를 만족시키려면 노동자의 아이에게 빵이 부족해야 한다. 그러나 모두가 실컷 먹는 사회에서는, 우리가 오늘날 사치라고 부르는 욕구가 더욱 생생하게 느껴질 것이다. 그리고 모든 사람이 서로 닮을 수 없고 또 닮아서도 안 되기 때문에(취향과 욕구의 다양성은 인류 진보의 주요 보증물이다), 어떤 방향에서든 중간보다 더 높은 욕구를 지닌 남녀들이 항상 있을 것이며 또 그런 남녀들이 항상 있는 것이 바람직하다.

누구나 다 망원경을 요구하지 않는다. 왜냐하면 교육이 일반적이 되었을 때에도, 별이 총총한 하늘을 연구하기 보다는 현미경으로 연구하는 것을 더 좋아하는 사람들이 있기 때문이다. 어떤 사람들은 조각상을 좋아하지만, 다른 사람들은 대가의 그림을 좋아한다. 어떤 사람은 오로지 훌륭한 피아노를 소유하고 싶은 마음밖에 없는 반면에, 다른 사람은 구금_{guimbarde}*으로 만족한다. 농민은 자신의 방을 에피날_{Épinal}판화로 장식하고 있는데, 만일 그의 취향이 발전한다면 그는 아름다운 판화를 갖고 싶어할 것이다. 오늘날 예술에 대한 욕구를 가진 사람은 대재산가의 상속자가 아니라면 그 욕구를 만족시킬 수 없다. 그러나 "열심히 일하면" 그리고 자유직에 종사할 수 있는 지적 자본을 가지면, 언제나 그는 자신의 취향을 언젠가는 어느 정도 만족시킬 수 있다는 희망을 갖고 있다. 그런데도 사람들은 우리가 이상으로 삼는 공산주의사회에 대해서 각 개인의 물질적

---

* 입으로 불어 소리를 내는 악기의 일종.

인 생활만을 목적으로 한다고 비난한다: "당신들은 아마도 모두를 위한 빵은 가지고 있을 것이다. 그러나 당신들의 공동창고에는 아름다운 그림, 광학기기, 호화가구, 장신구 – 요컨대, 인간의 무한히 다양한 취향들을 만족시키는 데 쓰이는 그 수많은 것들 – 는 없을 것이다. 이렇게 해서 당신들은 코뮌이 모두에게 제공할 수 있는 빵과 고기 그리고 모든 시민에게 입히려고 하는 회색옷 이외에는 아무 것도 제공할 수 없을 것이다."

이것들은 모든 공산주의체제 앞에 제기되는 반대론이다. 미국의 사막에 세워진 새로운 사회의 창시자들은 이러한 반대론을 결코 이해할 수 없었다. 공동체가 그 구성원 모두에게 입힐 옷감을 충분히 구할 수 있고 또 "형제들"이 음악의 한 곡조를 서투르게 연주하거나 때때로 한 편의 연극을 상연할 수 있는 공연장이 있다면, 그것으로 충분하다고 그들은 생각하였다. 그들은 예술감각이 부르주아와 마찬가지로 농민에게도 있다는 사실을 잊었다. 감정표현은 교양에 따라 다르지만 그 바탕은 언제나 똑같다는 것을 그들은 잊었다. 공동체는 공동의 생활필수품을 보장했지만 소용없었다. 공동체는 교육에서 개성을 발달시킬 수 있는 모든 것을 없앴지만 소용없었다. 공동체는 성서를 읽으라고 강요했지만 소용없었다. 개인적인 취향이 분출해 일반적인 불만을 불러일으켰다. 피아노를 살 것인가 물리기기를 살 것인가를 둘러싸고 작은 말다툼이 일어났다. 진보요인들이 고갈되었다. 사회는 모든 개인감정, 모든 예술성향, 모든 발전을 죽이는 조건에서만 살 수 있었다.

아나키즘코뮌도 같은 길로 끌려들어갈 것인가?

분명히 그렇지 않다. 아나키즘코뮌이 물질적인 생활에 필요한 모든 것의 생산을 확보하는 동시에, 인간정신의 모든 발현을 이해해 그것을 만족시키려고 애쓴다면 말이다.

Ⅱ

솔직히 말해서 주위의 빈곤이나 고통의 심각성을 생각하면, 즉 일자리를 찾아 길거리를 방황하는 노동자들의 비통한 외침을 들으면, 우리는 다음과 같은 문제는 더 이상 토론하고 싶지 않다: 모든 사람이 실컷 먹는 사회에서는 세브르Sèvres산 도자기나 비로드옷을 갖고 싶어하는 사람을 만족시키기 위해 어떻게 해야 하는가?

대답하는 대신에 우리는 이렇게 말하고 싶을 것이다: 먼저 빵을 확보하자. 도자기와 비로드는 나중에 보자.

그러면 인간은 음식물 이외에 다른 욕구도 갖고 있다는 것을 인정해야 하기 때문에, 또한 아나키l'Anarchie의 힘은 인간의 모든 능력과 열정을 이해하며 그 어느 하나도 무시하지 않는 것에 있기 때문에, 우리는 어떻게 하면 인간이 지적 및 예술적인 모든 욕구를 만족시킬 수 있는지에 대해 몇 마디 말할 것이다.

45세 내지 50세까지 하루에 너덧 시간 일하면 인간은 사회에 안락을 보장해주는 데 필요한 모든 것을 쉽게 생산할 수 있을 것이라고 우리는 말하였다.

그러나 노동에 익숙하고 기계에 매달리는 인간의 하루 노동시간은 5시간이 아니다. 그것은 하루에 10시간, 1년 300일, 평생이다. 이렇게 해서 건강은 나빠지고 지력은 둔해진다. 그렇지만 직업을 바꿀 수 있다면, 특히 육체노동과 정신노동을 번갈아 할 수 있다면, 하루 10시간 내지 12시간 일해도 피로를 느끼지 않고 몰두할 것이다. 생존하는 데 필요한 육체노동을 너댓 시간 한 사람에게는 자신의 취향에 따라 쓰고 싶은 대여섯 시간이 아직도 남아 있을 것이다. 그리고 하루에 이 대여섯 시간은 ― 다른 사람들과 협력한다면 ― 모두에게 보장된 필수품 외에, 자신이 원하는 모든 것을 얻을 가능성을 충분히 줄 것이다.

사람은 먼저 밭이나 공장에서, 일반적인 생산에 대한 그의 기여몫으로 사회에 해야할 일을 다할 것이다. 그리고 그는 하루, 일주일, 또는 일 년의 후반을 자신의 예술욕구나 학문욕구를 만족시키는 데 사용할 것이다.

수많은 모임들이 생겨나 모든 취향과 모든 상상력을 충족시켜줄 것이다.

예를 들면 어떤 사람들은 그들의 여가시간을 문학에 투자할 수 있을 것이다. 그 다음에는 저술가, 식자공, 인쇄공, 조판공, 도안사를 포함시키는 단체들이 구성될 수 있을 것이다. 이 단체들은 모두 하나의 공통된 목표를 추구한다: 그들에게 소중한 사상의 보급.

오늘날 저술가는 하루에 3,4프랑으로 자기 책의 인쇄를 맡길 수 있는 짐바리 짐승 즉 노동자가 있다는 것을 알고 있다. 그러나 그는 인쇄소가 어떤 곳인지는 알려고 하지 않는다. 식자공이 연독鉛毒으로 해를 입고, 기계를 돌보는 아이가 빈혈로 죽는다고 해도, 그들을 대신할 다른 가난한 사람들이 있지 않은가?

그러나 보잘것없는 양식을 얻기 위해 노동력을 팔 극빈자들이 더 이상 없게 되면, 어제의 피착취자가 교육을 받고 또 종이에 써서 다른 사람들에게 전할 자신의 사상을 갖게 되면, 문인들과 학자들은 서로 협력하며 자신들의 산문이나 시를 인쇄하지 않을 수 없을 것이다.

사람들이 작업복과 육체노동을 열등의 표시로 생각하는 한, 저술가가 자기 책의 활자를 조판하는 것을 보고 사람들은 놀랄 것이다. 휴식을 취하고 싶다면 체조실이나 도미노domino놀이가 있지 않은가? 그러나 육체노동에 붙어 있는 불명예가 사라지면, 대신해 줄 사람이 없기 때문에 모두가 자신의 팔을 사용하지 않을 수 없게 되면, 저술가와 숭배자들은 식자판이나 활자 다루는 법을 곧 배울 것이다. 그들 모두 ― 인쇄되는 책의 가치를 아는 자들 ― 는 그 책을 조판해 인쇄기에서 처녀의 순결함을 지닌 아름다운 여인처럼 인쇄되어 나오는 것을 보는 즐거움을 맛볼 것이다. 이 멋진 기계들이 ― 아침부터 저녁때까지 그것들을 돌리는 어린 직공에게는 고문기계이지만 ― 자신들이 좋아하는 저자의 사상을 발표하고 싶은 사람들에게는 즐거움의 원천이 될 것이다.

이렇게 되면 문학은 무언가를 잃어버리는가? 시인은 밭에서 일하거나 책을 인쇄하는 일을 그의 손으로 직접 도우면 시인답지 못하게 되는가? 소설가는 공장에서, 숲에서, 도로에서 또 작업장에서 사람들과 부딪치면 인간성에 대한 지식을 잃어버리는가? 이런 질문들을 제기하는 것 자체가 그 질문들에 대답하는 것이다.

어떤 책들은 어쩌면 그 분량이 줄어들 것이다. 쪽수는 줄어도 더 많은 것을 말할 것이다. 아마도 [잉크의 얼룩 방지용] 간지間紙[속지]를 덜 쓸 것이다. 그러나 인쇄된 것은 더 잘 읽혀질 것이고 더 잘 평가될 것이다. 책은 교육을 많이 받아 그 책을 평가하기에 더 적합한 광범위한 독자들과 만날 것이다.

게다가 인쇄기술은 구텐베르크Gutenberg 이후로 거의 진보하지 않았으며 아직도 초기 단계에 있다. 10분 동안 쓴 것을 활자로 조판하는 데에는 아직도 두 시간이 걸린다. 사람들은 사상을 더욱 신속하게 퍼뜨리는 방법을 찾고 있다. 그것을 찾아낼 것이다.

아, 모든 저술가가 자기 책의 인쇄를 거들었다면! 인쇄술은 이미 얼마나 진보했을까! 우리는 더 이상 17세기 활자를 사용하지 않고 있을 것이다.

이것은 꿈인가? 물론 주의깊게 관찰하고 심사숙고한 사람들에게는 꿈이 아니다. 이 순간에도 생활은 우리를 이미 이 방향으로 밀고 있다.

III

모든 사람이 생산자가 되고 과학이나 예술을 계발할 수 있는 교육을 받고 또 그렇게 할 수 있는 여가를 갖는 사회, 모든 사람이 자기 책을 내기 위해 서로 협력하며 육체노동의 몫을 제공하는 사회, 이런 사회를 생각하는 것은 꿈을 꾸는 것인가?

이 순간에도 이미 수많은 학회, 문학회 등이 있다. 그런데 이 협회들은 어떤 분야의 학문에 관심을 갖고서 자신들의 연구를 발표할 목적으로 결합한 사람들의 자발적인 집단이다. 논문모음집에 참여하는 저자들은 보수를 받지 않는다. 논문모음집은 팔지 않는다. 그것들은 지구의 모든 곳에 같은 분야의 학문을 하는 다른 협회에 무료로 보낸다. 협회의 어떤 회원들은 이러저러한 관찰을 요약한 한 페이지의 짧은 논평을 그것에 실을 것이다. 또 어떤 회원들은 다년간 연구의 산물인 방대한 논문을 발표할 것이다. 또 다른 어떤 회원들은 그 논문들을 새로운 연구의 출발점으로 참조하는 것에 그칠 것이다. 그 학회들은 모두가 관심을 갖고 있는 연구의 생산을 위해 저자들과 독자들이 연합한 단체이다.

사실 학회도 – 개인 저술가와 마찬가지로 – 출판사에 원고를 가지고 간다. 그곳에는 인쇄일을 하는 노동자들이 있다. 자유직에 종사하는 사람들은 육체노동을 경멸하는데, 이 육체노동은 실제로 오늘날 아주 피곤하게 하는 여건에서 행해지고 있다. 그러나 그 모든 구성원에게 철학이나 과학 등 폭넓은 교육을 시키는 사회는 육체노동을 인류의 자랑이 되게끔 조직할 것이다. 그리고 이런 사회의 학회는 연구자, 아마추어애호가, 노동자의 조합이 될 것이다. 모두가 육체적인 일을 할 줄 알고 모두가 과학에 관심을 갖기 때문이다.

예를 들어 지리를 연구하는 학회라면, 회원 모두가 지층을 탐험하는 일에 한 몫 한다. 모두가 연구를 분담할 것이다. 백 명보다 만 명이 관찰하면, 오늘날 20년 걸려 하고 있는 것보다 더 많은 것을 1년 동안에 해낼 것이다. 그리고 여러 연구를 출판할 때, 여러 직업에 경험이 많은 수많은 남녀들이 지도를 그리고, 도안을 새기고, 텍스트를 조판해서 인쇄하는 일에 기꺼이 협조할 것이다. 그들 모두는 여름에는 탐험에, 겨울에는 실내작업에 그들의 여가를 흔쾌히 바칠 것이다. 그리고 그들의 연구가 출판되어 나오면, 그것은 더 이상 백 명의 독자만을 만나지 않을 것이다. 그들의 연구는 만 명의 독자, 즉 공동작업에 관여한 모든 사람과 만나게 될 것이다.

게다가 진보의 방향은 우리에게 이 길을 가리킨다.

오늘날에도 영어대사전을 만들려고 했을 때, 영국은 이 작업에 자신의 일생을 바칠 리트레Émile Littré*같은 사람이 태어나기를 기다리지 않았다. 자원자들을 모집했는데, 수많은 사람들이 돈을 받지 않

---

* 프랑스의 철학자이자 언어학자(1801–1881). 오귀스트 콩트의 제자로 실증주의사상의 보급에 힘썼다. 언어학자로서는 《프랑스어사》의 연구와 《프랑스어 사전》의 편집이 유명하다.

고 자발적으로 나섰다. 이들은 도서관들을 뒤져서 한 사람이 평생 해도 못할 작업을 수년 내에 끝냈다. 지적 활동의 모든 분야에서 이와 똑같은 정신이 발휘되고 있다. 미래에는 개인작업보다 이러한 집단작업이 시도될 것이라고 예측하지 못한다면, 우리는 인류에 대해 거의 모르는 것이 될 것이다.

이 사전작업이 진실로 집단적이 되기 위해서는 많은 지원자들 즉 저술가, 인쇄업자, 교정자가 공동으로 일할 수 있게끔 조직할 필요가 있을 것이다. 그러나 사회주의출판사에서는 이미 이런 방향으로 나가고 있다. 사회주의출판사는 육체노동과 정신노동이 결합된 실례를 제공하고 있다. 거기서는 저자가 스스로 그 논문을 투쟁 기관지에서 인쇄하는 일을 한다. 이러한 시도는 아직 사소하고 지극히 미미하다. 그러나 그것은 미래가 어느 길로 나가는지를 보여준다.

그것은 자유의 길이다. 미래에는 어떤 유익한 말, 즉 그 세기의 사상을 뛰어넘는 말을 하려는 사람은 그에게 필요한 자금을 선불해주는 편집자를 찾지 않을 것이다. 그는 인쇄일을 알고 그의 새로운 저작의 가치를 인정하는 사람들 중에서 협력자들을 찾을 것이다. 그들은 함께 책이나 잡지를 출판할 것이다.

이렇게 되면 문학도 저널리즘도 더 이상 다른 사람들을 희생시켜 돈 버는 수단이 되지 않을 것이다. 문학과 저널리즘을 잘 아는 사람은 문학이 해방되는 시대가 오기를 바랄 것이다. 예전에 [문학을] 보호해준 사람들로부터, 지금은 [문학을] 이용하고 있는 사람들로부터 또 (드문 예외는 제외하고) 진부함이나 대다수 사람들의 악취미에 쉽게 영합해 [문학에] 돈을 대주는 많은 사람들로부터 말이다.

문학과 과학이 인류를 발전시키는 일에서 진정한 자리를 차지하는 것은 문학과 과학이 일체의 금전적 속박에서 벗어나 전적으로 그 애호가들에 의해 또 그 애호가들을 위해 계발될 때뿐이다.

Ⅳ

문학, 과학, 예술은 자발적인 사람들[자유인들]에 의해 계발되어야 한다. 이런 조건에서만 그것들은 국가나 자본의 속박으로부터 그리고 그것들을 질식시키는 부르주아의 비속함으로부터 해방될 수 있다.

오늘날의 과학자는 그가 관심을 갖는 연구를 하기 위해 어떤 수단을 갖고 있는가? 백 명 중 한 사람의 후보자에게만 주어질 수 있는 국가보조금을 요구해야 하는가? 상투적인 수법을 사용하고 구습을 따르겠다고 공공연하게 약속하지 않으면 결코 얻을 수 없는 국가보조금을 말이다. 프랑스학사원이 다윈을 비난하였고, 상트페테르부르크학사원이 멘델레예프Dmitri Mendeleev*를 거부했으며, 그리고 런던

---

* 러시아의 화학자(1834-1907). 원소 주기율 이론을 발표하고, 당시에는 아직 발견하지 못한 칼륨, 스칸듐 등 원소의 존재와 성질을 예언하였다.

왕립협회가 열의 역학적 등가성을 규명한 줄James Joules[*]의 논문을 "비과학적"이라는 이유로 출판을 거절했다는 사실을 기억하자.[2]

그러므로 과학에 혁명을 일으킨 모든 위대한 연구나 모든 발견은 학사원이나 대학 바깥에서 이루어졌다. 다윈이나 라이엘Charles Lyell[**]처럼 독자적으로 연구할 수 있을 만큼 부유한 사람들에 의해서 이루어졌든, 아니면 궁색함이나 흔히는 극도의 가난 속에서 일해 건강을 해쳤고 실험실도 없어 아주 많은 시간을 잃어버렸으며 그리고 연구를 계속하는 데 필요한 기구나 책을 구입하지 못해도 좌절하지 않았고 종종 연구 도중에 죽은 사람들에 의해서 이루어졌든 말이다. 그들의 이름은 많다.

게다가 국가가 주는 보조금 제도는 나쁘기 때문에, 과학은 언제나 그것으로부터 해방되려고 애썼다. 바로 이러한 이유에서 유럽이나 미국에는 자발적인 사람들에 의해 조직되고 유지되는 학회들이 수 없이 많다. 몇몇 학회는 엄청나게 발전해, 보조금을 받는 학회들의 모든 자산이나 은행가들의 모든 재산으로도 그 연구성과들을 다 살 수 없을 정도이다. 어떤 정부기관도 자발적인 기부금으로만 유지되는 런던동물학회 만큼 부유하지 않다.

---

* 영국의 물리학자(1818-1889). 열역학 제1법칙(에너지보존 법칙)의 창설자이다.

2. 우리는 이것을 유명한 과학자 플레이페어Lyon Playfair[1818-1898. 영국의 화학자]를 통해 알았다. 그는 최근 줄이 죽었을 때 이 사실을 말하였다.

** 영국의 지질학자(1797-1875).

이 학회의 동물원에 무수히 있는 동물들은 산 것이 아니다. 그 동물들은 다른 학회나 전세계의 수집가들이 보낸 것이다. 어느 날은 봄베이동물학회가 코끼리를 기증했으며, 또 어느 날은 이집트의 박물학자들이 하마와 물소를 보냈다. 이 훌륭한 선물들은 지구상의 모든 곳에서 끊임없이 도착해 매일 새롭다: 조류, 파충류, 곤충 표본 등. 이 기증품들 중에는 종종 세계의 모든 금을 주고도 살 수 없는 동물들도 들어있다. 그 중에는 여행자가 자신의 생명을 걸고 잡은 것이 있다. 그는 그 동물을 마치 자기 아이처럼 애지중지했지만, 잘 보호해줄 것이라고 믿고 학회에 기증하였다. 무수히 많은 방문객들이 지불하는 입장료는 그 거대한 기관을 유지하기에 충분하다.

런던동물원과 같은 종류의 다른 학회들에 오직 부족한 것은 그 학회에의 기여가 자발적인 노동으로는 이루어지지 않는다는 것이다. 그 엄청난 시설의 관리인들과 수많은 피고용자들은 학회의 회원으로 인정받지 못하고 있다. 많은 사람들이 자신들의 명함에 F. Z. S. (Fellow of the Zoological Society:동물학회 회원)라는 신비스러운 머리글자를 기재할 수 있는 것 이외에는 그 학회의 회원이 될 다른 동기를 갖지 못하고 있다. 한 마디로 말해서, 부족한 것은 우애와 연대감이다.

과학자들에 대해서 말한 것은 일반적으로 발명가들에게도 해당된다. 거의 모든 발명들이 어떤 고통을 대가로 해서 나타났는지를 누가 모르겠는가! 뜬눈으로 지새운 밤, 가족의 굶주림, 실험을 위한 기구와 재료의 부족, 이것이 공업을 우리 문명의 유일하게 정당한 자랑거리로 만든 모든 사람들의 이야기이다. 그러나 모든 사람이 나쁘다고 보는 이러한 상태에서 빠져나오려면 어떻게 해야 하는가? 특허제를 시행했지만 그 결과를 사람들은 잘 알고 있다. 굶주린 발명가는 몇 프랑 받고 특허를 판다. 자본을 빌려준 것밖에 한 일이 없는 자가 발명의 이익을 ─ 종종 엄청난 이익을 ─ 챙긴다. 게다가 특허는 발명가를 고립시킨다. 특허는 그로 하여금 자신의 연구를 비밀로 하도록 만든다. 따라서 그가 뒤늦게 실패에 이르는 경우도 종종 있다. 반면에 기초적인 사상에 덜 사로잡힌 머리에서 나온 아주 단순한 암시가 발명을 살찌우고 그것을 실용화하는 경우도 때때로 있다. 모든 권위와 마찬가지로 특허는 산업의 진보를 막을 뿐이다.

사상은 특허를 받을 수 없기 때문에, 이론상 명백한 부정不正인 특허는 실제로 발명의 신속한 발전을 막는 커다란 장애물 중 하나이다.

발명정신을 촉진시키는 데 필요한 것은 무엇보다도 사고의 각성, 사고방식의 대담성이다. 하지만 우리의 모든 교육은 이것을 약화시키는 데 기여한다. 필요한 것은 연구자의 수를 백배로 늘리는 과학지식의 보급이다. 마지막으로 필요한 것은 일보 전진하려는 인류의 의식이다. 왜냐하면 모든 위대한 발명가들을 고취한 것은 대부분의 경우 열정, 또는 때때로 선善을 행하려는 희망이기 때문이다.

사회혁명만이 사고에의 충동, 대담함, 지식, 모두를 위해 일하려고 하는 확신을 줄 수 있다.

그때 우리는 동력과 갖가지 종류의 기구를 갖춘 거대한 공장, 모든 연구자에게 개방된 엄청난 공업실험실을 갖게 될 것이다. 그곳에서 그들은 사회에 대한 의무를 다한 다음에는 자신들의 꿈을 위해 연구할 것이다. 그곳에서 그들은 대여섯 시간의 여가를 보낼 것이다. 그곳에서 그들은 실험을 할 것이다. 그곳에서 그들은 마찬가지로 어떤 어려운 문제를 연구하기 위해 온 다른 산업분야의 다른 전문가동료를 만날 것이다. 그들은 서로 도와줄 수 있으며, 마침내는 생각이나 경험의 충돌 속에서 기다렸던 해답을 찾아낼 수 있을 것이다. 다시 한 번 말하지만, 이것은 꿈이 아니다! 페테르스부르크의 솔라노이 고로독_{Solanoï Gorodok}은 이미 그것을 실현하였다. 그것은 기구들이 아주 잘 갖추어져 있고 모든 사람에게 개방되어 있는 공장이다. 기구와 동력은 무료이다. 목재와 금속만 원가로 공급받는다. 그러나 노동자들은 작업장에서 10시간 노동으로 완전히 녹초가 된 밤에나 그곳에 간다. 그리고 그들은 자신들의 발명을 특허와 자본주의 때문에 주의깊게 서로 감추고 있다. 이 특허와 자본주의야말로 현대사회의 불행이자 지적 및 도덕적인 진보를 가로막는 장애물이다.

V

그러면 예술은? 예술의 타락에 대한 탄식이 사방에서 들려온다. 사실 우리는 르네상스의 거장들보다 한참 뒤쳐져 있다. 예술기교는 최근 엄청나게 진보했다. 재능을 어느 정도 타고난 수많은 사람들이 예술의 모든 분야를 계발하고 있다. 그러나 예술은 문명세계를 떠난 것 같다! 기계는 진보하지만, 영감은 예전만큼 예술가의 작업실을 찾아오지 않는다.

정말이자 영감은 어디에서 오는가? 위대한 사상만이 예술을 이끌 수 있다. 예술이란 우리의 이상에서는 창조와 같은 뜻이므로, 그것은 앞을 바라보아야 한다. 그러나 드문, 아주 드문 몇 가지 예외를 제외하면, 직업 예술가는 너무 무지하고 너무 부르주아적이어서 새로운 지평을 내다보지 못한다.

게다가 이 영감은 책에서 올 수도 없다. 영감은 생활에서 끄집어내야 한다. 그러나 현사회는 그것을 줄 수 없다.

라파엘로Sanzio Raffaello*와 무리요Bartolomé Esteban Murillo**는 새로운 이상을 추구하면서도 여전히 낡은 종교적 전통을 받아들인 시대에 그림을 그렸다. 그들은 그 자체가 수 세대에 걸친 경건한 작업을 나타낸 큰 성당들을 장식하기 위해 그림을 그렸다. 신비로운 외관을 지닌 대성당의 위대함은 도시의 생활 자체와 관련이 있었으며, 화가에게 영감을 줄 수 있었다. 화가는 대중의 기념물을 만들기 위해 일하였다. 그는 대중들에게 말을 건넸으며, 대신 그들로부터 영감을 받

---

* 이탈리아의 화가이자 건축가(1483–1520). 이탈리아 르네상스의 3대 거장 중 한 명이다.
** 17세기 스페인 회화의 황금시대를 대표하는 화가(1617–1682).

앇다. 그는 성당의 중앙 홀, 기둥, 그림 유리창, 조각상, 장식문이 자기에게 말한 것과 똑같은 의미로 그 대중들에게 말하였다. 오늘날 화가가 바라는 가장 큰 영예는 자기 그림이 도금된 액자에 넣어져 미술관 — 일종의 골동품가게 — 에 걸리는 것을 보는 것이다. 프라도 Prado미술관*의 경우처럼, 벨라스케스Diego Vélasquez**의 거지와 필리프 2세의 개들 옆에 걸려 있는 무리요의 승천을 볼 것이다. 불쌍한 벨라스케스, 불쌍한 무리요! 옛날에는 그 도시의 아크로폴리스에서 살았는데, 오늘날에는 루브르박물관의 붉은 커튼 아래에서 숨이 막혀 아무 말도 못하고 있는 불쌍한 그리스 조각상들이여!

그리스 조각가는 대리석을 끌로 조각할 때 그 도시의 정신과 마음을 표현하려고 하였다. 그 도시의 모든 열정, 모든 영광스런 전통이 작품 속에서 다시 살아나지 않으면 안 되었다. 그러나 오늘날 도시는 더 이상 존재하지 않는다. 사상의 일치도 더 이상 없다. 도시는 서로 알지도 못하고 또 서로를 희생시켜 돈을 버는 것 외에는 어떤 일반적인 관심도 없는 사람들의 우연한 무리에 불과하다. 조국은 존재하지 않는다 …… 국제적인 은행가와 넝마주이가 어떤 조국을 공동으로 가질 수 있겠는가?

그러므로 도시, 지방, 국가 또는 국가들의 집단이 사회생활에서

---

* 스페인의 수도 마드리드에 있는 미술관. 1819년에 개관하였다.
** 스페인의 궁정화가(1599–1660).

그들의 통일성을 회복했을 때에만, 예술은 도시나 도시연합의 공통된 사상에서 영감을 얻을 수 있을 것이다. 그때 건축가는 더 이상 사원도 감옥도 요새도 아닌 도시기념물을 생각해낼 것이다. 그때 화가, 조각가, 세공사, 실내장식가 등은 그들의 그림, 조각상, 장식품을 어디에 놓을지를 알 것이다. 그들은 모두 그 똑같은 생명의 원천에서 실행력을 얻을 것이며, 미래를 향해 모두 함께 영광스럽게 행진할 것이다.

그러나 그때까지 예술은 근근이 살 수밖에 없을 것이다.

현대 화가들의 최고 그림은 아직도 자연, 마을, 계곡, 위험한 바다, 웅장한 산을 나타내는 것들이다. 그러나 화가가 어떻게 들일을 그림으로 표현할 수 있겠는가? 그가 그것을 바라보기만 했거나 상상만 했다면 말이다. 그가 자신이 직접 그 일을 맛보지 않았다면 말이다. 설사 그가 그것을 안다고 해도 마치 철새가 이동 중에 지나가는 지방을 아는 정도에 지나지 않는다면 말이다. 아름다운 젊음의 활기 속에서 그가 새벽부터 쟁기를 따라가지 않았다면 말이다. 노래로 분위기를 한껏 띄우는 발랄한 처녀들과 경쟁하면서도 그가 건초를 만드는 건장한 사람들 옆에서 낫을 크게 휘두르며 풀베기하는 즐거움을 맛보지 못하였다면 말이다. 땅과 그 위에서 자라는 것에 대한 사랑은 붓으로 스케치하는 것으로는 얻어지지 않는다. 그 사랑은 땅에서 일할 때에만 얻어진다. 땅을 사랑하지 않고서 어떻게 그것을 그릴 수 있는가? 이 때문에 최고의 화가들이 그린 모든 것은 이런 의미에서 아직도 매우 불완전하고 매우 종종 거짓이며 거의 언제나 감상주의이다. 그런 것에는 힘이 없다.

일하고 돌아올 때 해가 지는 것을 본 적이 있어야 한다. 농부의 당당함을 눈에 간직하려면 그들과 함께 농부가 되어본 적이 있어야 한다.

고기잡이 시를 이해하려면 낮이든 밤이든 언제든지 어부와 함께 바다에 나가서 직접 고기를 잡아보기도 하고, 파도와 싸워보기도 하고 폭풍우를 만나기도 하고, 또 힘든 노동을 한 다음 무거운 어망을 들어올리는 기쁨이나 빈손으로 돌아오는 실망을 느껴보기도 했어야 한다. 공장에서 시간을 보내면서 창조적인 노동의 피로와 고통, 그 즐거움을 알고 또한 용광로의 강렬한 불꽃으로 쇠를 벼린 적이 있어야 한다. 기계가 살아있다는 것을 느낀 적이 있어야 한다. 인간의 힘이 어떤 것인지를 알아 그것을 예술작품으로 표현하려면 말이다. 끝으로, 대중의 삶을 되새기려면 그 속에 빠져야 한다.

과거의 위대한 예술가들처럼 인민의 삶을 산 이 미래의 예술가들의 작품은 판매를 목적으로 하지 않을 것이다. 그 작품들은 살아있는 전체를 구성하는 일부이다. 작품들이 없다면 그 전체는 있지 않을 것이다. 그리고 이 전체가 없다면 그 작품들도 있지 않게 될 것이다. 사람들은 작품들을 바라본다. 그러면 그 작품들의 오만하면서도 맑은 아름다움이 마음과 정신에 유익한 효과를 낳을 것이다.

예술이 발전하려면, 러스킨John Ruskin*과 위대한 사회주의 시인 모리스William Morris**가 종종 아주 잘 증명한 것처럼, 예술이 많은 중간 단계를 통해 산업과 연결되어야 한다. 말하자면 예술이 산업과 융합되어야 한다. 집에서, 거리에서, 공공기념물의 안팎에서 인간을 둘러싸고 있는 모든 것이 순수한 예술형태를 취하고 있어야 한다.

그러나 이것은 모두가 안락과 여가를 즐기는 사회에서만 실현될 수 있을 것이다. 그때에는 각자가 자신의 재능을 표현할 수 있는 예술협회가 나타날 것이다. 왜냐하면 예술은 그것을 보완해주는 순전히 육체적이며 기술적인 수많은 노동 없이는 존재할 수 없기 때문이다. 마치 에딘버러의 친절한 자원자인 젊은 화가들이 그 도시의 가난한 사람들을 위한 큰 병원의 벽과 천장을 장식한 것처럼, 예술협회는 그 회원들의 가정을 아름답게 꾸미는 일을 맡을 것이다.

개인적인 감정이 깃든 작품, 즉 자신의 속마음을 담은 작품을 만들어낸 화가나 조각가는 그것을 자신이 좋아하는 여인이나 친구에게 줄 것이다. 사랑하는 마음으로 만든 그의 작품은 오늘날 비싸다는 이유로 부르주아나 은행가들의 허영심을 만족시키는 작품들보다 못한가?

---

* 영국의 비평가(1819–1900). "근로 없는 예술은 죄이며, 예술 없는 근로는 야수적이다"라고 주장하였다.

** 영국의 시인이자 사상가(1834–1869). 산업혁명이 가져온 예술의 기계화와 양산화 경향에 반발하고 성실한 손작업의 중요성을 강조하였다.

생활필수품에 포함되지 않는 모든 향락은 마찬가지일 것이다. 그 랜드피아노를 원하는 사람은 악기제작자협회에 가입할 것이다. 그리고 그의 반나절의 여가 일부분을 그 협회를 위해 일함으로써 그는 꿈의 피아노를 가질 것이다. 천문학연구에 열중하고 싶다면, 천문학자협회에 가입하면 될 것이다. 그는 공동작업의 몫을 수행함으로써 자신이 바라는 망원경을 얻게 될 것이다. 왜냐하면 특히 천문관측소는 거친 일 – 벽돌공 일, 목수 일, 주조공 일, 기계공 일 –을 필요로 하기 때문이다. 전문기사는 정밀도구에 마지막 손질을 한다.

간단히 말해서, 필수품을 생산하는데 몇 시간을 바친 다음 각자가 마음대로 쓸 수 있는 하루 다섯 시간 내지 일곱 시간은 무한히 다양한 모든 사치욕구를 충분히 만족시킬 것이다. 수많은 협회들이 그것을 준비해 줄 것이다. 지금은 아주 소수의 특권인 것이 이렇게 해서 모두가 가질 수 있는 것이 될 것이다. 사치는 더 이상 부르주아의 어리석고 눈살을 찌푸리게 하는 과시가 되지 않고 예술적인 만족감이 될 것이다.

모두가 이로 인해 더 행복해질 것이다. 바라는 목적 – 책, 예술작품 또는 사치품 – 을 이루기 위해 유쾌한 마음으로 행하는 공동작업에서 각자는 생활을 즐겁게 만드는데 필요한 자극과 위안을 얻게 될 것이다.

주인과 노예의 구분을 없앰으로써 우리는 그들 모두의 행복을 위해, 인류의 행복을 위해 일한다.

10
즐거운 노동

I

사회가 자본으로부터 해방되면 노동이 즐거운 일이 될 것이며 아주 싫고 건강에 안 좋은 모든 고역이 폐지될 것이라고 사회주의자들이 주장하면, 사람들은 그들을 비웃는다. 그렇지만 오늘날에조차 인상 깊은 진보가 이 방향으로 이루어지고 있는 것을 볼 수 있다. 그리고 이러한 진보가 이루어진 곳에서는 어디서나 고용주들이 그렇게 해서 얻어진 에너지절약에 대해 기뻐할 뿐이다.

분명히 공장도 과학실험실처럼 청결하고 쾌적하게 만들 수 있다. 그리고 그렇게 하는 것이 유익하다는 사실은 더욱 분명하다. 넓고 환기가 잘 되는 공장에서는 작업이 더 잘 된다. 그런 공장에서는 그 하나하나가 시간과 노동력을 절약시켜 주는 작은 개선을 쉽게 할 수 있다. 그리고 우리가 아는 공장들 대부분이 악취를 풍기고 불결한 곳이라면, 이는 노동자가 공장조직에서 아무런 중요성이 없기 때문이며, 또한 인간에너지의 가장 불합리한 낭비가 공장조직의 두드러진 특징이기 때문이다.

그럼에도 불구하고 이미 여기저기에 – 매우 드문 예외이긴 하지만 – 그곳에서 일하면 진짜 즐거울 것 같은 잘 정돈된 공장들이 조금 있다. 노동이 하루 네댓 시간 이상 계속되지 않는다면 말이다. 또 각자가 하는 일을 자신의 취향에 따라 바꿀 능력이 있다면 말이다. 내가 아는 어떤 공장은 – 불행하게도 폭탄을 제조하고 있는데 – 위생상으로나 정신적으로나 아무 결함이 없다. 이 공장은 20헥타르의 땅을 차지하고 있으며, 그 중 15헥타르는 유리로 덮여 있다. 내열벽돌로 된 바닥은 광부의 집의 그것처럼 깨끗하다. 유리지붕은 그 일만 전담하는 조組의 노동자들이 정성껏 청소한다. 이 공장에서는 20톤이나 되는 강철 덩어리가 벼려진다. 불꽃 온도가 1000도가 넘는 용광로에서 30걸음 밖에 떨어져 있지 않은데도, 그 용광로의 거대한 입이 강철괴물을 토해낼 때야 비로소 그 존재를 알 수 있다. 그렇지만 그 괴물을 조종하는 것은 불과 서너 명의 노동자이다. 이들은 이리저리 밸브를 열어 튜브의 수압으로 거대한 기중기를 움직인다.

귀를 멍하게 하는 쇄광기碎鑛機 소리를 들을 것으로 기대하고 공장에 들어가지만, 그곳에는 쇄광기가 없다는 것을 알게 된다. 100톤이나 되는 거대한 대포들과 대서양횡단 기선의 크랭크축이 수압에 의해 벼려지고 있다. 노동자는 밸브를 돌리기만 하면 강철을 압착해서

찍어낸다. 강철을 벼려서 만들어내지 않는다. 이렇게 해서 아무리 두꺼운 덩어리라도 갈라진 틈이 없고 아주 동질적인 금속이 된다.

사람들은 굉장한 소음을 예상하지만, 보이는 것은 길이 10m의 강철덩어리를 자르면서도 치즈를 자르는데 필요한 소리 이상을 내지 않는 기계들뿐이다. 우리를 안내하는 엔지니어에게 감탄을 나타내자 그는 이렇게 대답하였다:

"효율적인 사용 문제일 뿐입니다! 강철을 평평하게 만드는 이 기계는 42년이나 사용해 왔습니다. 만약 그 부분들이 잘 맞추어지지 않았거나 너무 약했으면 표면을 다듬을 때마다 서로 부딪치거나 삐걱거려 10년도 쓰지 못했을 것입니다!"

"용광로 말입니까? 그런데 열을 이용하지 않고 버리는 것은 쓸데없는 낭비입니다. 방사로 잃어버리는 열의 양이 몇 톤의 석탄에 해당되는데, 왜 주조공들을 나무랍니까?"

"5리외 떨어진 곳에 있는 건물을 진동시키는 쇄광기들도 여전히 낭비였습니다. 충격보다는 압력에 의해 더 잘 벼려집니다. 그리고 비용도 적게 듭니다. 손실이 적습니다."

"각 작업대의 넓이, 공장의 조명과 청결함, 이 모든 것은 효율적인 사용 문제일 뿐입니다. 물건이 똑똑히 보이고 팔꿈치를 자유롭게 움직일 수 있을 때 일도 잘 됩니다."

그는 이렇게 덧붙였다: "정말이지 여기 오기 전에는 우리도 비좁고 답답했습니다. 대도시 부근은 땅값이 정말 비싸고, 땅주인은 아주 탐욕스러워요."

광산의 경우도 마찬가지이다. 우리는 졸라_{Emile Zola}*나 신문을 통해 오늘날 광산이 어떤 모습인지를 안다. 그러나 미래의 광산은 통풍이 잘 되고 온도는 연구실처럼 완전히 조절될 것이다. 지하에는 죽는 말도 없을 것이다. 지하에서 실어나르는 것은 갱도 입구에 있는 자동케이블에 의해 행해질 것이다. 환풍기는 항상 돌아가고 있을 것이다. 따라서 폭발은 결코 없을 것이다. 이런 광산은 결코 꿈이 아니다. 영국에는 이미 있다. 나는 그 중의 한 곳을 방문한 적이 있다. 여기에서도 이러한 정비는 효율적인 사용 문제일 뿐이다. 지금 내가 말하는 광산은 430m나 되는 매우 깊은 곳인데도 불구하고, 겨우 200명의 광부가 매일 1천 톤, 즉 광부 일인당 하루 5톤의 석탄을 캐고 있다. 반면에 영국의 2000개 갱도에서 평균 채탄량은 일인당 연간 고작 300톤에 불과하다.

만일 필요하다면 구체적인 조직에 대해서는 푸리에_{Fourier}의 꿈이 결코 공상이 아니었다는 것을 증명하는 예들을 얼마든지 들 수 있을 것이다.

그러나 이 주제는 이미 사회주의 신문들에서 자주 다루었기 때문에, 여론은 이미 정해졌다. 제작소도 공장도 광산도 현대 대학의 최

---

* 프랑스의 소설가(1840-1903). 1885년에 발표한 서설 《제르미날》에서 프랑스의 탄광촌을 배경으로 광부들의 파업을 그렸다.

고 실험실처럼 위생적이고 훌륭할 수 있다. 그리고 그것들이 이러한 측면에서 조직이 잘 되어 있을수록, 인간의 노동은 더 생산적이게 될 것이다.

그렇다면 "일꾼들"이 어떤 조건에서도 자신들을 팔지 않아도 되는 평등사회에서는 노동이 실제로 즐거움, 위안이 된다는 것을 의심할 수 있겠는가? 역겨운 또는 비위생적인 일은 사라질 수밖에 없을 것이다. 왜냐하면 이런 조건에서 그런 일이란 사회 전체에 해로울 것이 분명하기 때문이다. 노예들은 그런 일에 헌신할 수 있었다. 하지만 자유인은 훨씬 더 생산적인 즐거운 노동의 새로운 조건을 만들어낼 것이다. 오늘의 예외는 내일의 관례가 될 것이다.

오늘날 사회가 인류의 힘든 일을 하는 자 – 여성 – 에게 짐 지우고 있는 가정노동의 경우도 마찬가지일 것이다.

II

혁명으로 변혁을 이룬 사회는 가정노예제 – 노예제의 마지막 형태 – 를 사라지게 할 것이다. 이 가정노예제 역시 가장 오래되었기 때문에 아마도 가장 끈질길 것이다. 그렇지만 그것은 푸리에주의자들이 꿈꾸는 방식으로도, 권위적인 공산주의자들이 종종 상상하는 방식으로도 나타나지 않을 것이다.

푸리에식 공동생활체는 많은 사람들에게 혐오감을 준다. 아무리

수줍어하는 사람이라도 공동작업을 위해서는 동료들과 만날 필요를 틀림없이 느낀다. 이 공동작업은 그가 자신을 엄청나게 큰 전체의 일부분으로 느낄수록 더욱더 매력적인 것이 된다. 그러나 휴식과 친교를 위해 주어지는 여가시간의 경우는 그렇지 않다. 푸리에식 공동생활체나 심지어 공동주택주의는 이 점을 고려하지 않는다. 아니, 그것들은 인위적인 집단화를 통해 이 욕구에 응하려고 한다.

사실상 거대한 호텔에 불과한 푸리에식 공동생활체는 일부 사람들을, 또는 그들의 생애의 어떤 시기에는 모든 사람들을 즐겁게 해줄 수 있다. 그러나 대다수의 사람들은 가족생활(물론 미래의 가족생활)을 더 좋아한다. 그들은 고립된 아파트를 선호한다. 노르만인과 앵글로색슨인은 방이 4개, 6개 또는 8개가 있는 집을 선호한다. 이런 집에서는 가족이나 한 무리의 친구들이 제각기 따로 살 수 있기 때문이다.

푸리에식 공동생활체는 때때로 그 존재이유가 있다. 그렇지만 그것은 일반적인 규칙이 되면 고약한 것이 된다. 사람들과 함께 시간을 보내는 것과 교대로 나타나는 혼자 있고 싶은 것은 인간성의 정상적인 욕망이다. 이 때문에 감옥에서 가장 큰 고통 중의 하나가 혼자 있을 수 없는 것인 것처럼, 독방에 고립되는 것도 이번에는 사교생활의 시간과 번갈아 이루어지지 않을 경우 고통이 된다.

때때로 푸리에식 공동생활체를 찬성하며 강조하는 경제적 고려 같은 것은 장사꾼의 경제에 지나지 않는다. 위대한 경제, 합리적인 경제란 오로지 생활을 모두에게 즐겁게 해주는 것이다. 왜냐하면 자신의 생활에 만족하는 사람은 자신의 주위 사람들을 저주하는 자보다 훨씬 더 많이 생산하기 때문이다.[3]

다른 사회주의자들은 푸리에식 공동생활체를 거부한다. 그런데 그들에게 가정노동이 어떻게 조직될 수 있는가를 물으면, 그들은 이렇게 대답한다: 각자가 "자신의 일"을 할 것이다. "내 아내는 집안일을 잘 합니다. 부르주아의 아내들도 마찬가지로 집안일을 할 것입니다." 그리고 만일 말하는 자가 사회주의를 흉내내는 부르주아라면, 그는 자기 아내에게 상냥한 미소를 지으며 이렇게 말할 것이다: "여보, 사회주의사회라면 당신도 하녀 없이 일할 수 있겠지? 당신도 우리의 꿋꿋한 친구 폴의 아내나 당신도 아는 목수장이의 아내처럼 일할거지?"

이에 대해 아내는 부드러운 미소를 지으며 "물론이죠, 여보"라고 대답한다. 마음속으로는 다행히도 그런 일이 곧 일어나지 않을 것이라고 그녀는 생각하지만 말이다.

남자는 가정일은 하녀든 아내든 언제나 여자가 하는 것으로 여긴다.

---

3. 청년 이카리아la Jeune Icarie의 공산주의자들은 노동 이외의 일상적인 관계에서 자유로운 선택의 중요성을 이해한 것 같다. 종교적 공산주의자들의 이상은 언제나 식사를 공동으로 하는 것이었다. 초기 기독교인들이 기독교에 대한 그들의 신봉을 표명한 것은 공동식사를 통해서이다. 성찬식은 아직도 그것의 마지막 흔적이다. 청년 이카리아 사람들은 이 종교적 전통을 버렸다. 그들은 공동식당에서 식사하지만, 떨어져 있는 식탁에서 그때마다의 기분에 따라 자리를 잡는다. 아나마Anama의 공산주의자들도 각자 자신의 집을 가졌으며, 코뮌의 창고에서 마음대로 식료품을 가져와서 가정에서 먹는다.

그러나 그의 아내도 역시 – 결국은 – 인류해방에 참가하겠다고 주장한다. 그녀는 더 이상 가정의 짐바리 짐승이 되고 싶어하지 않는다. 그녀는 자녀를 키우는데 이미 충분한 시간을 바쳤다고 생각한다. 그녀는 더 이상 요리사, 옷의 수선자, 집의 청소부가 되고 싶어하지 않는다. 미국여성들은 이런 요구를 앞장서서 하고 있기 때문에, 미국에서 일반적인 불평은 가사에 만족하는 여성들이 부족하다는 것이다. 숙녀는 예술, 정치, 문학이나 도박장을 선호한다. 여자 노동자도 마찬가지이다. 따라서 더 이상 하녀를 찾아볼 수 없다. 미국에는 앞치마를 두른 노예상태를 기꺼이 받아들이는 처녀나 부인은 드물다.

그러므로 해결책, 매우 간단한 해결책이 생활 그 자체에서 분명하게 나타난다. 집안일의 ¾을 기계가 맡는 것이다.

당신이 당신의 구두를 닦으면, 당신은 이 일이 얼마나 우스꽝스러운지를 안다. 구두를 솔로 20번 내지 30번 문지르는 것보다 어리석은 일이 있겠는가? 유럽 인구의 1/10은 초라한 잠자리와 불충분한 음식을 얻으려고 스스로를 팔아 이 지치게 만드는 일을 해야 한다. 부인은 자신을 노예라고 생각하고, 수백만 명의 여성들이 매일 아침 하는 그런 일을 해야 한다.

그런데 이발사는 이미 대머리나 곱슬머리에도 그 머리칼을 빗는 기계를 갖고 있다. 같은 원리를 반대쪽 끝에 적용해서는 안 되는가? 사람들은 이미 그렇게 하고 있다. 오늘날에는 구두 닦는 기계가 미국이나 유럽의 큰 호텔에서 널리 사용되고 있다. 이 기계는 호텔 밖으로도 퍼져나가고 있다. 영국의 큰 학교들은 여러 과로 나누어져 있고 각각 50명에서 200명의 학생들이 기숙사생활을 하고 있다. 이런 학교들에서는 매일 아침 천 켤레의 구두를 닦는 기계를 단 한 대만 설치해도 편리하다는 것을 알게 되었다. 이 어리석은 일만을 맡는 10여 명의 하인들은 없어도 된다. 구두를 저녁 때 맡기면 기계가 닦아서 아침에 기숙사에 갖다 준다.

세탁은 어떤가! 이 일을 싫어하지 않는 가정주부가 어디에 있겠는가! 오래 걸리는 동시에 더러운 일이다. 게다가 대부분의 경우 손으로 한다. 이 때문에 가정노예의 노동이 중요하게 여겨지지 않는다.

미국에는 더 좋은 것이 있다. 이미 상당수의 도시에서는 더운 물이 집집마다 공급되고 있다. 우리 유럽에서 찬물이 공급되고 있는 것처럼 말이다. 이런 상태에서는 문제가 아주 간단하다. 코크레인 Josephine Cockrane *부인이라는 한 여성이 그 문제를 해결하였다. 그녀의 기계는 20다스의 접시나 쟁반을 씻고 닦고 건조시키는데 3분도 안 걸린다. 일리노이주에 있는 한 공장이 이 기계를 만드는데, 이 기계는 중간계급의 가정에서도 살 수 있는 가격으로 팔리고 있다. 작은 세대의 경우, 그들은 신발과 마찬가지로 식기류도 공동시설로 보낼 것이다. 구두를 닦는 것과 세척, 이 두 가지 일은 아마도 같은 회

---

* 식기세척기의 최초 발명자(1839-1913). 1886년에 개발하였다.

사가 맡아서 할 것이다.

식칼을 가는 것, 내의를 세탁하면서 손의 피부가 벗겨지거나 손목을 삐는 것, 마루바닥을 청소하거나 양탄자를 솔질할 때 먼지구름이 일어나고, 그 먼지를 털어내는 데 큰 애를 먹는 것, 이 모든 일은 아직도 여자가 한다. 여자는 항상 노예이기 때문이다. 그러나 이런 일은 사라져 가고 있다. 기계가 그 일을 훨씬 더 잘 하기 때문이다. 갖가지 종류의 기계가 가정에 도입될 것이다. 가정에 전력이 공급되면, 사람들은 육체적인 노력을 하지 않아도 그 모든 일을 할 수 있을 것이다.

그런 기계들은 만드는데 많은 비용이 들지 않는다. 만일 우리가 아직도 그것들을 매우 비싸게 산다면, 이는 그것들이 일반적으로 사용되고 있지 않기 때문이다. 특히 75%의 과도한 세금은 무엇보다도 토지, 원료, 제조, 판매, 특허, 관세 등을 이용해 4륜마차를 타고 다니고 싶어한 신사들이 매겼기 때문이다.

그러나 가정용 소형기계는 가사노동의 해방을 위한 최종적인 말이 아니다. 가정은 현재의 고립에서 탈피하고 있다. 이제까지는 따로따로 한 것을 다른 가정들과 연합해서 공동으로 하고 있다.

사실 미래에는 각 가정이 구두 닦는 기계, 접시 씻는 기계, 내의를 세탁하는 기계 등을 가질 필요가 없다. 미래에는 공동난방을 설치하고 구역 전체의 각 방에 열을 보내어 연료를 절약한다. 이것은 이미 미국의 몇몇 도시에서 행하고 있다. 큰 난방장치가 모든 집과 모든 방에 온수를 공급하고 있다. 물도 파이프에 흐르고 있다. 온도를 조절하려면 수도꼭지를 돌리기만 하면 된다. 게다가 만일 어떤 방을 따뜻하게 데우려고 하면, 중앙저장소로부터 난방목적으로 공급되는 가스에 점화할 수 있다. 난로를 청소하고 불이 꺼지지 않게끔 하는 이 엄청난 일이 – 가정주부는 그것이 얼마나 많은 시간이 걸리는지 안다 – 사라지고 있다.

초, 램프, 심지어는 가스조차 한물갔다. 버튼을 누르면 도시 전체에 불이 일제히 켜지는 곳이 여럿 있다. 전기불의 사치를 얻는 것은 경제와 지식의 문제일 뿐이다.

끝으로, 역시 미국에서는 거의 모든 가사노동을 없애기 위해 단체들을 만드는 것이 이미 문제가 되고 있다. 구역마다 가사서비스 센터를 두면 충분할 것이다. 차가 집집마다 문 앞에 와서 닦을 구두, 씻을 식기, 세탁할 의류, 수선할 자질구레한 것들(그럴 가치가 있다면), 솔질할 양탄자를 수집해 간다. 그러면 다음날 아침에는 맡긴 일을 잘 해서 가지고 올 것이다. 몇 시간 후에는 뜨거운 커피와 적당히 삶은 계란이 여러분의 식탁에 나올 것이다.

사실 정오부터 2시 사이에 2000만 명 이상의 미국인과 그만한 수의 영국인은 구운 쇠고기나 양고기, 삶은 돼지고기, 감자튀김, 계절의 채소를 먹는다. 이 만큼의 고기를 굽고 채소를 삶으려면 적어도 두세 시간 동안 800만 개의 불이 필요하다. 즉 800만 명의 여성들이 기껏해야 10접시도 안 되는 식사를 준비하는데 이만한 시간을 소비하고 있다.

"단 하나로도 충분한데 불을 50개나 쓴다"라고 한 미국여성은 언젠가 썼다. 원한다면 가정에서 당신의 아이들과 함께 식탁에서 먹으시오.

그러나 몇 잔의 커피와 아주 간단한 아침식사를 준비하기 위해 50명의 주부가 아침시간을 허비해야 하는가? 이 모든 고기조각과 이 모든 채소를 요리하기에는 두 사람과 단 하나의 불로 충분한데 왜 50개의 불을 쓰는가? 만일 당신이 미식가라면, 당신이 좋아하는 쇠고기나 양고기를 당신 자신이 고르시오! 당신이 이런저런 소스를 좋아한다면, 당신 입에 맞도록 채소에 양념을 치시오. 그러나 설비가 잘 갖추어진 화덕에 하나밖에 없는 넓은 주방을 단 하나만 가지시오.

왜 주부의 노동은 전혀 고려하지 않는가? 왜 각 가정에서 어머니나 종종 서너 명의 하녀가 부엌일에 모든 시간을 바쳐야 하는가? 인류의 해방을 바라는 사람들조차도 그들의 해방의 꿈 속에 주부를 포함시키지 않았기 때문이며, 또한 그들이 이 혹사당하는 사람 — 주부 — 의 어깨에 지운 "이 부엌일"을 생각하는 것은 남자의 위엄에 어울리지 않는 것이라고 여기기 때문이다.

여성해방이란 대학교, 법정, 의회의 문을 여성에게 열어주는 것이 아니다. 해방된 여성은 가정일을 언제나 다른 여성에게 전가시킨다. 여성을 해방시키는 것은 부엌과 세탁장의 힘든 노동으로부터 여성을 해방시키는 것이다. 그녀가 원한다면 아이들을 키울 수 있도록 하는 한편, 사회생활에도 참가할 수 있는 여유시간을 가질 수 있도록 가정을 조직하는 것이다.

그렇게 될 것이다. 이미 말한 것처럼, 이미 그렇게 되어가고 있다. 자유, 평등, 연대라는 멋있는 말에 도취한 혁명도 가정의 노예제를 유지한다면 혁명이 아니라는 것을 알자. 부엌의 노예가 되고 있는 인류의 절반은 아직도 다른 절반에 대해서 반란을 일으켜야 한다.

펠릭스 발로통Félix Valloton*의 아나키스트
L'anarchiste.

---

* 화가(1865–1925). 스위스 로잔에서 태어났지만 대부분의 시간을 프랑스 파리에서 보냈다.

11

자유로운 합의

I

대대로 내려온 편견, 절대적으로 잘못된 교육과 훈육 때문에 우리는 도처에서 정부, 입법부, 사법부만 보는 데 익숙해져 있다. 따라서 경찰이 지켜보지 않을 때는 사람들이 야수처럼 서로 물어뜯을 것이며, 그렇게 되면 권위가 어떤 대재앙에 빠져 혼란이 일어날 것이라고 우리는 믿고 있다. 따라서 우리는 법의 간섭 없이 자유롭게 결성하는 수많은 집단들이 정부의 보호하에 이루어지는 것보다 훨씬 더 나은 일들을 실현한다는 사실을 간과하고 있다. 일간신문을 펼쳐보시오, 그 지면들 모두가 정부가 하는 일이나 정치의 부정부패로 가득 차 있다. 중국인이라면 신문을 읽고는, 유럽에서는 지배자의 명령이 없다면 아무 것도 이루어지지 않는다고 생각할 것이다. 정부의 지시 없이 생겨나고 성장하며 발전하는 기관들을 - 그것이 무엇이든 -

찾아보라. 없거나 거의 없다. "사회면"의 기사들은 경찰과 관련되어 있다. 가족드라마, 반란행위가 게재되는 경우는 그 속에 경찰이 나올 때뿐이다.

3억 5천만 명의 유럽인들이 서로 사랑하거나 미워하고 있으며, 일하거나 금리로 생활하고 있으며, 괴로워하거나 즐거워하고 있다. 그러나 그들의 생활이나 그들의 행위는 (문학, 연극, 스포츠를 제외하고는) 정부가 이런저런 방식으로 간섭하는 경우가 아니면 신문은 모두 묵살해 버린다.

역사의 경우도 마찬가지이다. 우리는 국왕의 생활이나 의회에 대해서는 아주 세세한 것도 알고 있다. 좋든 나쁘든 간에 국회 연단에서 행해진 연설은 어느 나이든 의원의 말처럼 "단 한 사람의 표도 얻지 못할 만큼 영향이 없었던"것까지도 모두 보존되어 있다. 국왕의 방문, 정치인의 기분 좋고 나쁨, 그의 농담과 욕설, 이 모든 것이 후대를 위해 조심스럽게 기록된다. 그러나 우리는 한 중세도시의 생애를 재구성하거나, 한자동맹 도시들 간에 행해진 저 엄청난 상업교환의 메커니즘을 이해하거나, 또는 루앙Rouen 시가 어떻게 대성당을 세웠는지를 알기는 아주 힘들다. 어떤 학자가 이 문제를 연구하는 데 일생을 바쳤어도, 그의 저서들은 알려지지 않는다. 그렇지만 "의회의 역사"는 – 이것은 사회생활의 한 면만을 말하기 때문에, 잘못되었는데도 – 자꾸 나오고 퍼뜨리고 학교에서 가르친다.

그래서 우리는 사람들의 자발적인 집단이 매일 수행하는 놀라운 일을 알아차리지 못한다. 그것은 금세기의 주요 업적을 이루는데도 말이다.

이 때문에 우리는 그 가장 두드러진 업적 중 몇 가지를 찾아내서, 사람들은 – 그들의 이해관계가 절대적으로 상반되지 않으면 – 놀라울 정도로 사이가 좋아 매우 복잡한 문제에 대해서도 공동으로 행동한다는 것을 보여주고 싶다.

개인소유, 즉 약탈과 편협한 개인주의에 기초한 현재의 사회에서는 이런 종류의 사실들이 어쩔 수 없이 제한되어 있다는 것은 분명하다. 합의가 언제나 자유롭게 이루어지지 않으며 그 목적도 끔찍하지는 않더라도 종종 저속하다.

그러나 우리에게 중요한 것은 맹목적으로 모방해야 할 실례를 찾아내는 것이 아니다. 게다가 현재의 사회는 우리에게 그러한 실례를 제공할 수 없을 것이다. 우리가 해야 할 일은 우리를 질식시키는 권위주의적 개인주의에도 불구하고 우리의 생활 전체에는 언제나 사람들이 자유로운 합의를 통해서만 행동하는 매우 큰 부분이 있다는 사실을 보여주는 것이다. 따라서 정부 없이 해내는 것이 보통 생각하는 것보다 훨씬 더 쉽다는 사실을 보여주는 것이다.

우리의 주장을 뒷받침해주는 것으로 이미 철도를 언급한 바 있는데, 한번 더 그것으로 되돌아가겠다.

우리가 아는 것처럼, 유럽에는 28만km의 철도망이 있다. 이 철도망으로 오늘날에는 – 북에서 남으로, 서에서 동으로, 마드리드에서

페테르스부르크로, 칼레Calais에서 콘스탄티노플로 – 멈추지 않고 (급행을 이용할 경우) 차를 갈아타지 않고도 통행할 수 있다. 그뿐만이 아니다. 한 역에서 맡긴 화물은 그 행선지가 터키나 중앙아시아 어디에 있든 간에 그곳에 도달할 것이다. 그런데 그 화물을 보내는 데에는 종이조각에 행선지를 적는 것 이외에 다른 절차가 없다.

이런 결과는 두 가지 방식으로 얻어질 수 있었다. 나폴레옹이나 비스마르크 같은 사람 또는 전제군주라면 유럽을 정복하고, 지도 위에 파리, 베를린이나 로마에서 철도 선로를 그어 기차운행을 정했을 것이다. 왕관을 쓴 바보, 니콜라스Nicolas 1세는 그런 것을 꿈꾸었다. 사람들이 그에게 모스크바와 페테르스부르크 사이의 철도 설계도를 보여주자, 그는 자를 잡고 러시아지도에 두 도시 사이에 직선을 긋고는 "이것이 선로이다"라고 말하였다. 그래서 철도는 깊은 계곡을 메우고 현기증이 날 정도로 높은 철교를 세우면서 직선으로 부설했지만, 몇 년 뒤에 중단하지 않을 수 없었다. 킬로미터 당 평균적으로 이삼백만 프랑의 비용이 들었기 때문이다.

이것은 한 가지 방법이다. 그러나 다른 곳에서는 다르게 하였다. 철도가 한 구간씩 건설되었다. 구간들이 서로 연결되었다. 그런 다음, 이 구간들을 소유한 여러 많은 회사들은 서로 협정을 맺어 기차의 도착과 출발 시간을 맞추려고 했다. 또한 그 회사들은 노선이 바뀔 때 화물을 내리지 않게끔 화물차량은 어디에서 오든 간에 통과하도록 서로 협정을 맺으려고 애썼다.

이 모든 것은 자유로운 합의에 의해서, 편지와 제안의 교환을 통해서, 그리고 회의를 통해 이루어졌다. 이 회의에는 대표자들이 – 법률을 제정하기 위해서가 아니라 – 이런저런 특별한 문제를 논의하기 위해 왔다. 회의가 끝나면, 대표자들은 법률이 아니라, 승인되거나 거부될 협정안을 가지고 각자의 회사로 돌아갔다.

물론 갈등이 있었다. 물론 설득시키기 어려운 완고한 사람들이 있었다. 그러나 공동의 이익은 결국 모든 사람을 동의하도록 만들었다. 완강하게 반대하는 사람들의 고집을 꺾기 위해 군대를 부를 필요가 없었다.

서로 연결된 이 거대한 철도망과 그것이 불러일으킨 엄청난 교통량은 확실히 금세기[19세기]의 가장 두드러진 특징을 이룬다. 그리고 이것들은 자유로운 합의의 결과이다. 만일 누군가가 50년 전에 예견하고 예언했다면, 우리의 할아버지들은 그가 미쳤거나 바보라고 생각했을 것이다. 그들은 이렇게 외쳤을 것이다: "결코 많은 회사의 주주들을 이치에 따르도록 만들지 못할 것이다! 그것은 공상이며 동화 같은 이야기이다. 강압적인 지도자를 지닌 중앙정부만이 그것을 강요할 수 있을 것이다."

그런데 이 조직에서 가장 흥미로운 점은 철도의 유럽중앙정부가 없다는 것이다! 없다! 철도장관도 없고, 독재자도 없다! 모든 것이 계약에 의해 이루어진다.

따라서 우리는 "교통을 정하는 일만 가지고도 중앙정부 없이는 아

무엇도 할 수 없다"고 주장하는 국가주의자에게 묻는다. 우리는 그에게 이렇게 묻는다:

"그렇다면 유럽의 철도회사들은 중앙정부 없이 어떻게 경영하는가? 그들은 어떻게 수백만 명의 여행자들과 산더미 같은 화물들을 대륙의 도처에 수송하는가? 만일 철도를 소유한 회사들이 합의할 수 있었다면, 철도를 소유하고 싶어하는 노동자들도 마찬가지로 합의할 수 있지 않은가? 그리고 만일 페테르스브르크 – 바르샤바 회사와 파리 – 벨포트회사가 공동지배인이라는 불필요한 존재를 두지 않고 원만하게 운영할 수 있다면, 자유로운 노동자들의 집단으로 구성된 우리 사회에 정부가 왜 필요한가?"

II

오늘날에도 현재의 사회조직을 지배하는 부정부패에도 불구하고, 사람들이 권력의 간섭 없이도 합의에 도달할 수 있다는 것을 우리는 실례를 들어 증명하려고 한다. 그렇지만 이때 우리는 제기되는 반론을 무시하지 않는다.

그 실례들에는 잘못된 측면도 있다. 왜냐하면 강자에 의한 약자의 착취, 부자에 의한 가난한 자의 착취에서 벗어난 조직을 단 하나라도 예로 들기는 불가능하기 때문이다. 따라서 국가주의자들은 그들 특유의 논리로 틀림없이 우리에게 이렇게 말할 것이다: "당신도 잘 알다시피, 이런 착취를 끝장내려면 국가의 간섭이 필요하다!"

그들은 역사의 교훈을 잊고 있을 뿐이다. 그들은 국가 자체가 프롤레타리아를 만들어내 착취자에게 넘겨줌으로써 어느 정도로까지 이 사태를 악화시키는 데 기여했는지에 대해서는 우리에게 말하지 않는다. 그들은 또한 첫 번째 원인들 − 개인자본과 (국가가 국민의 ⅔를 인위적으로 몰아넣은) 빈곤 − 이 존재하는 한, 착취를 없앨 수 없다는 사실을 우리에게 말해주는 것도 잊었다.

철도회사들 간의 완전한 합의에 대해 우리에게 이렇게 말하는 사람이 있을 것으로 예상된다: "철도회사들이 그 피고용인들과 승객들을 얼마나 억압하고 난폭하게 다루는지 당신들은 모릅니까? 일반 국민을 보호하기 위해 국가가 개입해야 합니다!"

그렇지만 우리는 자본가들이 있는 한 이러한 권력남용도 계속될 것이라고 수없이 반복해서 말하지 않았는가? 회사들에게 오늘날과 같은 끔찍스러운 힘을 준 것은 바로 국가 − 자칭 자선을 베푸는 자 − 이다. 국가가 허가나 보증을 만들어내지 않았는가? 국가가 파업하고 있는 철도노동자들을 진압하려고 군대를 보내지 않았는가? 그리고 처음에는 (러시아에서는 아직도 그렇다) 국가가 그것이 보증하는 주식의 가치 하락을 막기 위해 신문에서 철도사고 기사 내는 것을 막을 정도로 철도사업가의 특권을 확대하지 않았는가? 국가가 밴더빌트_{Vanderbilt}가家, 폴리아코프_{Polyakov}가,* P.L.M.회사의 임원들, 고타르 _{Gothard}회사의 임원들을 "우리 시대의 왕"으로 떠받들고 그들에게 독점이라는 특혜를 주지 않았는가?**

따라서 우리가 철도회사들 사이에 암암리에 맺어진 협정을 예로 든다고 해도, 이는 그것을 결코 경제적 관리의 이상理想으로 삼기 때문도 아니고 더구나 기술적 조직의 이상으로 삼기 때문도 아니다. 그 것은 다음과 같은 사실을 보여주기 위해서이다. 즉 다른 사람들을 희생시켜 자신들의 수입을 늘리는 것 외에 다른 목적이 없는 자본가들이 국제사무국을 만들지 않고서도 철도를 잘 경영할 수 있다면, 노동자들의 조합 역시 유럽 철도부장관을 임명하지 않고서도 철도를 잘 경영할 수 있다는 것을 보여주기 위해서이다.

또 다른 반론이 제기되는데, 이것은 겉으로는 더 중대한 것처럼 보인다. 우리가 말하는 합의는 완전히 자유로운 것이 아니며 큰 회사가 작은 회사를 지배하는 것이라고 말하는 사람이 있을지도 모른다. 예를 들면 돈 많은 어떤 회사는 베를린에서 바젤까지 가는 승객들을 라이프치히 노선을 통과하지 않고 쾰른과 프랑크푸르트를 거쳐서 가도록 강요할 수도 있을 것이다. 또 어떤 회사는 유력한 주주들에게 이익을 주기 위해 화물을 (장거리의 경우) 일이백km나 우회하

---

* 러시아의 철도건설에서 중심적인 역할을 하였다.
** P.L.M.(Paris-Lyon-Méditerranée)과 고타르회사는 철도회사이다.

는 노선으로 운반한다. 끝으로 또 어떤 회사는 2류회사의 노선을 파산시킨다. 미국에서는 밴더빌트 같은 사람의 주머니에 달러가 흘러 들어가게 하기 위해 승객과 화물에 종종 엄청나게 우회하는 노선을 지나가도록 강요하고 있다.

우리의 대답은 똑같을 것이다. 자본이 존재하는 한, 대자본은 소자본을 언제나 억압할 것이다. 그러나 억압은 자본으로부터만 오지 않는다. 몇몇 큰 회사들이 작은 회사들을 억압하는 것은 특히 국가의 지원 덕분이며, 국가가 그 큰 회사들을 위해 만들어준 독점 덕분이다.

마르크스가 매우 잘 보여준 것은 영국의 법이 소기업을 파산시키고 농민을 빈곤으로 몰아넣었으며 또 아무리 임금이 적어도 일해야 하는 가난한 사람들의 무리를 대기업가들에게 넘겨주기 위해 온갖 짓을 했다는 사실이다. 철도에 관한 법의 경우도 완전히 마찬가지이다. 전략적인 노선, 국가보조금을 받는 노선, 국제우편의 독점권을 얻는 노선, 이 모든 것이 금융계 거물들의 이익을 위해 활용되었다. 로스차일드Rothschild − 모든 유럽국가들에 대한 채권자 − 가 철도에 투자하면, 그의 충복忠僕인 장관들은 그가 더 많이 벌도록 준비할 것이다.

미국 − 권위주의자들이 이따금 이상理想으로 내세우는 민주주의 − 에서도 철도와 관계된 모든 것에는 아주 추악한 부정이 끼어들어 있다. 만일 어떤 회사가 매우 싼 요금으로 그 경쟁자들을 쓰러뜨렸다면, 이는 그 회사가 다른 한편으로 국가가 뇌물을 받고 그 회사에게 양도한 토지로 보상받기 때문이다. 미국의 밀 거래에 대해 최근에 공표된 문서는 국가가 강자에 의한 약자의 착취에서 어떤 역할을 했는지를 우리에게 보여주었다.

여기에서도 국가는 대자본의 힘을 열 배, 백 배 늘어나게 했다. 그래서 큰 회사에 대항해서 작은 회사를 보호하는데 이따금 성공하는 철도회사들의 조합 ― 이것 역시 자유로운 합의의 산물이다 ―을 보면, 국가가 보호하는 대자본의 막강한 힘에도 불구하고 우리는 자유로운 협정의 고유한 힘에 놀라지 않을 수 없다.

국가의 편파성에도 불구하고, 실제로 작은 회사들이 존재하고 있다. 프랑스 ― 중앙집권의 나라 ― 에는 5,6개의 큰 회사밖에 없지만, 영국에는 큰 회사가 110개도 넘는다. 이 회사들은 훌륭하게 협정을 맺고 있으며, 프랑스나 독일의 철도회사들보다 더 잘 조직되어 있어 화물과 승객을 신속하게 수송하고 있다.

그렇지만 문제는 그것에 있지 않다. 국가로부터 특혜를 받는 대자본은 그렇게 하는 것이 이익이라면 언제든지 소자본을 분쇄할 수 있다. 우리의 관심사는 이것이다: 유럽의 철도를 소유한 수많은 회사들 간의 협정은 여러 회사들을 지배하는 중앙정부의 개입 없이 직접 체결되었다. 협정은 회사 대표자들로 구성된 회의를 통해 유지되지만, 이 대표자들 사이에서 논의되고 그 위임자들에게 제출되는 것은 법률이 아니라 초안이다. 이것은 새로운 원리이다. 이 원리는 군주제든 공화제든, 전제정부든 의회정부든 정부의 원리와는 전혀 다르다. 이것은 아직은 머뭇거리며 유럽의 관습에 도입되었지만 장래가 유망한 혁신이다.

Ⅲ

우리는 국가주의 사회주의자들의 저술에서 이런 종류의 외침을 자주 읽지 않았는가?: "그렇다면 미래사회에서는 누가 운하수송을 규제하는 일을 맡을 것인가? 만일 당신들 아나키스트 "동지들" 중의 한 사람이 작은 배를 운하에 가로로 놓고서 다른 많은 배들의 길을 막을 생각을 한다면, 누가 이치를 따져 그를 설득할 것인가?"

솔직하게 고백하면, 이 가정은 조금 비현실적이다. 다음과 같이 부언하는 자가 있을지도 모른다: "만일 어떤 코뮌이나 집단이 그들의 배를 다른 배들보다 먼저 지나가게 하려고 할 때, 그들은 아마도 운하를 가로막고는 돌을 운반할 것이다. 반면에 다른 코뮌에서 필요로 하는 밀의 수송선은 기다려야 할 것이다. 그렇다면 정부가 아니라면 누가 배의 운행을 정할 것인가?

그런데 현실의 생활은 여전히 여기서도 다른 곳에서와 마찬가지로 정부 없이도 아주 잘 할 수 있다는 것을 보여주었다. 자유로운 합의, 자유로운 조직은 저 해로우면서도 비용이 많이 드는 기구를 대신해서 더 잘 하고 있다.

네덜란드에서 운하가 어떤 의미를 갖는지 우리는 잘 알고 있다. 운하는 네덜란드의 도로이다. 우리는 또한 이 운하에서 얼마나 많은 수송이 이루어지는지도 잘 알고 있다. 우리나라에서는 도로나 철도로 수송하는 것을 네덜란드에서는 운하로 수송한다. 바로 거기서 다른 배들보다 먼저 자기 배를 통과시키기 위해 싸움이 일어날 수 있을 것이다. 바로 그곳에서도 교통질서를 유지하려면 정부가 개입해야 할 것이다.

그런데 그렇지 않다. 네덜란드인들은 오래 전부터 길드, 즉 뱃사람들의 동업조합을 만들어 실질적으로 문제를 해결하였다. 그것은 항행의 필요 자체에서 생겨난 자유로운 조합이다. 배의 운행은 등록순서에 따라 이루어졌다. 모두가 명부에 기입된 순서를 따랐다. 누구도 다른 배를 앞질러 갈 수 없었다. 위반하면 동업조합에서 제명되었다. 누구도 일정한 일수 이상 부두에 머물러 있을 수 없었다. 그리고 만일 배 주인이 그 기간 동안 운반할 화물을 찾지 못하면, 그에게는 그만큼 더 불리했다. 그는 다음 차례의 배에 자리를 비켜 주기 위해 빈 배로 출발했다. 사업자들 간의 경쟁 — 개인소유의 결과 — 은 여전히 있었지만, 혼잡은 이렇게 해서 피했다. 경쟁을 없앤다면, 협정은 모두에게 더욱더 진실하고 공정한 것이 될 것이다.

각 배의 주인이 동업조합에 가입할 수도 있었고 가입하지 않을 수도 있었다는 것은 말할 필요가 없다. 그것은 본인 마음대로 하는 것이었지만, 대부분은 가입하는 쪽을 택했다. 게다가 동업조합은 큰 이익을 주었기 때문에, 라인강, 베제르강, 오데르강, 그리고 베를린까지도 동업조합들이 퍼져나갔다. 선원들은 위대한 비스마르크가 네덜란드를 독일에 합병시켜 국유 운하 운항 총국장관Ober-Haupt-General-Staats-Canal-Navigations-Rath이라는 긴 직책명의 길이에 해당되는 계급줄을 소매에 두른 관리를 임명할 때까지 기다리지 않았다. 그들은 국제적으로 서로 합의하는 것을 선호했다. 그뿐만이 아니었다. 독일의 항구와 스칸디나비아의 항구, 또 러시아의 항구 사이를 왕래하는 범선의 선주들도 역시 동업조합에 가입하였다. 그렇게 해서 그들은 발트해에서의 항행을 조절해 배들이 오고가는 것에 어느 정도 질서를 부여했다. 이 협회들은 자유롭게 생겨났고 자발적인 가입자들을 모집했으며, 정부와는 아무 관련이 없었다.

여기서도 대자본이 소자본을 억압하는 것은 가능하며, 어쨌든 그럴 가능성은 충분하다. 동업조합도 독점화하는 경향이 있으며, 특히 간섭할 것이 틀림없는 국가의 값비싼 보호를 받을 경우 그러하다. 이때 잊어서는 안 되는 것은 이 동업조합들이 개인적인 이익만을 추구하는 사람들의 단체라는 사실이다. 그러나 모든 선주가 생산, 소비, 교환의 사회화에 의해 그의 욕구를 만족시키는 데 필요한 다른 많은 조합에도 가입하지 않을 수 없다면, 사정은 달라질 것이다. 선원들의 집단은 해상에서는 강하지만 육상에서는 약하다고 느낄 것이다. 그러면 그들은 자신들의 주장을 줄이고 철도, 공장 및 그 밖의 모든 집단들과 합의할 것이다.

어쨌든 미래는 말할 것도 없고, 아직도 정부를 필요로 하지 않은 자발적인 조합이 있다. 다른 예들로 넘어가자.

우리가 큰 선박과 작은 배에 대해 말하고 있으므로, 19세기에 생겨난 가장 훌륭한 조직 중의 하나 — 우리가 당연히 자랑할 수 있는 조직 중의 하나 —를 언급해 보자. 그것은 영국 구명정협회이다.

잘 알다시피, 해마다 천 척 이상의 배들이 영국의 해안에서 난파한다. 바다에서 튼튼한 배가 폭풍우를 두려워하는 경우는 드물다. 위험이 기다리는 곳은 해안 부근이다. 파도가 높은 바다가 선미船尾를 뒤흔들고, 광풍이 돛과 돛대를 앗아간다. 파도가 배를 걷잡을 수 없게 만들며, 암초와 바다의 얕은 곳에 걸려 배가 좌초한다.

옛날 해안가 주민들이 불을 피워서 배를 암초에 유인해 그 화물을 약탈하곤 했던 때에도, 그들은 배에 있는 사람들을 구조하는 데에는 언제나 최선을 다 했다. 배가 난파한 것을 보면, 그들은 작은 배를 타고 가서 조난당한 사람들을 구조했으며, 그들 자신이 파도 속에서 죽음을 맞이한 경우도 자주 있었다. 바닷가 마을마다 전설들이 있는데, 이 전설들은 조난당한 사람들을 구하기 위해 남자뿐만 아니라 여자도 발휘한 영웅적인 행위에 관한 것이다.

국가와 과학자들은 재난의 수를 줄이기 위해 어느 정도 일했다. 등대, 해양신호, 해도, 기상경보는 확실히 재난을 많이 줄였다. 그러나 여전히 매년 천여 척의 배와 수천 명의 인명은 구조를 요구한다.

이를 위해 몇 사람의 자원자가 나섰다. 자신들도 우수한 선원이며 항해자인 그들은 폭풍우를 뚫고 나가도 부서지거나 뒤집어지지 않는 구명정을 생각해냈다. 그들은 자신들의 사업에 일반인들의 관심을 불러 일으켜 구명정을 만드는 데 필요한 돈을 모았으며, 그들이 봉사할 수 있는 해안이면 어디든지 그 구명정을 배치하였다.

이 사람들은 자코뱅주의자가 아니었기 때문에 정부에 도움을 요청하지 않았다. 그들은 자신들의 일이 성공하려면 선원훈련과 장소에 대한 지식, 특히 선원들의 헌신이 필요하다는 것을 잘 알고 있었다. 또한 최초의 신호를 보고 밤에 거센 파도 속에 들어가 어둠과 암초를 무릅쓰고 조난당한 배까지 가는 동안 5시간, 6시간, 10시간이나 풍랑과 싸울 수 있는 사람들 —다른 사람들의 생명을 구하기 위해 자신의 생명을 내걸 각오가 되어 있는 사람들 —을 찾아내기 위해서는 연대감, 무엇으로도 살 수 없는 희생정신이 필요하다는 것을 그들은 잘 알고 있었다.

따라서 그것은 자유로운 합의와 개인의 자발성에서 생겨난 완전히 자연발생적인 운동이었다. 수많은 지역단체들이 해안을 따라 생겨났다. 발기인들은 지도자인 체 하지 않는 양식良識을 갖고 있었다. 그들은 어촌에서 그들의 빛을 찾았다. 어떤 부자가 해변의 마을에 구명정 본부를 세우라고 2만 5천 프랑을 보냈다. 이 제안은 받아들여졌지만, 장소의 선택은 그 지방의 어부들과 선원들에게 맡겼다.

새로운 배의 설계도도 해군사령부에서 만들지 않았다. 협회의 보고서에는 다음과 같이 쓰여 있다: "구명정의 승무원들은 그들이 타는 배를 충분히 신뢰하는 것이 중요하기 때문에, 위원회는 특히 승무원 자신들이 바라는 형태와 장비를 구명정에 주도록 해야 한다." 따라서 매년 새로운 개선이 이루어진다.

모든 일은 위원회나 지역단체로 조직되는 자원자들에 의해 처리된다! 모든 일은 상호부조와 합의에 의해 처리된다! 오, 아나키스트들이여! 또한 그들은 납세자들에게 아무것도 요구하지 않았는데, 작년에 자발적인 기부금이 7만 6천 프랑이나 들어왔다.

그 성과는 다음과 같다: 협회는 1891년에 293척의 구명정을 소유했다. 바로 이 해에 601명의 조난자와 33척의 배를 구했다. 협회는 설립 이후 32,671명의 생명을 구했다.

1886년에 3척의 구명정과 승무원 모두가 침몰했을 때, 수백 명의 새로운 자원자들이 몰려와 등록하고 지역단체를 조직하였다. 이 감동적인 결과로 20여 척의 배를 추가로 더 건조하게 되었다.

말이 나온 김에 하는 말인데, 협회는 매년 어부와 선원들에게 성능이 좋은 기상관측용 기압계를 그 실제가치보다 세 배나 싼 가격으로 보내주고 있다. 협회는 기상학지식을 보급하고 있으며, 학자들이 예측하는 기후의 급격한 변화를 관계자들에게 계속 알려준다.

반복해서 말하지만, 이 수백 개의 작은 위원회나 지역단체는 위계서열을 갖춘 조직으로 이루어지지 않았다. 그것들은 오로지 자발적인 구명정 승무원들과 이 일에 관심이 있는 사람들로 구성되어 있다. 중앙위원회는 오히려 통신연락의 본부일 뿐이며 어떤 간섭도 하지 않는다.

사실 어떤 지역에서 교육이나 지방세 문제에 대해 투표할 때, 이 위원회들은 위원회 자격으로 토론에 참여하지 않는다. 이것은 지방 의회 의원들이 불행하게도 흉내내지 못하는 겸손함이다. 그러나 다른 한편으로 이 용감한 사람들은 한 번도 폭풍우와 맞서 싸워보지 못한 자들이 인명구조에 관해 법을 만드는 것을 허용하지 않는다. 그들은 조난의 첫 신호를 보고는 배를 타고 가 협력하며 돌진한다. 거기에는 계급줄을 소매에 두른 자들은 거의 없고, 선한 의지를 지닌 사람들이 많이 있다.

이와 같은 종류의 또 하나의 단체를 예로 들어보자. 그것은 적십자 사이다. 그 이름은 중요하지 않다. 적십자사가 어떤 단체인지 보자.

50년 전에 어떤 사람이 이렇게 말했다고 상상해 보자: "국가는 하루에 2만 명을 학살하고 5만 명을 부상시킬 수 있지만, 그 희생자들을 구조하지는 못한다. 따라서 – 전쟁이 존재하는 한 – 민간의 자발성이 개입해야 하며, 선의를 지닌 사람들이 이 인도적인 사업을 위해 국제적으로 조직되어야 한다!"

감히 이런 말을 한 사람에게 얼마나 많은 조롱이 쏟아졌겠는가! 우선 그는 공상가로 여겨졌을 것이다. 그래도 그가 입을 다물지 않았다면, 사람들은 그에게 이렇게 대답했을 것이다: "자원자들은 가장 필요한 바로 그곳에는 있지 않을 것이요. 당신이 말하는 무료병원들은 모두 안전한 장소에 집중되어 있을 것이요. 반면에 야전병원에는 반드시 필요한 것들이 부족할 것이요. 국가 간의 적대관계 때문에 불쌍한 병사들이 구조도 받지 못하고 죽어갈 것이요." 이렇게 말하는 사람들이 많을수록 낙담도 그만큼 크다. 이런 식으로 말하는 것을 들어보지 못한 사람은 없을 것이다.

그런데 우리는 그것이 어떤 것인지 알고 있다. 적십자사는 각국 어디서나 수많은 지역에서 자유롭게 조직되었다. 1870-1871년의 전쟁[프로이센과 프랑스 간의 전쟁]이 발발했을 때, 자원자들은 사업에 착수하였다. 남녀 가리지 않고 봉사하러 왔다. 수많은 병원과 야전병원이 조직되었다. 기차들이 부상자를 위한 위생부대, 식량, 붕대, 의약품을 실어날랐다. 영국의 위원회는 음식, 의류, 기구, 곡물 씨앗, 소와 말, 기사가 딸린 증기쟁기 등 일체를 갖춘 수송대를 보내 전쟁으로 황폐해진 지방의 경작을 도왔다. 귀스타브 모이니에Gustave Moynier*가 쓴 《적십자》만이라도 읽어보라. 그러면 당신은 엄청나게 많은 일이 행해진 것에 정말로 감동받을 것이다.

다른 사람들의 용기, 양심, 지성은 언제나 인정하지 않고 자신들만이 세계를 엄하게 다룰 수 있다고 믿는 예언자들을 보면, 그들의 예언은 어느 하나도 실현되지 않았다.

적십자사 자원자들의 헌신은 아무리 칭찬해도 지나치지 않았다.

---

* 프랑스의 법학자이자 "국제 부상자 구조 협회"의 공동 창시자(1826-1910). 이 협회는 현재의 국제 적십자 위원회의 출발점이 되었다.

그들은 가장 위험한 직책만을 맡으려고 하였다. 국가의 유급의사들은 프러시아군이 접근하자 사령부와 함께 도망갔지만, 이에 반해 적십자사의 자원자들은 포화 아래에서 일을 계속하였다. 그들은 비스마르크나 나폴레옹의 군장교들의 야비한 짓을 참아가며 모든 국적의 부상자들을 똑같이 간호하였다. 네덜란드인, 이탈리아인, 스웨덴인, 벨기에인은 – 일본인과 중국인까지도 – 훌륭하게 잘 협력하였다. 그들은 그때그때의 필요에 따라 병원과 야전병원을 나누어 담당했다. 특히 병원의 위생에 대해서는 서로 경쟁할 정도로 신경을 썼다. 지금도 많은 프랑스인들이 적십자사의 야전병원에서 네덜란드나 독일의 자원자로부터 받은 친절한 간호에 대해 깊이 감사하는 마음으로 말하고 있지 않은가?

권위주의자에게는 중요하지 않을 것이다. 그의 이상은 군의관, 즉 국가의 봉급쟁이이다. 간호사들이 관리가 아니라면, 적십자사와 그 위생적인 병원들은 썩 꺼져라!

어제 태어난 조직이 이제는 수십만 명의 회원을 갖고 있다. 이 조직은 야전병원, 병원, 열차를 갖고 있으며, 부상자의 새로운 치료법을 발전시키고 있다. 이 조직은 몇몇 헌신적인 사람들의 자발적인 솔선수범 덕분에 생겨난 것이다.

어쩌면 국가도 이 조직과 어떤 관계가 있다고 말하는 사람이 있을지도 모른다. 그렇다. 국가는 그것을 장악하기 위해 손을 내밀었다. 이사회는 하인배들이 왕족이라고 부르는 자들에 의해 지배되고 있다. 황제들과 여왕들은 국가위원회에 아낌없이 후원한다. 그러나 그 조직의 성공은 이런 후원 때문이 아니다. 각국의 수많은 지역위원회들, 개인들의 활동, 전쟁희생자들의 고통을 덜어주려고 하는 모든 사람의 헌신 덕분이다. 그리고 이 헌신은 만일 국가가 참견하지 않았다면 훨씬 더 컸을 것이다.

어쨌든 영국인, 일본인, 스웨덴인, 중국인이 1871년의 부상자들에게 급히 구호물자를 보낸 것은 국제위원회의 명령에 따른 것이 아니다. 침략 받은 지역에 병원이 세워지고 구급차들이 전쟁터로 간 것도 국제위원회의 명령에 따른 것이 아니었다. 각국에서 온 자원자들의 자발성에 의한 것이었다. 그들은 자코뱅주의자들이 예상한 것과는 달리 현장에서 한 번도 서로 싸우지 않았다. 그들 모두는 국적의 구분 없이 일에 몰두하였다.

아주 나쁜 명분에 대해서 이토록 큰 노력이 제공되는 것을 유감스럽게 생각하면서, 우리는 시인의 아들처럼 이렇게 물어볼 수 있을 것이다: "나중에 치료해 주어야 한다면, 왜 그들을 다치게 하는가?" 우리는 자본의 힘과 부르주아의 권력을 파괴해 대량학살을 끝내려고 한다. 우리는 적십자사의 자원자들이 우리와 함께 전쟁을 없애기 위해 그들의 활동을 펼치는 것을 보고 싶다.

그러나 우리는 이 거대한 조직을 자유로운 합의와 자유로운 부조에 의해 생겨난 많은 성과 중의 한 증거로 언급하지 않으면 안 된다.

만약 우리가 인간학살 기술技術에서 가져온 예들을 더 들려고 한다면, 끝이 없을 것이다.

여기서는 특히 독일군대가 신세를 지고 있는 수많은 협회들만을 예로 들겠다. 독일군대의 힘은 일반적으로 생각하는 것처럼 훈련에만 의존하는 것이 아니다. 그런 협회들이 독일에서 자꾸 늘어나고 있는데, 그것들은 군사지식의 보급을 목적으로 삼고 있다. 독일 재향군인회의 최근 대회 중 하나에는 2,452개 협회의 대표자들이 참석했는데, 이 협회들은 151,712명의 회원들로 구성되어 있으며 연맹을 결성하였다.

그러나 그 외에도 사격회, 무술회, 전략경기회, 지형연구회 등이 있다. 독일군대의 기술적 지식이 완성되는 곳은 그러한 공장이지 군대라는 학교가 아니다. 그것은 군인과 민간인, 지리학자와 체조교사, 사냥꾼과 기술자를 망라하는 모든 종류의 협회들의 방대한 조직망이다. 이 협회들은 자발적으로 생겨나고, 조직되고, 연합하고, 토론하고, 수색하러 시골로 간다. 이 자발적이고 자유로운 협회들이 독일군의 진정한 힘을 이룬다.

그것들의 목적은 혐오스럽다. 그것은 제국을 유지하는 것이다. 그러나 우리에게 중요한 것은 국가가 - 그 "매우 큰" 사명인 군사조직임에도 불구하고 - 단체들 간의 자유로운 합의와 개인들의 자유로운 자발성에 일임할수록 국가의 발전이 더욱더 확실하다는 사실을 지적하는 것이다.

전쟁에 관해서조차 오늘날 사람들이 호소하는 것은 자유로운 합의이다. 우리의 주장을 확증하기 위해서는 영국의 30만 명의 자원자, 영국의 전국포병회, 현재 조직 중에 있는 영국의 해안방어회를 언급하는 것으로 충분하다. 물론 이 협회가 구성된다면, 그것은 힘차게 달리는 장갑함과 중화기를 갖추고서 해양부보다 훨씬 더 적극적으로 활동할 것이다.

어디에서나 국가가 권력을 양위하고 있다. 국가가 그 신성한 직무를 개인들에게 넘겨주고 있다. 어디에서나 자유로운 조직이 국가의 영역을 잠식하고 있다. 그렇지만 우리가 방금 인용한 모든 사실들을 통해 간신히 예상할 수 있는 것은 국가가 더 이상 없을 미래에는 자유로운 합의만이 우리에게 남아있다는 것이다.

12
반대론

I

이제는 공산주의에 대해서 제기되는 주요한 반대론을 검토하자. 대부분의 반대론이 단순한 오해에서 나온다는 것은 분명하다. 하지만 몇몇의 반대론은 중요한 문제를 제기하기 때문에 주목할 만하다.

권위주의적 공산주의에 대해서 행한 반대론은 반박할 필요가 없다. 우리 자신이 그것을 인정하기 때문이다. 문명국가의 국민들은 개인해방을 위한 투쟁에서 너무나도 고생했기 때문에, 그들의 과거를 부정하고 시민생활의 아주 작은 세부사항까지 밀고 들어오려는 정부를 용서할 수 없다. 그 정부가 공동체의 선善 이외에 다른 목적은 전혀 갖지 않았더라도 말이다. 권위주의적 공산주의사회가 언젠가 수립된다 하더라도, 그것은 오래갈 수 없을 것이다. 그 사회는 곧 전반적인 불만 때문에 해체되거나, 아니면 자유원리에 따라 재조직되지 않을 수 없을 것이다.

우리가 관심을 두려고 하는 것은 아나키즘적 공산주의사회이다. 이 사회는 개인의 자유를 완전히 인정하고, 어떤 권위도 용납하지 않으며, 사람에게 노동을 강요하기 위해 어떤 강제력도 사용하지 않는 사회이다. 우리는 이 연구를 문제의 경제적인 측면에 한정함으로써, 오늘날에 있는 사람들 – 선량하지도 악하지도 않고, 근면하지도 게으르지도 않은 사람들 – 로 구성된 그런 사회가 성공적으로 발전할 가능성이 있는지를 보자.

반대론은 잘 알려져 있다. "만일 각자의 생활이 보장된다면, 그리고 임금을 얻을 필요 때문에 일하도록 강요당하지 않는다면, 아무도 일하지 않을 것이다. 각자는 강제되지 않는 일은 자신이 하지 않고 다른 사람에게 떠맡길 것이다." 우선 지적해야 할 점은 이런 반대론이 엄청난 경솔함 때문에 제기된다는 것이다. 이런 반대론은 한편으로 임금노동을 통해 과연 소기의 결과를 효과적으로 얻었는지, 또 다른 한편으로 자발적인 노동이 이미 임금노동보다 오늘날 더 생산적이지 않은지를 따져보지도 않기 때문이다. 이것은 깊은 연구를 요하는 문제이다. 그러나 정밀과학에서는 훨씬 덜 중요하고 덜 복잡한 문제에 대해서도 진지하게 연구하고 사실들을 조심스럽게 수집하며 그 관계를 분석한 다음에야 비로소 의견을 표명하는 데 반해서, 여기에서는 어떤 사실(예를 들면, 미국에서의 공산주의단체의 실패)만을 가지고 만족해하며 최종적으로 결정한다. 그들은 마치 반대편의 변호인을 자기와는 상반되는 명분이나 의견의 대표자로 보지 않고 설전에서의 단순한 상대방으로 보는 변호인처럼 행동하고 있다. 아주 운 좋게 반박거리를 찾아냈다면, 자신이 옳다는 것에 대해서는 전혀 신경 쓰지 않는 변호인처럼 말이다. 이 때문에 경제학 전체의 이 근본적인 기초에 대한 연구 – 즉 인간의 힘을 가장 적게 소비해서 최대한의 유용한 생산물을 사회에 공급할 수 있는 가장 좋은 조건에 대한 연구 – 가 진전되지 않는다. 사람들은 상투적인 말을 반복하는 것에 그치거나, 아니면 침묵한다.

이러한 경솔함을 한층 더 눈에 띄게 만들어주는 것은 자본주의 경제학에서조차 이미 몇몇 저술가들이 이 경제학 창시자들의 공리 (즉 배고픔의 위협이 인간으로 하여금 생산적인 노동을 하게 하는 가장 좋은 자극 이라는 공리)를 어쩔 수 없이 의심하고 있다는 사실이다. 그들이 느끼기 시작한 것은 생산에는 오늘날까지 너무 무시되어 온 어떤 집합적 요소가 들어있으며, 이 요소가 개인이익이라는 관점보다 더 중요할지도 모른다는 것이다. 임금노동의 질의 열등함, 현대의 농업노동과 공업노동에서 인간의 힘의 엄청난 낭비, 오늘날 자기 일을 다른 사람들의 어깨에 떠맡기려고 하는 향락적인 자들의 계속적인 증가, 점점 더 두드러지고 있는 생산의욕의 결여, 이런 것들 모두에 "고전"파 경제학자들마저 관심을 갖기 시작했다. 그들 중 어떤 이들은 이익이나 임금의 유혹에만 이끌리는 어떤 상상적인 존재를 상정하면서 이 존재를 추하게 이상화한 것은 잘못된 길을 간 게 아닌가 하고 자문하고 있다. 이러한 비정통적인 생각은 대학에까지 침투하고 있으며, 정통파 경제학자의 책들에서도 볼 수 있다. 그럼에도 불구하고 수많은 사회주의 개혁가들은 여전히 개인적인 보수[급료]를 지지하고, 임금제도라는 종래의 성채를 지키고 있다. 예전에 그 성채를 지킨 사람들이 이미 그 성체의 돌을 하나씩 공격자에게 넘겨주고 있는 데도 말이다.

이처럼 사람들은 강제력이 없다면 대중은 일하지 않을 것이라고 걱정한다.

그러나 우리는 사는 동안에 바로 이러한 걱정이 두 번 표현된 것을 듣지 않았는가? 한 번은 흑인해방 이전에 미국의 노예제도 지지자들에 의해서이고, 또 한 번은 농노해방 전에 러시아귀족들에 의해서이다. "채찍이 없다면 흑인은 일하지 않을 것이다"라고 노예제도 지지자들은 말하였다. "주인의 감독이 없다면 농노는 밭을 갈지 않을 것이다"라고 러시아귀족들은 말하였다. 이것은 1789년 프랑스귀족들이 말한 것의 되풀이이고, 중세의 되풀이이며, 아주 오래된 되풀이이다. 우리는 인류에게서 불의를 바로잡으려고 할 때마다 그런 말을 듣는다.

그렇지만 그때마다 현실은 그 말을 단호하게 부인한다. 1792년에 해방된 농민들은 그들의 조상보다 훨씬 더 열심히 밭을 갈았다. 흑인들은 그들의 아버지보다 더 많이 일하였다. 러시아의 농민들은 자신들의 해방을 감사히 받아들이며 성聖금요일[부활절 직전의 금요일]을 일요일[주일]만큼이나 축하한 다음에는, 더욱더 열심히 다시 일을 시작해 자신들의 해방을 한층 더 완전한 것이 되게 하였다. 땅이 자기 것인 곳에서는 농민은 악착같이 일한다. 이것이 정확한 말이다.

노예제도 지지자가 늘 하는 말은 노예소유자들에게는 가치가 있을 수 있다. 노예들 자신의 경우, 그들은 그 말의 의미를 안다. 그들은 그 말이 어떤 동기에서 나왔는지 안다.

게다가 임금노동자가 일을 그럭저럭 한다면, 집중적이고 생산적인 노동은 자신의 복지가 자신의 노력에 따라 증대하는 것을 보는 사람만이 한다고 우리에게 가르친 이가 경제학자들이 아니라면 누구였는가? 사유재산을 찬양하는 모든 찬송가는 바로 이 공리로 귀착된다.

왜냐하면 — 이것은 주목할 만한 것이다 — 경제학자들은 사유재산의 혜택을 찬양하고 싶어서 미경작지나 늪지 또는 돌이 많은 토지가 자작농민의 땀 덕분에 풍부한 수확물로 뒤덮인다는 것을 우리에게 보여주지만, 그들은 이 주장이 사유재산을 지지한다는 것을 결코 증명하지 못하기 때문이다. 노동의 성과를 빼앗기지 않는 유일한 보장책이 노동수단을 소유하는 것 — 이것은 사실이다 — 이라는 사실을 인정한다면, 경제학자들은 단지 다음과 같은 것을 증명할 뿐이다. 즉 완전히 자유롭게 일할 때, 자신의 직업에 어느 정도 선택의 여지가 있을 때, 끝으로 자신의 일이 자신과 또 자기처럼 일하는 다른 사람들에게는 이익을 주지만 게으른 자에게는 그렇지 않다는 것을 알 때, 바로 이럴 때에만 인간은 실제로 생산한다는 것을 증명할 뿐이다. 그들의 논증에서 이끌어낼 수 있는 것은 이것뿐이며, 이것은 우리도 긍정한다.

노동수단의 소유형태의 경우, 경제학자들은 생산물의 이익이나 개량에서 생기는 이익을 아무도 빼앗아가지 못한다는 것을 경작자에게 확신시키기 위해 논증할 때 간접적으로만 그것[노동수단의 소유형태]을 언급한다. 그리고 다른 모든 소유형태는 반대하고 사유재산은 찬성하는 주장을 지지하려면, 경제학자들은 공동소유 하에서는 토지가 개인소유 때보다 더 많은 수확을 하지 못한다는 것을 증명해야 하지 않는가? 그렇지만 그것은 증명되지 않았다. 그 반대의 사실이 확증되었다.

그러면 보_{Vaud}[스위스 서부의 주]의 한 코뮌을 예로 들어보자. 여기에서는 모든 마을사람이 겨울에는 모두의 것인 숲으로 나무를 베러 간다. 가장 열심히 일하고 인간의 힘이 가장 크게 발휘되는 것은 바로 이런 노동의 축제 때이다. 어떤 임금노동자도 어떤 사유재산 소유자의 노력도 이것에 필적할 수 없을 것이다.

또는 주민 모두가 코뮌의 것이거나 코뮌이 임차하고 있는 목초지에서 풀베기를 할 때의 러시아마을을 예로 들어보자. 여기에서도 인간이 공동의 성과를 위해 함께 일할 때 얼마나 생산할 수 있는지를 볼 수 있다. 남자들은 자기 낫으로 가장 넓은 원형의 땅을 베기 위해 경쟁한다. 여자들은 베어낸 풀더미 때문에 뒤질세라 서둘러서 남자들을 뒤따라가며 풀을 벤다. 이것 역시 노동의 축제이다. 이 때 백 명의 사람은 제각기 일해서는 며칠이 걸려도 끝내지 못하는 일을 몇 시간 안에 다 한다. 이에 비하면 혼자 행동하는 소유자의 일은 얼마나 슬픈 대조를 이루는가!

끝으로 미국의 개척지, 스위스, 독일, 러시아의 마을, 프랑스의 몇몇 지역에서 많은 예를 들 수 있을 것이다. 러시아에서 석공, 목수, 뱃사람, 어부 등이 조組(협동조합)를 짜서 하는 일을 보면, 이들은 그 제품이나 보수報酬까지도 하청업자의 중개를 거치지 않고 직접 나누어 갖게끔 일을 계획한다. 유목부족의 공동수렵과 잘 행해진 무수히 많은 집단작업도 예로 들 수 있을 것이다. 임금을 받는 자의 노동이나 사유재산 소유자 단 한 사람의 노동에 비하면, 어디에서나 이론異論의 여지가 없는 공동노동의 우월성을 확인할 수 있을 것이다.

복지, 즉 신체적, 예술적 및 정신적 욕구의 만족과 이 만족의 보장은 언제나 노동의 가장 강력한 자극제였다. 그리고 돈 때문에 일하는 자는 단순한 필수품을 힘겹게 생산하지만, 자신의 노력에 비례해서 안락과 사치가 자신과 다른 사람들에게 늘어나는 것을 보는 자유로운 노동자는 훨씬 더 많은 정력과 재능을 발휘해 최고급 제품을 더욱 풍부하게 생산한다. 한쪽은 가난이 떠나지 않는다고 느끼지만, 다른 쪽은 미래에 여가와 그 향락을 기대할 수 있다.

여기에 모든 비밀이 있다. 그러므로 모두가 복지와 생명의 모든 표출을 즐길 가능성을 목표로 하는 사회는 자발적인 노동을 제공할 것이다. 그리고 이 자발적인 노동은 노예제, 농노제, 임금제의 자극으로 현시대까지 얻은 것보다 훨씬 더 우수한 생산물을 더 많이 만들어낼 것이다.

II

오늘날 생존에 불가결한 노고를 다른 사람들에게 떠넘길 수 있는 자는 누구나 그렇게 하고 있다. 또 언제나 그럴 것이라고 사람들은 생각한다.

그런데 생존에 불가결한 노동이란 본질적으로 육체노동이다. 우리는 예술가일 수도 있고 과학자일수도 있지만, 누구도 육체노동으로 얻은 것 – 빵, 옷, 길, 배, 등불, 역 등 – 없이는 지낼 수 없다. 그뿐만이 아니다. 우리의 향락이 아무리 예술적이거나 이해하기 어려울 만큼 형이상학적이라고 해도, 육체노동에 의지하지 않는 것은 하나도 없다. 그리고 모든 사람이 다른 사람에게 떠넘기려고 하는 것이 바로 이 노동 – 생활의 기초 – 이다.

우리는 그것을 아주 잘 이해하고 있다. 오늘날에는 그럴 수밖에 없다.

왜냐하면 육체노동을 한다는 것은 현재 하루에 10시간 내지 12시간 동안 비위생적인 공장에 갇혀서 10년이나 30년 또는 평생 동안 똑같은 일에 묶여 있는 것을 의미하기 때문이다.

이것이 의미하는 것은 보잘것없는 임금에 몸을 팔고, 내일에 대한 불안에 몸을 떨거나 실업이 예정되어 있으며, 흔히는 가난해지고, 대부분의 경우에는 자기 자신과 자녀들 이외의 다른 사람들을 먹이고, 입히고, 즐겁게 해주고 또 교육시키기 위해 40년 일한 다음에는 병원에서 죽는다는 것이다.

이것은 평생 동안 다른 사람이 보기에 열등하다는 낙인이 찍혀서 살며, 자신도 그 열등함을 의식하는 것을 의미한다. 왜냐하면 – 멋진 신사들이 뭐라고 말하든 – 육체노동자는 언제나 정신노동자보다 못하다고 여겨지기 때문이다. 공장에서 10시간이나 일한 사람은 과학이나 예술의 고상한 즐거움을 얻을 시간도 방법도 없으며, 특히 그 즐거움을 감상할 준비가 되어 있지 않다. 그는 특권이 있는 자들의 식탁에서 떨어진 빵부스러기로 만족해야 한다.

그러므로 이런 상태에서는 육체노동이 운명의 저주로 간주된다는 것을 우리는 잘 안다.

우리는 모든 사람이 하나의 꿈밖에 갖고 있지 않다는 것도 잘 안다. 그 꿈은 자신들이 이 열악한 상태에서 빠져나오거나 자기 아이들을 그 상태에서 벗어나게 하는 것이다. 스스로 "독립된" 상황을 만들어내는 것이다. "독립된" 상황이란 무엇인가? 다른 사람의 노동으로도 사는 것이다!

육체노동자 계급과 "정신노동자"라는 또 하나의 계급 – 즉 검은 손과 흰 손 – 이 있는 한, 그럴 것이다.

실제로 요람에서 무덤까지 가난과 내일에 대한 불안 속에서 보잘 것없이 사는 것이 자신의 운명이라는 사실을 미리 알고 있는 노동자가 이 힘든 노동에 대해서 어떤 흥미를 가질 수 있겠는가? 그러므로 아침마다 엄청나게 많은 사람들이 비참한 일에 또 다시 착수하는 것을 보면, 우리는 그들의 인내심과 일에 대한 열정에 놀라지 않을 수 없다. 또한 우리는 일정한 자극에 맹목적으로 따르는 기계처럼 이 비참한 생활을 계속하는 그들의 습관에 대해서도 놀라지 않을 수 없다. 내일에 대한 희망도 없고, 심지어는 언젠가 그들 자신이나 적어도 아이들은 무한정한 자연의 모든 보물, 지식의 즐거움, 과학이나 예술의 창조의 즐거움으로 가득 찬 이 인류의 일원이 될 것이라는 희미한 빛조차 언뜻 볼 수 없는데 말이다. 그런 보물이나 즐거움은 오늘날 소수의 특권자들에게만 남겨져 있다.

우리가 임금제도의 폐지와 사회혁명을 바라는 것은 바로 정신노동과 육체노동 간의 이 차별을 없애기 위해서이다. 그때에는 노동이 더 이상 운명의 저주가 되지 않을 것이다. 노동은 그것이 마땅히 되어야 하는 것, 즉 인간의 모든 능력의 자유로운 행사가 될 것이다.

게다가 사람들의 말로는 임금제도라는 채찍질로 얻는 이 고급노동에 대한 전설을 진지하게 분석할 때가 된 것 같다.

현대산업의 특징인 인간의 힘의 막대한 낭비를 알려면, 여기저기에 예외적인 상태로 있는 모범적인 작업장이나 공장을 방문하지 말고 아직도 그 모두가 그러한 보통의 작업장이나 공장을 방문하는 것으로 충분하다. 다소 합리적으로 조직되었지만, 100개 이상의 공장이 인간의 노동력이라는 소중한 힘을 낭비하고 있다. 생산자의 노동이 아마도 고용주에게 하루에 2수$_{sou}$ 더 많이 벌게 해줄 것이라는 점 이외에는 다른 중요한 동기도 없는데 말이다.

여기서는 20세에서 25세의 청년들이 하루 종일 작업대에서 가슴을 굽히고 머리와 몸을 열병환자처럼 떨면서 면사$_{綿絲}$의 양 끝을 마술사처럼 빠르게 잡아매고 있다. 이 떨고 비틀거리는 몸들이 어떤 후손들을 세상에 남길 것인가? 그러나 고용주는 이렇게 말할 것이다: "그들은 공장에서 아주 조금 밖에 일하지 않습니다. 그들 각자가 나에게 하루에 주는 순이익은 50상팀밖에 되지 않습니다."

런던의 한 거대한 공장에서는 성냥을 담은 쟁반을 머리에 이고 이 방에서 저 방으로 운반하기 때문에 17세에 대머리가 된 여공들을 볼 수 있다. 아주 간단한 기계로 성냥을 작업대로 옮길 수 있는 데도 말이다.

그러나 … 특별한 솜씨가 없는 여자들의 노동이 싸게 먹힌다! 그런데 기계를 왜 쓰는가! 이 여자들이 더 이상 일할 수 없게 되면 아주 쉽게 대체될 것이다 … 거리에는 얼마든지 있다!

몹시 추운 밤에 신문뭉치를 안은 맨발의 아이가 부자의 저택 계단에서 잠든 것을 볼 수 있을 것이다 … 어린이의 노동은 아주 싸기 때문에 사람들은 밤마다 고용해 1프랑의 신문을 팔게 한다. 불쌍한 아이는 거기에서 2수 내지 3수를 받는다. 그리고 건장한 남자가 하는 일 없이 돌아다니는 것을 볼 수 있다. 실업자가 된지 몇 개월 되었다. 반면에 그의 딸은 직물공장의 아주 뜨거운 증기 속에서 창백해지고 있고, 그의 아들은 구두약을 손으로 병에 넣거나 지나가는 사람이 2수를 벌게 해줄 시간을 길 구석에서 기다리고 있다.

그런데 샌프란시스코에서 모스크바까지, 나폴리에서 스톡홀름까지 도처에서 이런 일이 일어나고 있다. 인력의 낭비야말로 산업의 지배적인 독특한 특징이다. 상업은 말할 것도 없다. 거기서는 인력의 낭비가 훨씬 더 심할 정도로 엄청나다.

임금제도에서의 인력소모에 대한 과학에 주어진 이 경제학이라는 이름에는 얼마나 슬픈 풍자가 들어있는가!

그것이 전부는 아니다. 잘 조직된 공장의 감독에게 말을 건네면, 그는 숙련되고 정력적으로 거침없이 일하는 노동자, 일에 열의가 있는 노동자를 찾기가 오늘날 어렵다고 솔직히 털어놓는다: "월요일마다 일자리를 구하러 오는 2,30명 중 이런 사람이 있다면, 우리는 일꾼을 줄이더라도 그를 분명히 고용할 것입니다. 그런 사람은 한눈에 알아볼 수 있습니다. 설령 다음날 나이가 많거나 적극적으로 일하지 않는 노동자를 해고해서라도, 그런 사람은 언제나 씁니다." 그리고 해고통지를 받은 자나 다음날 받게 될 사람들은 모두 자본의 이 무수한 예비군 – 실업노동자 –을 강화시킬 것이다. 그리고 그들은 바쁠 때나 아니면 파업하는 자들의 반항을 꺾기 위해서만 일터나 작업실로 호출될 것이다. 또는 일류공장에서 쫓겨난 사람들, 이 평범한 노동자들은 나이가 들었거나 무능한 노동자들의 엄청난 무리에 합류할 것이다.

이류공장들(구매자, 특히 외국소비자를 속이고 함정에 빠뜨려서 겨우 수지를 맞추고 경영해나가는 공장들)을 끊임없이 돌아다니는 노동자무리에 말이다.

그리고 노동자와 직접 이야기를 나누게 되면, 노동자가 최선을 다하지 말라는 것이 공장의 규칙임을 알게 될 것이다. 영국의 공장에서는 동료로부터 받는 이 충고에 따르지 않을 경우 화를 입는다!

왜냐하면 만약 기분 좋을 때 고용주의 간청에 굴복해 긴급한 주문에 응하기 위해 노동강도를 높이는 것에 동의한다면, 이 신경을 쓴 노동이 이제부터는 임금표의 기준으로 강요될 것임을 노동자들은 잘 알기 때문이다. 그래서 대부분의 공장에서 그들은 전력을 다해 생산하려고 하지 않는다. 어떤 산업에서는 높은 가격을 유지하기 위해 생산을 제한한다. 때로는 태업Ca'canny*암호를 서로 전한다. 이것은 "임금이 형편 없으면 일을 제대로 하지 말라"는 것을 뜻한다.

임금노동은 노예노동이다. 임금노동은 생산할 수 있는 만큼의 양을 생산할 수 없고 또 생산해서도 안 된다. 임금을 생산노동의 최고 자극제로 삼는 전설을 끝장낼 때이다. 산업이 현재 우리 할아버지 시대보다 백 배나 더 가져다준다면, 이는 임금노동의 자본주의 조직

---

* "천천히 몰다"라는 뜻의 스코틀랜드어.

때문이 아니라, 이러한 조직에도 불구하고 지난 세기 말경에 물리학과 화학이 갑작스럽게 깨어났기 때문이다.

Ⅲ

문제를 진지하게 연구한 사람들은 공산주의의 장점을 어느 하나도 부정하지 않는다. 물론 공산주의가 완전히 자유롭다는 ─ 즉 아나키즘적이라는 ─ 조건에서이지만 말이다. 그들은 "노동전표bons"라는 이름으로 위장해도 국가가 관리하는 노동조합에서 돈으로 지불되는 노동은 임금제도의 특징이 있으며 그 단점도 간직하고 있음을 알고 있다. 사회가 생산수단을 소유해도 체제 전체가 곧 임금제도의 폐해 때문에 고통받을 것이라고 그들은 예상한다. 그리고 모든 아이들에 대한 종합교육, 문명사회의 근면한 습관, 작업선택의 자유와 그 변경의 자유, 모두의 복지를 위해 평등한 사람들이 행하는 노동의 매력 덕분에 공산주의사회는 생산자들이 부족하지 않으며, 이들로 인해 토지의 생산성이 3배 또는 10배로 늘어나고 산업에는 새로운 활기가 생겨날 것이라고 그들은 인정한다.

이상은 우리의 반대자들도 인정하고 있다: "그러나 위험은 소수의 부랑자들로부터 올 것이다. 이들은 노동을 즐거운 것으로 만들어주는 조건에도 불구하고 일하려고 하지 않거나, 규칙적인 습관을 가지려고 하지 않는다. 오늘날은 굶주릴 것으로 예상되면 아무리 형편없는 부랑자들도 좋든 싫든 다른 사람들과 함께 일한다. 정해진 시간에 도착하지 않는 자들은 즉시 해고된다. 그러나 옴에 걸린 한 마리의 암양으로도 무리에게 병균을 옮기기에 충분하며, 무절제하거나 말을 잘 듣지 않는 서너 명의 노동자만 있어도 다른 노동자들을 타락시키고 공장에 무질서와 반항의 정신을 가지고 들어와 일을 못하게 한다. 그러므로 결국은 선동가들을 제자리로 돌아가게 하는 강제제도로 복귀해야 할 것이다. 그런데 노동자의 감정을 상하게 하지 않으면서 이 강제를 실행할 수 있는 유일한 제도는 성취한 노동에 따른 보수가 아니겠는가? 왜냐하면 다른 모든 수단은 자유로운 인간에게는 곧 반감을 불러일으킬 권위의 지속적인 간섭을 의미할 것이기 때문이다"라고 그들은 말한다.

우리는 이것이 진정한 의미에서의 반대론이라고 믿는다.

그것은 보다시피 국가, 형벌, 판사, 간수를 정당화하려는 추론의 범주에 속한다.

권위주의자들은 이렇게 말한다: "사회 관습에 순종하지 않는 사람들이 – 아주 소수라도 – 있기 때문에, 아무리 많은 비용이 들더라도 국가를 유지해야 하며 또한 권위, 판사, 법정, 감옥을 유지해야 한다. 이런 제도들 자체가 갖가지 성질의 새로운 악의 원천이 되더라도 말이다."

그러므로 우리는 권위 일반에 대해 여러 번 말해온 것으로 대답할 수 있을 것이다: "어떤 악을 피하기 위해 당신들은 그 자체가 더 큰 악인 어떤 방법에 의존한다. 그러므로 그 방법은 당신들이 고치고 싶어하는 바로 그 악습의 원천이 된다. 왜냐하면 임금제도가 – 노동력을 팔지 않고는 살 수 없기 때문에 – 당신들이 그 해악을 인정하기 시작한 현재의 자본주의제도를 만들어냈다는 것을 잊어서는 안 되기 때문이다."

뿐만 아니라 이런 추론은 결국 현존하는 것을 용서하기 위한 단순한 변명일 뿐이다. 현재의 임금제도는 공산주의의 단점을 방지하기 위해 만들어진 것이 아니다. 그것의 기원은 국가나 사유재산의 기원과 마찬가지로 전혀 다른 데 있다. 임금제도는 힘으로 강요한 노예제와 농노제에서 생겨났다. 따라서 임금제도는 노예제나 농노제의 현대화된 변형에 불과하다. 그러므로 임금제도를 지지하는 이 주장은 사유재산과 국가를 변호하려는 주장만큼이나 가치가 없다.

그렇지만 우리는 이 반대론을 검토해 그 속에 어떤 진실이 들어있는지 볼 것이다.

우선, 자유로운 노동의 원칙에 근거를 둔 사회가 정말로 게으름뱅이들 때문에 위협받고 있다고 해도, 그 사회가 권위주의적인 조직이 없어도 또는 임금제도에 의지하지 않아도 보존될 수 있다는 것은 분명하지 않은가?

한 무리의 자원자들이 어떤 사업을 위해 단결해서 열심히 일하고 있는데, 그 중 단 한 명이 자주 자리를 비운다고 가정해 보자. 그들은 그 한 사람 때문에 그 단체를 해산하거나, 벌금을 부과할 회장을 임명하거나, 아니면 한림원[l'Academie]처럼 참석 배당금[참석 증명권]을 나누어주어야 하는가? 분명히 어느 것도 하지 않을 것이다. 그러나 어느 날 사업을 망칠 위험이 있는 동료에게 이렇게 말할 것이다: "친구야, 우리는 너와 함께 일하고 싶어. 그런데 너는 자리를 자주 비우고 일을 소홀히 하기 때문에, 우리는 갈라서지 않을 수 없네. 너의 태만함을 받아줄 다른 동료들을 찾아보게!" 이 방법은 매우 자연스럽기 때문에 오늘날 도처에서 실행되고 있으며, 모든 산업에서 벌금, 감봉, 감시 등 모든 가능한 제도와 경쟁하면서 실시되고 있다. 노동자는 정해진 시간에 공장에 들어가면 된다. 그러나 일을 서툴게 하거나, 태만하거나 다른 결함으로 동료들을 방해하거나, 서로 사이가 나빠진다면, 끝이다. 그는 공장을 떠나야 한다.

사람들이 일반적으로 주장하는 바에 따르면, 전지전능한 고용주와 감독자들이 공장에서 노동의 규칙성과 질을 유지한다. 실제로 상품이 완성될 때까지 여러 사람의 손을 거치는 다소 복잡한 기업에서는, 공장 자체 즉 노동자들 전체가 좋은 노동조건에 신경을 쓴다. 따라서 영국 사기업의 좋은 공장들에는 반장[감독]들이 적다 – 평균적으로 프랑스공장보다 적으며, 영국의 국영공장보다도 비교할 수 없을 정도로 적다.

사회에서 일정한 도덕수준이 유지되는 것도 마찬가지이다. 사람들은 그것이 농촌감시원, 판사, 시의 경찰관 덕분이라고 주장한다. 그렇지만 실제로는 판사, 경찰관, 농촌감시원이 있음에도 불구하고,

일정한 도덕수준이 유지되고 있다. "법이 많으면 범죄가 많다!"라고 사람들은 오래 전부터 말하였다.

공장에서만 이런 일이 일어나는 것이 아니다. 그것은 도처에서 매일 일어나며, 그 규모도 우리가 상상하지 못할 정도이다.

다른 회사들과 연합해 영업하는 철도회사가 그 계약을 이행하지 못하는 경우나 그 회사의 기차가 연착해 화물이 역에 방치되었을 경우, 다른 회사는 그 계약을 취소하겠다고 위협한다. 보통은 이것으로 충분하다.

상업이 계약에 충실한 이유는 오직 소송의 위협 때문이라고 사람들은 일반적으로 믿는다. 학교에서도 그렇게 가르친다. 하지만 그렇지 않다. 약속을 안 지킨 상인은 십중팔구 판사 앞에 출두하지 않을 것이다. 런던처럼 거래가 매우 활발한 곳에서는, 채무자에게 변호하도록 만들었다는 사실만으로도 절대다수의 상인들은 자신들을 변호사와 만나게 한 자와 더 이상 거래하지 않을 수 있다.

그렇다면 오늘날 작업장 동료들, 상인들, 철도회사들 사이에서 행해지는 것이 왜 자발적인 노동에 기초한 사회에서는 행해질 수 없는가?

예를 들면 각각의 조합원과 다음과 같은 계약을 약정한 조합이 있다고 하자: "당신이 20세에서 45세 또는 50세가 될 때까지 하루에 네댓 시간을 생존에 필요하다고 인정되는 노동에 바친다는 조건으로, 우리는 당신에게 주택, 창고 도로, 수송수단, 학교, 박물관 등을 사용하게 할 것을 약속한다. 당신이 필수품 생산을 맡는 한, 가입하고 싶은 단체를 스스로 선택하거나 새로운 단체를 만들어도 좋다. 그리고 나머지 시간에 대해서는 오락, 예술, 학문 등 당신의 취향에 따라서 누구하고라도 함께 단체를 만들 수 있다."

"식량, 의복, 주택을 만드는 단체, 또는 공중위생, 운송 등을 담당하는 단체에서 1년에 1200시간 내지 1500시간 일하는 것 – 이것이 우리가 당신에게 요구하는 전부이다. 우리의 요구를 받아들이면, 우리는 당신에게 이 집단들이 생산하고 있거나 생산한 모든 것을 자유롭게 사용하도록 보장한다. 그러나 그 동기가 무엇이든 간에 만약 우리 연합체의 수많은 단체 중 어느 것도 당신을 받아들이고 싶어하지 않는다면, 만약 당신이 유용한 것을 전혀 생산할 수 없다면, 또는 만약 당신이 그렇게 하기를 거절한다면, 당신은 고립된 사람처럼 살거나 병든 사람처럼 살아야 할 것이다. 만약 우리가 당신에게 필수품을 줄 수 있을 정도로 넉넉하다면, 우리는 당신에게 그것을 기꺼이 줄 것이다. 당신도 인간이며 살 권리가 있다. 그러나 당신은 특별한 조건에서 살기를 원하고 대열에서 떠나고 싶어하기 때문에, 다른 사람들과의 일상적인 관계에서 반드시 불편을 느낄 것이다. 친구들이 당신의 재능을 발견하고 생존에 필요한 노동을 당신 대신에 함으로써 사회에 대한 도덕적 의무로부터 당신을 해방시켜주지 않는다면, 당신은 부르주아사회의 유령으로 간주될 것이다."

"끝으로 만일 이것이 당신 마음에 들지 않는다면, 이 세상의 다른 곳에 가서 다른 조건을 찾아보시오, 아니면 지지자들을 찾아서 그들과 함께 새로운 원리에 따른 다른 집단을 만드시오, 우리는 우리의 원리를 더 좋아하오."

IV

그러나 정말로 개인의 완전한 자유에 기초한 사회에서 이런 일이 일어날 수 있는지 매우 의심스럽다.

실제로 자본의 개인소유가 게으름을 부채질하고 있음에도 불구하고, 병자가 아닌 한 정말로 게으른 사람은 비교적 드물다.

노동자들 사이에서 흔히 하는 말에 따르면, 부르주아는 게으름뱅이이다. 실제로 게으름뱅이들이 꽤 있다. 하지만 그런 사람들 역시 예외이다. 반대로 모든 기업에서는 한 명이든 여러 명이든 간에 열심히 일하는 부르주아를 확실히 볼 수 있다. 사실 대다수의 부르주아는 특권적인 지위를 이용해 힘이 덜 드는 일을 한다. 그리고 그들은 너무 피로하지 않게 작업할 수 있게끔 음식, 공기 등이 위생적인 조건에서 일한다. 그런데 바로 이러한 조건은 우리가 모든 노동자에게 예외없이 주어지기를 요구하는 환경이다. 또한 말할 필요가 있는 것은 자신들의 특권적인 지위를 이용해 부자들이 종종 사회에는 전혀 소용없거나 심지어는 해로운 일을 한다는 사실이다. 황제, 장관, 국장, 공장주, 상인, 은행가 등도 매일 몇 시간씩은 자신들이 보기에 다소 지루한 일을 한다. 그들 모두는 이 의무적인 일보다는 여가시간을 더 좋아하지만 말이다. 그리고 대체로 그 일이 유해한 것이라고 해도, 그들은 그 일이 지루하다고 생각한다. 그러나 부르주아들이 토지귀족을 이기고 인민대중을 계속 지배하는 이유는 바로 그들이 (일부러든 아니든 간에) 해를 끼치고 자신들의 특권적인 지위를 지키는 데 최대의 정력을 쏟기 때문이다. 만일 그들이 게으름뱅이였다면, 그들은 오래 전에 더 이상 존재하지 못하고 [뒤축이 높고 붉은 구두를 신었던 17세기의] 멋쟁이 귀족처럼 사라졌을 것이다.

하루에 겨우 네댓 시간의 유용하고 즐겁고 또 위생적인 노동만을 요구하는 사회라면 부르주아는 자신들의 일을 완전하게 수행할 것이다. 그들은 오늘날과 같은 끔찍한 노동조건을 틀림없이 개혁하지 않고는 못 배길 것이다. 만일 파스퇴르_{Louis Pasteur}*같은 사람이 파리의 하수구에서 다섯 시간만이라도 보낸다면, 틀림없이 그는 곧 하수구를 자신의 박테리아 실험실만큼이나 위생적인 곳으로 만들 방법을 찾아낼 것이다.

대다수의 노동자들이 게으르다는 것에 대해 말한다면, 그렇게 말할 수 있는 사람들은 경제학자들과 박애주의자들밖에 없다.

현명한 기업가에게 묻는다면, 그는 당신들에게 이렇게 대답할 것이다. 만약 노동자들이 게으름 피울 생각만 한다면, 모든 공장을 닫

---

* 프랑스의 미생물학자(1822–1895).

을 수밖에 없을 것이다. 왜냐하면 아무리 엄중한 조치도 어떤 감시 제도도 소용없을 것이기 때문이다. 당신들은 작년 겨울 몇몇 선동가들이 태업Ca'Canny이론 ─ "임금이 형편없으면, 일을 제대로 하지 말라. 편하게 하라, 과로하지 말라. 실수를 많이 하라!" ─을 설교하기 시작했을 때 영국의 기업가들 사이에서 생겨난 공포를 보아야 했을 것이다. "사람들이 노동자를 타락시키고, 산업을 파멸시키려고 한다"라고 기업가들이 외쳤다. 전에는 노동자의 부도덕성과 제품의 질이 나쁜 것을 심하게 나무란 바로 그 기업가들 자신이 말이다. 그런데 만일 그 노동자가 경제학자들이 묘사하는 자 ─ 즉 끊임없이 해고로 위협해야만 하는 게으름뱅이 ─ 라고 한다면, 이 "부도덕화[타락]"라는 말은 무엇을 의미하는가?

그러므로 게으름뱅이들이 있을 수 있다고 말할 때, 그것은 사회에서 소수의 문제 또는 아주 소수의 문제라는 사실을 잘 알아야 한다. 그리고 이 소수를 막으려고 입법하기 전에, 그 게으름의 원인을 아는 것이 급하지 않은가?

지혜로운 시선으로 관찰하는 사람은 누구나 매우 잘 아는 것처럼, 학교에서 게으르다고 소문난 아이는 종종 잘못된 교수법 때문에 잘 이해하지 못하는 아이이다. 또한 흔히 그의 경우는 가난과 비위생적인 교육으로 인한 뇌빈혈에서 기인한다.

그리스어나 라틴어는 공부하기 싫어하는 사내아이라도 특히 손작업을 통해 과학을 배운다면 열심히 공부할 것이다. 수학실력이 형편없는 여자아이도, 만일 그녀가 이해하지 못한 수학원리를 잘 설명해 줄 수 있는 사람을 우연히 만나면 반에서 수학을 제일 잘 하는 학생이 될 수 있다. 그리고 공장에서는 열의가 없는 노동자라도 새벽부터 밭에 나가 떠오르는 태양을 바라보며 일할 것이며, 자연 전체가 휴식으로 돌아가는 저녁 해질 무렵까지 밭을 일굴 것이다.

먼지란 제자리에 있지 않은 물질이라고 누군가가 말하였다. 바로 이 정의는 게으르다고 불리는 사람들의 9/10에도 적용된다. 그들은 기질이나 능력에 맞지 않는 길로 들어선 사람들이다. 위인들의 전기를 읽으면, 그들 중에 "게으름뱅이들"이 많이 있다는 것에 충격받는다. 그들은 바른 길을 찾아낼 때까지는 게으름뱅이였지만, 나중에는 지나칠 정도로 부지런했다. 다윈Darwin, 스티븐슨George Stephenson*, 그 밖의 많은 사람들이 그런 게으름뱅이였다.

흔히 게으름뱅이는 평생 동안 핀의 18번째 부분을 만들거나 시계의 100번째 부분을 만드는 일을 싫어하는 한편 넘치는 에너지를 다른 곳에 소비하고 싶어하는 사람에 불과하다. 또한 종종 그는 고용주에게 많은 쾌락을 주기 위해 평생 동안 작업대에서 일해야 한다는 생각을 인정할 수 없는 반항자이다. 그는 자신이 고용주보다 어리석지 않다고 여긴다. 그는 자신의 잘못이 대저택에서 태어나지 않고 움막집에서 태어난 것밖에 없다고 생각한다.

---

* 영국의 증기기관차 발명가(1781–1848).

끝으로, 많은 "게으름뱅이들"은 자신들의 생활비를 벌 수 있는 직업을 알지 못하고 있다. 그들은 자기 손으로 만든 불완전한 물건을 보고는 더 잘 하려고 애쓰지만 잘 안 된다. 이미 얻은 나쁜 노동습관 때문에 결코 성공하지 못한다는 것을 알고 나서는, 그들은 그 직업을 싫어하게 된다. 하지만 다른 직업도 모르기 때문에, 그들은 노동 일반을 싫어한다. 성공하지 못한 수많은 노동자들과 예술가들은 이 경우에 속한다.

반대로, 젊었을 때부터 피아노, 대패, 끌, 붓이나 줄을 잘 다루는 법을 배웠으며 자신이 하는 일이 아름답다고 느끼는 사람은 결코 피아노, 끌이나 줄을 포기하지 않을 것이다. 그는 자기 일에서 즐거움을 찾을 것이다. 그리고 과로하지 않는 한, 그는 지치지도 않을 것이다.

게으름이라는 단 하나의 명칭 속에는 다양한 원인에서 기인하는 일련의 결과들이 이처럼 모여 있다. 그 각각의 원인이 사회에 대해서 악이 되지 않고 선의 원천이 될 수 있는데도 말이다. 여기서도 범죄의 경우처럼 또 인간능력에 관한 모든 문제의 경우처럼, 서로 간에 아무 공통점이 없는 사실들이 모여 있다. 사람들은 그 원인을 분석하는 노력은 하지 않고, 게으름이나 범죄에 대해 말한다. 사람들은 처벌 자체가 "게으름"이나 "범죄"를 부추기지 않는지는 묻지 않고 서둘러 그 게으름뱅이나 범죄자들을 처벌한다.[4]

---

4 나의 소책자 《감옥 Les Prisons》(Paris, 1889)을 보라.

바로 그렇기 때문에 자유로운 사회는 게으름뱅이의 수가 늘어나면 처벌에 의지하기 전에 아마도 그들이 게을러진 원인을 연구해서 그것을 없애려고 애쓸 것이다. 우리가 이미 말한 것처럼 단순한 빈혈이 문제라면, 어린이의 뇌를 지식으로 채우기 전에 그에게 먼저 피를 주시오, 그의 몸을 튼튼하게 하시오, 그리고 시간을 허비하지 않기 위해, 그를 시골이나 바닷가로 데리고 가시오, 거기서, 즉 책이 아니라 야외에서 그를 가르치시오, 그 아이와 함께 근처 바위까지의 거리를 재면서 기하학을 가르치시오, 그 아이는 꽃을 따고 바다에서 낚시하면서 자연과학을 배울 것이요. 고기잡이에 타고 갈 배를 만들면서 물리학을 배울 것이요. 그러나 제발 그의 뇌를 죽어버린 문구나 죽은 언어로 채우지 마시오. 그를 게으름뱅이로 만들지 마시오!"

어떤 아이는 질서나 규칙성의 습관이 없다. 아이들에게 처음에는 자기들끼리 그 습관을 배우도록 내버려두시오. 그 다음에는 실험실이나 공장, 많은 도구가 있어 공간이 좁은 곳에서 하는 일이 그에게 방법을 가르칠 것이다. 그러나 여러분 자신이 학교에서 무질서한 인간을 만들어서는 안 된다. 학교의 질서란 단지 걸상의 정돈에 불과한 것이다. 학교는 ― 그 수업 속에 진정한 혼란의 모습이 있기 때문에 ― 결코 누구에게도 말할 때의 조화, 일관성, 체계에 대한 사랑을 고취시키지 못할 것이다.

그러므로 800만 개의 상이한 능력을 나타내는 800만 명의 학생들에게 한 사람의 장관이 정한 교수법으로는 평균적인 평범한 자가 생각해낸 방식, 즉 평범한 자들에게나 어울리는 방식을 강제할 뿐이라는 것을 당신들은 모르는가? 당신들의 감옥이 범죄대학인 것처럼, 당신들의 학교는 게으름의 대학이 되고 있다. 따라서 학교를 자유롭게 하시오. 대학의 학위를 없애시오. 교육자가 되고자 하는 사람들에게는 이렇게 호소하시오 – 게으름을 규제하려면, 그 게으름이 늘어나는 데 도움을 줄 뿐인 법률을 만들지 말고 위에서 말한 방법으로 시작하시오.

어떤 물품의 아주 작은 부분을 만드는 일에 종사할 수 없는 노동자, 나사 홈을 파는 작은 기계 옆에 있으면 숨이 막힐 것 같아 마침내 그 일을 싫어하게 된 노동자에게는 토지를 경작하거나, 숲에서 나무를 베거나, 폭풍우를 무릅쓰고 바다를 항해하거나, 기관차를 몰고 사방을 누비게 할 가능성을 주시오, 그에게 평생 동안 작은 기계에 붙어서 나사머리를 파거나 바늘에 구멍을 내도록 강제해 그를 게으름뱅이로 만들지 마시오!

오로지 게으름뱅이들을 만들어내는 원인을 없애시오, 정말로 노동을 싫어하는 자, 특히 자발적인 노동을 싫어하는 자는 거의 없다는 것을 믿으시오. 그리고 그들을 위해 숱한 법을 만들 필요가 없다는 것을 믿으시오.

13
집산주의적 임금제도

I

집산주위자들은 사회재구성 계획에서 – 우리가 보기에 – 이중의 잘못을 저지르고 있다. 그들은 자본주의체제를 폐지하라고 말하면서도 이 체제의 토대를 이루는 두 제도 – 대의정부와 임금제도 – 를 유지하려고 한다.

소위 대의정부에 관해서는 종종 말한 바 있다. 프랑스, 영국, 독일, 스위스 또는 미국의 역사가 이 주제에 대해 우리에게 준 모든 교훈에 따라서, 똑똑한 사람들이 – 집산주의 당파에도 그런 사람들이 없는 것은 아니지만 – 여전히 국회나 시의회의 지지자라는 것을 우리는 전혀 이해할 수 없다.

의회제도가 무너지고 있는 것을 우리는 모든 면에서 목격하고 있으며 아울러 이 제도의 원리 자체에 대해서도 – 그 적용[결과]에 대해서뿐만 아니라 – 비판이 사방에서 나타나고 있는데, 어째서 혁명적인 사회주의자들은 죽을 운명에 있는 이 제도를 옹호하는가?

의회제도란 부르주아가 왕권에 대항해 자신들의 지위를 확고하게 만들고 동시에 노동자들에 대해서는 자신들의 지배력을 늘리기 위해 생각해낸 것으로서 부르주아체제의 전형적인 형태이다. 이 제도의 주창자들조차 의회나 시의회가 국민이나 도시를 대표한다고 진지하게 주장한 적이 결코 없다. 그들 중에서 아주 똑똑한 사람들은 이것이 불가능하다는 것을 잘 알고 있다. 부르주아는 의회제도를 통해 단지 인민에게 자유를 주지 않으면서 왕권을 저지하려고 했을 뿐이다. 그러나 인민이 자신들의 이해관계를 좀 더 의식하게 되고 이해관계의 다양성이 커짐에 따라, 의회제도가 더 이상 제대로 운용되지 못하고 있다. 모든 나라의 민주주의자들은 여러 가지 미봉책들을 헛되이 생각해낸다. 국민투표를 시도해 보았지만, 실패임이 드러났다. 비례대표, 소수파 대표 – 그 밖의 여러 의회 유토피아 – 에 대해 사람들은 말하고 있다. 한 마디로 말하면, 사람들은 찾아낼 수 없는 것을 구하려고 애쓴다. 그러나 그들은 길을 잘못 들었다는 것을 인정하지 않을 수 없다. 따라서 대의정부에 대한 신뢰가 사라지고 있다.

임금제도의 경우도 마찬가지이다. 사실, 사유재산의 폐지와 노동수단의 공동소유를 선언한 다음, 어떻게 임금제도의 유지를 – 어떤 형태로든 – 요구할 수 있겠는가? 그럼에도 불구하고 집산주의자들은 노동전표를 권하면서 그렇게 하고 있다.

금세기 초의 영국사회주의자들이 노동어음을 생각해냈다는 것은 잘 알려져 있다. 그들은 단지 자본과 노동을 화해시키려고 했을 뿐이다. 그들은 폭력으로 자본가들의 재산에 손대는 것을 반대하였다.

프루동이 나중에 왜 같은 사상을 받아들였는지 이해된다. 그는 자신의 상호주의제도에서 개인소유를 존속시키면서도 자본을 덜 공격적인 것으로 만들려고 하였다. 그는 개인소유를 진심으로 싫어했지만, 국가로부터 개인을 보호하는 장치로서 그것이 필요하다고 믿었다.

다소 부르주아적인 경제학자들 역시 노동전표를 인정한 것은 놀랄 일이 아니다. 그들은 노동자가 노동전표로 지불받든 공화국이나 제국의 각인을 찍은 돈으로 지불받든 개의치 않았다. 그들은 주택, 토지, 공장의 개인소유, 어쨌든 주택과 공장생산에 필요한 자본의 개인소유를 임박한 파괴로부터 구하고 싶어했다. 그리고 이 소유권을 보존하는 데에는 노동전표가 매우 적합할 것이다.

노동전표가 보석이나 마차와 교환될 수 있다면, 집주인은 집세로 그것을 기꺼이 받을 것이다. 그리고 주택, 토지, 공장이 개개의 소유주의 것이라면, 사람들은 그 소유주의 밭이나 공장에서 일하고 그들의 가옥에서 사는 것에 대해 어떻게든 소유주들에게 보상해야 할 것이다. 또한 노동자는 모든 종류의 상품에 대해서 금이나 지폐 또는 교환할 수 있는 노동전표로 지불해야 할 것이다.

그러나 집, 밭, 공장이 더 이상 사유재산이 아니고 코뮌이나 국민의 것이라는 사실을 인정한다면, 어떻게 해서 이 새로운 형태의 임금제도 – 노동전표 – 를 옹호할 수 있겠는가?

II

프랑스, 독일, 영국, 이탈리아의 집산주의자들이 권하는 이 노동보수 제도를 좀 더 자세히 검토해 보자.[5]

그것은 거의 이렇게 된다: 모든 사람이 밭, 공장, 학교, 병원 등에서 일한다. 노동시간은 토지, 공장, 도로 등을 소유한 국가에 의해 정해진다. 매일의 노동에 대해서는 노동전표가 주어지며, 이 전표에는 8시간의 노동이라는 문자가 기재되어 있다. 이 전표로 노동자는 국영상점이나 다양한 조합의 점포에서 모든 종류의 상품을 구입할 수 있다. 노동전표는 분할될 수 있다. 따라서 한 시간 노동분의 고기, 십 분 노동분의 성냥, 또는 반 시간 노동분의 담배를 살 수 있다. 집산주의혁명 후에는 4수짜리 비누라고 말하지 않고 5분짜리 비누라고 말하게 될 것이다.

---

* 스페인의 아나키스트들은 아직도 자신들을 집산주의자라고 부르고 있는데, 그들이 말하는 집산주의는 노동수단의 공동소유와 "각 집단이 – 공산주의원리나 다른 방식에 따라 – 요구하는 대로 생산물을 분배하는 자유"를 의미한다.

게다가 부르주아 경제학자들(그리고 마르크스)이 정한 숙련노동과 단순노동의 구분에 충실한 대부분의 집산주의자들은 우리에게 이렇게 말한다: 숙련노동 또는 전문노동은 단순노동보다 더 많이 받아야 할 것이다. 그러므로 의사의 한 시간 노동은 간호사의 두세 시간의 노동이나 토목공의 세 시간 노동에 상당한다고 간주되어야 할 것이다. "전문노동이나 숙련노동은 단순노동의 몇 배가 될 것이다"라고 집산주의자 그뢴룬드Laurence Groenlund*는 말한다. 왜냐하면 이런 종류의 노동은 다소 오랜 시간의 수련을 요구하기 때문이다.

프랑스의 마르크스주의자들과 같은 그 밖의 집산주의자들은 이런 구분을 하지 않는다. 그들은 "임금의 평등"을 선언한다. 의사도 교사도 교수도 토목공과 똑같은 액수로 (노동전표로) 지불받을 것이다. 병원에서 환자를 8시간 돌보는 것은 광산이나 공장에서 8시간 토목일 한 것과 같은 가치를 가질 것이다.

어떤 사람들은 더 많이 양보한다. 그들은 불쾌하거나 비위생적인 노동 ― 하수도 작업 같은 일 ― 이 즐거운 노동보다 더 많은 액수를 받을 수 있다고 인정한다. 하수도 작업의 한 시간 노동은 교수의 두 시간 노동과 같을 것이라고 그들은 말한다.

어떤 집산주의자들은 조합별 일괄보수를 인정한다는 것도 덧붙일 수 있다. 그러면 조합은 이렇게 말할 것이다: "100톤의 철강이 있

---

* 덴마크 출신의 미국 저술가(1846-1899).

다. 그것을 생산하는데 100명의 노동자가 필요했으며, 우리는 10일 동안 일했다. 하루에 8시간 일했기 때문에, 8,000시간의 노동 − 톤당 8시간 − 이 소요되었다." 이에 대해 국가는 한 시간짜리 8,000장의 노동전표를 지불할 것이며, 이 8,000장의 노동전표는 공장의 구성원들 간에 그들이 적당하다고 생각하는 방식으로 분배될 것이다.

또 한편으로 100명의 광부들이 8,000톤의 석탄을 파내는 데 20일이 걸렸다면 톤당 2시간의 가치가 될 것이다. 그러면 광부조합이 받는 1시간 짜리 노동전표 16,000장은 자기들의 평가에 따라 서로 나누어가질 것이다.

만일 광부들이 항의하며 1톤의 철강이 8시간 노동이 아니라 6시간 노동의 값어치만 가져야 한다고 말한다면, 또 교수가 간호사보다 2배나 많은 일당을 받고 싶어한다면, 그때는 국가가 개입해 그들 간의 분쟁을 조절할 것이다.

요컨대 집산주의자들이 사회혁명으로 이룩하고 싶어하는 조직은 이런 것이다. 알다시피 그들의 원리는 노동수단의 공동소유와 노동생산성을 고려하면서 생산에 소비된 시간에 따라 각자에게 보수를 주는 것이다. 정치제도에 대해 말하자면, 그것은 명령위임과 국민투표(즉 찬반 직접투표)에 의해 수정된 의회제도일 것이다.

우선은 이 제도가 우리가 보기에는 전혀 실현불가능하다는 것을 말해 두겠다.

집산주의자들은 처음에는 혁명원리 − 사유재산의 폐지 − 를 선언하지만, 곧 사유재산에서 생겨난 생산과 소비의 조직을 유지함으로써 그 원리를 부인한다.

그들은 혁명원리를 선언하면서, 그 원리가 불가피하게 가져올 수밖에 없는 결과를 무시한다. 그들은 노동수단(토지, 공장, 도로, 자본)의 개인소유를 폐지하면서 사회를 완전히 새로운 길로 보내야 한다는 것을 잊고 있다. 즉 그 목적뿐만 아니라 그 수단에 있어서도 현재의 생산조직을 완전히 뒤집어놓아야 하며, 토지, 기계 및 그 밖의 것을 공동소유로 생각하자마자 개인들 간의 모든 일상적인 관계도 변경되어야 한다는 것을 그들은 잊고 있다.

그들은 "사유재산을 반대한다"고 말한다. 하지만 그들은 곧 일상생활에서 나타나는 사유재산을 유지하려고 한다. "당신들은 생산에 관해서는 하나의 코뮌을 이룬다. 땅, 도구, 기계, 오늘날까지 만들어진 모든 것, 즉 공장, 철도, 항구, 광산 등, 이 모든 것은 당신들의 것이다. 이 공동소유에서 각자의 몫에 관해서는 조금도 차별이 있지 않을 것이다."

"그러나 내일부터는 새로운 기계의 제작이나 새로운 광산의 채굴에서 맡을 역할에 대해 당신들은 상세히 논의할 것이다. 당신들은 새로운 생산에서 각자에게 돌아갈 역할을 주의 깊게 저울질할 것이다. 몇 분 간의 노동까지도 계산해서 이웃사람이 당신보다 더 많은 구매력을 가질 수 없게끔 신경 쓸 것이다."

"그리고 어떤 공장에서는 한 명의 노동자가 6대의 방적기를 동시에 돌볼 수 있지만, 다른 공장에서는 2대의 방적기밖에 돌볼 수 없기 때문에, 시간으로는 아무것도 측정할 수 없다. 따라서 소비한 근육의 힘이나 두뇌에너지와 신경에너지를 저울질할 것이다. 미래의 당신들은 수습기관을 엄격하게 계산해서 각자가 미래의 생산에서 차지하는 역할을 평가할 것이다. 그리고 그 사람이 과거의 생산에서 한 역할은 전혀 고려하지 않겠다고 당신들이 선언한 다음, 이런 것을 모두 한다."

그런데 우리에게 분명한 사실은 사회란 완전히 상반된 두 원리, 즉 서로 계속 모순된 두 원리에 입각해서는 조직될 수 없다는 것이다. 그리고 이런 조직을 갖게 될 나라나 코뮌은 사유재산제로 돌아가든가 아니면 즉시 공산주의사회로 전환되어야 할 것이다.

Ⅲ

이미 말한 것처럼 어떤 집산주의 저술가들은 숙련노동 또는 전문노동을 단순노동과 구분할 것을 요구하고 있다. 그들은 엔지니어, 건축가 또는 의사의 한 시간 노동이 대장장이, 석공 또는 간호사의 두세 시간 노동으로 간주되어야 한다고 주장한다. 그리고 다소 긴 수련을 필요로 하는 모든 직업과 단순한 일용노동자의 직업도 마찬가지로 구분되어야 한다고 그들은 말한다.

그런데 이런 구분을 한다는 것은 현사회의 모든 불평등을 유지하는 것이다. 그것은 노동자들과 이들을 통치하겠다고 주장하는 사람들 사이에 미리 구획선을 긋는 것이다. 그것은 사회를 매우 다른 두 계급으로 나누는 것이다: 손에 못이 박힌 평민 위에 지식의 귀족이 있게 하는 것이다. 한쪽에게 다른 쪽을 위해 일하게 하는 것이다. 한쪽은 몸으로 노동해 다른 쪽을 먹여 주고 입혀 주는데, 이 다른 쪽은 여가를 이용해 자신들을 먹여 살리는 자들을 지배하는 법을 배운다.

이것은 현사회의 특징 중 하나를 다시 받아들여 그것을 사회혁명으로 인가하는 것이다. 이것은 붕괴하고 있는 구사회에서 오늘날 비난받는 악폐를 원칙으로 세우는 것이다.

우리는 사람들이 어떻게 대답하려고 하는지 안다. 그들은 우리에게 "과학적 사회주의"를 말할 것이다. 그들은 부르주아 경제학자들을 – 마르크스도 – 인용해서 다음과 같은 것을 증명할 것이다. 즉 엔지니어의 "노동력"이 토목공의 "노동력"보다 사회에서 비용이 더 많이 들었기 때문에, 임금의 등급에는 그 존재이유가 있다는 것을 증명할 것이다. 사실, 엔지니어가 토목공보다 20배나 더 많은 임금을 받는다면, 이는 엔지니어를 만들어내는 데 필요한 비용보다 훨씬 더 많기 때문이라는 것을 경제학자들은 우리에게 증명하려고 하지 않았는가? 그리고 마르크스 역시 똑같은 구분이 여러 육체노동 분야에서도 마찬가지로 논리적이라고 주장하지 않았는가? 마르크스가 이와 같은 결론을 내릴 수밖에 없었던 이유는 그가 리카도의 가치론을 받아들여 생산물은 그것을 생산하는 데 사회적으로 필요한 노동의 양에 비례해서 교환된다고 주장하였기 때문이다.

그러나 우리 역시 이 주제에 대해 무엇을 고려해야 되는지 알고 있다. 만일 엔지니어, 학자, 의사가 오늘날 노동자보다 임금을 10배나 100배 더 많이 받는다면, 그리고 토목공이 농민보다 3배 더 많이 받고 성냥공장의 여공보다는 10배나 더 많이 받는다면, 이는 그들의 "생산비" 때문이 아니라는 것을 우리는 안다. 그것은 교육독점이나 산업독점 때문이다. 엔지니어, 학자, 의사는 그저 하나의 자본 – 그들의 졸업장 – 을 이용하고 있을 뿐이다. 부르주아가 공장을 이용하거나, 귀족이 출생 지위를 이용하는 것처럼 말이다.

엔지니어에게 노동자보다 20배나 더 많이 지불하는 고용주의 경우, 이는 아주 간단한 계산 때문이다: 만일 엔지니어가 그에게 매년 생산비를 10만 프랑 절약해 줄 수 있다면, 고용주는 그 엔지니어에게 2만 프랑을 지불할 것이다. 그리고 노동자들을 쥐어짜는 데 능숙한 작업반장이 고용주에게 노동력을 2만 프랑 절약해준다면, 고용주는 그 작업반장에게 기꺼이 1년에 2000프랑 내지 3000프랑을 줄 것이다. 그가 그 10배를 벌 것으로 계산할 경우에는 1000프랑을 더 내놓는다. 이것이 바로 자본주의의 본질이다. 여러 육체직업 사이에서도 마찬가지이다.

그러므로 노동력에 들어가는 비용인 "생산비"에 대해서는 말하지 말라. 대학에서 젊은 시절을 즐겁게 보낸 학생이 11살 때부터 광산에 들어가 허약해진 광부의 아들보다 10배나 더 많은 임금을 받을 권리가 있다고 말하지 말라. 직조공을 만들어내는 데 필요한 비용도 농부를 만들어내는 데 필요한 비용보다 4배나 더 많지는 않다. 그 직조공은 다만 아직도 공업이 발달하지 못한 나라들에 비해 그 직물업이 유럽에 있다는 이점으로 혜택을 입는 것에 지나지 않는다.

이 생산비를 계산한 사람은 아무도 없다. 그리고 게으름뱅이가 노동자보다 사회에 훨씬 더 많은 비용이 들게 한다고 해도, 모든 것 – 노동자 자녀들의 사망률, 그들을 괴롭히는 빈혈, 너무 이른 죽음 – 을 고려하면 건장한 일용노동자가 숙련된 장인보다 사회에 더 많은 비용이 들게 하지는 않았는지 알아볼 일이 아직도 남아있다.

예를 들면 파리의 여공에게 지불되는 30수의 임금, 레이스제품을 만들다가 눈이 먼 오베르뉴Auvergne지방 농부의 딸에게 지불되는 6수, 또는 농부에게 지불되는 하루 일당 40수는 그들의 "생산비"를 나타낸다고 우리가 생각하기를 바라는가? 종종 이보다 적게 받고 일하는 사람들이 있다는 것을 우리는 잘 안다. 그러나 그들이 그렇게 하는 이유는 전적으로 이 놀라운 조직 때문이고, 만약 이 터무니없이 적은 임금이라도 받지 않으면 굶어죽을 수밖에 없기 때문이라는 것도 우리는 잘 알고 있다.

우리에게 있어서 임금의 등급은 세금, 정부 보호, 독점 – 요컨대 국가와 자분의 독점 – 의 매우 복잡한 산물이다. 또한 우리가 말할 수 있는 것은 임금의 등급에 관한 모든 이론이 현존하는 불의나 부정을 정당화하기 위해 사후에 만들어졌다는 것이다. 따라서 우리는 그 이론들을 고려할 필요가 없다.

그렇지만 그들은 집산주의적 임금등급이 하나의 진보라고 틀림없이 말할 것이다. 이렇게 말하는 사람이 있을 것이다: "어떤 노동자가 보통노동자보다 두세 배 더 많은 임금을 받는 것이 노동자가 1년 걸려도 벌 수 없는 돈을 장관이 하루 만에 받는 것을 보는 것보다는 나을 것이다. 이것은 언제나 평등을 향한 걸음이 될 것이다."

우리에게는 이것이 반대 방향으로의 진보가 될 것이다. 우리가 말한 것처럼, 새로운 사회에 단순노동과 전문노동의 구분을 도입하는 것은 우리가 오늘날 인정함에도 불구하고 부당하다고 생각하는 가혹한 사실을 혁명으로 인가해서 원리로 세우는 것이 될 것이다. 그것은 1789년 8월 4일의 저 신사 양반들을 흉내내는 것이 될 것이다. 그들은 미사여구를 사용하며 봉건제 권리의 폐지를 선언하였지만, 8월 8일에는 바로 그 권리를 인가하고 농민들에게 부과조를 강제해서 영주들에게 그 부과조를 되찾아 주었다. 이렇게 해서 그들은 그 부과조를 혁명의 보호 하에 놓았다. 이것은 또한 농노해방 때 이제부터는 토지가 귀족의 것이라고 선언한 러시아정부를 흉내내는 것이 될 것이다. 그 전에는 농노의 것인 토지를 마음대로 처분하는 것이 잘못[권리 남용]이었는데 말이다.

또는 더 잘 알려져 있는 예를 들어보자. 1871년의 코뮌은 성벽에서 싸우는 국민군이 30수밖에 받지 못했는데 반해서 코뮌의회의 의원들에게는 하루에 15프랑을 지급하라고 결정했을 때, 이 결정은 고도의 평등주의적 민주주의행위라고 박수갈채를 받았다. 실제로는 코뮌이 관리와 병사, 정부와 피통치자 간의 오래된 불평등을 승인했을 뿐이었다. 기회주의 의회에서 이런 결정이 나왔다면, 그것은 칭찬할 만한 것이었을지도 모른다. 그러나 코뮌은 이렇게 해서 그 혁명원리를 지키지 않았으며, 이 때문에 그 원리를 포기하였다.

현재의 사회에서 장관은 1년에 10만 프랑을 받는 반면에 노동자는 1000프랑 또는 그 이하로 만족하지 않으면 안 되기 때문에, 작업반장은 직공보다 두세 배 더 받으며, 노동자들 중에도 하루에 6프랑을 받는 자부터 6수를 받는 여자농부에 이르기까지 등급이 있기 때문에, 우리는 장관의 높은 봉급을 비난할 뿐만 아니라 노동자의 10프랑과 가난한 여자의 6수 간의 차이도 비난한다. 그래서 우리는 이렇게 말한다: "출생의 특권뿐만 아니라 교육의 특권도 없애라!" 우리가 아나키스트가 된 이유는 바로 이러한 특권이 우리를 분노하게 만들기 때문이다.

그 특권이 이 권위주의사회에서는 이미 우리를 분노하게 한다. 평등을 선언하는 것으로 시작하는 사회에서는 그러한 특권을 참아낼 수 있는가?

이 때문에 어떤 집산주의자들은 혁명의 숨결에 고무된 사회에서는 임금의 등급을 유지할 수 없음을 이해하고, 서둘러 임금의 평등을 선언한다. 그렇지만 그들은 새로운 어려움에 부딪친다. 그들이 말하는 임금의 평등은 다른 집산주의자들의 임금등급과 마찬가지로 전혀 실현할 수 없는 공상이 되고 있다.

사회의 모든 부를 장악한 다음, 모든 사람이 − 그 부를 만들어내는 데 그 전에 어느 정도 기여했는가와는 상관없이 − 이 부에 대해 권리가 있다고 큰소리로 선언한 사회는 화폐든 노동전표든 어떠한 형태의 임금제도도 포기하지 않으면 안 될 것이다.

그렇다면 우리는 출발점으로 돌아가서 똑같은 진화를 새로 다시 해야 하는가? 우리의 이론가들은 그것을 바란다. 그러나 다행히도 그것은 불가능하다. 우리가 말한 것처럼, 혁명은 공산주의가 될 것이다. 그렇지 않으면 혁명은 유혈 속에 빠질 것이며, 다시 시작되어야 할 것이다.

사회에 준 봉사 (공장에서의 노동이든 밭에서의 노동이든), 또는 정신적 봉사는 화폐단위로 평가될 수 없다. 생산에 비하면 가치(지금까지 교환가치라고 잘못 부른 것)에 대해서는 정확한 척도가 있을 수 없다. 사용가치도 마찬가지이다. 두 사람이 다같이 공동체를 위해 똑같이 마음에 드는 서로 다른 일을 몇 년 동안 하루에 5시간씩 하였다면, 우리는 결국 그들의 노동이 거의 동등한 가치를 지녔다고 말할 수 있다. 그러나 그들의 노동을 세분하고는, 한 사람의 하루, 1시간, 1분의 생산물이 다른 사람의 1분이나 1시간 생산물만큼의 가치가 있다고 말할 수 없다.

평생 동안 하루 10시간씩 일한 사람은 하루 5시간밖에 일하지 않앉거나 전혀 일하지 않은 사람보다 사회에 훨씬 더 많이 봉사했다고 개략적으로 말할 수는 있다. 그러나 그가 2시간 동안 한 것을 가지고, 이 생산물이 다른 사람의 1시간 노동의 생산물보다 2배의 가치가 있으며, 이에 따라서 그에게 보수를 줄 수는 없다. 그렇게 한다면, 이는 현사회의 공업, 농업, 생활 전체의 복잡한 사정을 무시하는 것이 될 것이다. 개인의 노동이 어느 정도로까지 사회 전체의 과거와 현재의 노동의 결과인지를 무시하는 것이 될 것이다. 우리는 철기시대에 살고 있는데, 석기시대에 산다고 생각하는 것이 될 것이다.

석탄을 캐는 탄광에 들어가면, 당신은 쇠 광주리를 올리고 내리는 거대한 기계 근처에 자리 잡은 사람을 볼 것이다. 그는 기계의 진행을 멈추거나 반대로 하는 지렛대를 잡고 있다. 그가 지렛대를 내리면, 그 쇠 광주리는 순식간에 되돌아온다. 그는 어지러울 정도로 빠르게 쇠 광주리를 들어올리기도 하고 바닥으로 내려보내기도 한다. 모든 주의력을 집중해서 그는 쇠 광주리가 움직일 때마다 굴대에 나타난 지점을 표시하는 작은 계기의 눈금을 응시한다. 그리고 그 눈금이 어떤 수준에 도달하면, 그는 갑자기 그 쇠 광주리를 필요한 지점보다 1미터도 높거나 낮지 않은 곳에서 멈추게 한다. 그리고 광부들이 석탄차에서 석탄을 퍼내고 빈 차를 밀어내자마자, 그는 지렛대를 반대로 해서 다시 그 쇠 광주리를 일정한 장소로 돌려 보낸다.

그는 매일 8시간 내지 10시간 동안 계속해서 이 놀라운 집중력을 유지한다. 만일 그가 잠시라도 한눈을 판다면, 쇠 광주리는 도르래에 부딪쳐 그것을 부수고, 로프를 끊어 사람들을 압사시킬 것이다. 그러면 탄광의 모든 일이 중지될 것이다. 만일 그가 ─ 현대식으로 개선된 탄광에서 ─ 지렛대를 조작할 때마다 3초를 낭비한다면, 채탄량이 하루 20톤 내지 50톤 감소할 것이다.

탄광에서 가장 중대한 일을 하는 이는 그 사람인가? 또는 밑에서 그에게 쇠 광주리를 다시 올리라는 신호를 보내는 소년인가? 수직갱도의 밑바닥에서 매순간 자신의 생명을 걸고 일하다가 어느 날 가스로 죽을지도 모르는 광부인가? 아니면 석탄층을 놓치고 간단한 계산착오로 광부들에게 돌멩이를 파내도록 하는 엔지니어인가? 또는 자신의 재산을 모두 투자하고는 모든 예측과는 반대로 이렇게 말하는 소유주인가?: "여기를 파시오. 양질의 석탄이 발견될 것이오."

탄광에서 일하는 모든 노동자들은 그들의 체력, 정력, 지식, 지능, 숙련도에 따라서 석탄을 캐내는 데 기여하고 있다. 그리고 모두에게 필요한 것이 확보된 다음에는 모든 사람이 살 권리, 그들의 욕구를 충족시키고 심지어는 변덕조차도 만족시킬 권리가 있다고 우리는 말할 수 있다. 그러나 그들이 한 일을 우리가 어떻게 평가할 수 있는가?

게다가 그들이 캐낸 석탄은 그들만이 한 일인가? 그것은 또한 그 탄광까지 통하는 철도와 모든 역에서 뻗어나가는 길을 만든 사람들이 이룬 일이기도 한 것 아닌가? 그것은 또한 밭을 갈고 씨를 뿌린 사람들, 철광석을 채굴한 사람들, 숲에서 나무를 벤 사람들, 석탄을 태우는 기계를 만들어낸 사람들 등등이 한 일이 아닌가?

각자의 일 사이에 어떤 차별도 할 수 없다. 결과로 측정한다는 것은 불합리하다. 각자가 한 일을 나누어 노동시간으로 측정한다는 것도 역시 불합리하다. 한 가지가 남아있다: 욕구를 각자가 한 일보다 위에 놓고서, 생산에서 어떤 역할을 한 모든 사람에게 살아갈 권리를 먼저 인정한 다음 복지에 대한 권리를 인정하는 것이다.

그러나 인간활동의 다른 분야를 예로 들어보자. 생활에서 나타난 모든 것을 예로 들어보자. 우리 중의 누군가가 자기 일에 대해서 더 많은 보수를 요구할 수 있겠는가? 질병을 찾아낸 의사인가, 아니면 위생적인 간호를 해서 회복시켜준 간호사인가?

증기기관을 처음 발명한 사람인가? 아니면 증기가 피스톤 아래로 들어가게끔 밸브를 열어주는 줄을 잡아당기는 것이 어느 날 싫증이 나서 그 줄을 기관의 지렛대에 매어놓고는 친구들과 함께 놀러나갔는데, 이렇게 함으로써 자신이 현대의 모든 기계의 본질적인 장치 – 자동밸브 – 를 발명했다고는 생각조차 못한 소년인가?

기관차의 발명가인가, 아니면 돌은 탄력성이 없어 기차가 탈선하는 원인이 되기 때문에 이전에는 철로 밑에 깔았던 돌 대신에 침목枕木으로 대체하자고 제안한 뉴캐슬Newcastle의 한 노동자인가? 신호로 기차를 정지시키는 사람인가? 기차에 길을 열어주는 전철수인가?

우리는 누구 덕분에 대서양 횡단 케이블을 갖고 있는가? 전기과학자들은 불가능하다고 선언했지만, 케이블로 통신할 수 있다고 끈질기게 주장한 엔지니어 덕분인가? 굵은 케이블을 포기하고 지팡이 처럼 가느다란 것으로 대체하라고 충고한 과학자 모리Matthew Fontaine Maury*덕분인가? 아니면 갑판에서 밤낮을 가리지 않고 케이블을 1m 마다 꼼꼼하게 검사해, 선박회사 주주들이 어리석게도 케이블을 못 쓰게 만들려고 그 절연피복에 박은 못을 빼낸 (어디에서 온지도 모르는) 자원자들 덕분인가?

그리고 한층 더 넓은 영역, 즉 즐거움, 고통, 우연한 사고를 수반하는 인생의 진정한 영역에서, 우리 모두는 돈으로 평가하겠다면 분개할 정도로 많은 봉사를 한 사람의 이름을 대지 못하는가? 그 봉사는 한 마디의 말 즉 적시에 말해진 한 마디의 말에 불과했을 수도 있고, 몇 달이나 몇 년에 걸친 헌신이었을 수도 있다. 그런데 당신들은 이 "계산할 수 없는" 봉사도 "노동전표"로 평가할 것인가?

"각자가 한 일!" 그렇지만 각자가 돈, "노동전표", 시민의 서훈으로 보상받는 것보다 훨씬 더 많이 주지 않는다면, 인간사회는 두 세대 이상 존속하지 못하고 50년 후에는 사라질 것이다. 만약 어머니가 자신의 생명을 희생하면서 자식들의 생명을 보존하지 않는다면, 만약 각자가 아무것도 계산하지 않으면서 무언가를 주지 않는다면, 만약 인간이 특히 어떤 보상도 기대하지 않는 곳에서 주지 않는다면, 인류는 멸종할 것이다.

---

* 미국의 지질학자이자 해양학자(1806-1873).

그리고 만약 부르주아사회가 쇠퇴하고 있다면, 만약 우리가 오늘날 막다른 처지에 빠져 있으며 거기서 벗어나기 위해서는 횃불과 손도끼를 가지고 과거의 제도를 공격하지 않으면 안 된다면, 이는 바로 너무 따졌기 때문이다. 받는 만큼만 주게끔 우리 자신을 훈련시켰기 때문이다. 사회를 차변과 대변에 기초한 상업회사로 만들고 싶어 했기 때문이다.

그렇지만 집산주의자들도 이것을 알고 있다. 만일 "각자에게 그가 한 일에 따라서"라는 원칙을 끝까지 밀고 나간다면 사회가 존재할 수 없다는 것을 그들도 어렴풋이 이해하고 있다. 그들도 필요, – 우리는 변덕[일시적인 욕망]에 대해서는 말하지 않는다 – 개인의 필요가 항상 그가 한 일과 일치하지는 않을 것이라고 짐작한다.

따라서 드 페프_{César de Pepe}*도 우리에게 말한다:

"그렇지만 이 – 현저하게 개인주의적인 – 원칙은 어린이와 청년의 교육(숙소와 식사를 포함해서)에 대한 사회의 간섭에 의해 그리고 장애자와 병자, 나이든 노동자의 퇴직 등을 도와주는 사회조직에 의해 완화될 것이다."

그들도 세 자녀의 아버지인 40세의 남자는 20세의 청년과는 다른 욕구를 갖고 있다고 생각한다. 아기에게 젖을 먹이며 침대 옆에서 뜬 눈으로 밤을 새는 부인은 편안하게 잠잔 남자만큼 일할 수 없다는

---

* 벨기에의 집산주의자(1841–1890).

것을 그들도 알고 있다. 아마도 사회를 위해 너무 일한 나머지 지쳐 있는 남자나 여자는 국가통계가라는 특권적인 위치에 있으면서 시간을 유유자적하게 보내며 "노동전표"를 호주머니에 잔뜩 넣고 있는 사람들만큼 일할 수 없다는 것을 그들도 이해하고 있는 것 같다.

그들은 서둘러 자신들의 원칙을 완화한다. 그들은 이렇게 말한다: "그렇다. 사회가 아이들을 먹여주고 키울 것이다. 그렇다. 사회가 노인들과 장애자들을 도와줄 것이다. 그렇다. 욕구야말로 사회가 부담하는 비용의 척도가 될 것이다. 그러면 일한 것이라는 원칙은 완화된다."

자선 — 뭐라고! 자선은 언제나 기독교의 자선이었는데, 이번에는 국가에 의해 조직된다. 버려진 아이들의 수용소를 개선하고, 노인보험과 건강보험을 실시한다. 그러면 그 원칙이 완화될 것이다! 그러나 그들은 "먼저 상처를 입히고 나중에 치료한다"는 생각에서 벗어나지 못하고 있다!

이렇게 해서 공산주의를 부정하고 "각자에게 그의 욕구에 따라"라는 구호를 마음껏 비웃은 다음에는, 이 위대한 경제학자들은 이제야 중요한 것 — 생산자의 욕구 — 을 잊고 있었음을 깨닫는다. 그래서 급히 그것을 인정한다. 다만 그것을 평가하는 것은 국가이다. 욕구가 업적과 어울리는지를 확인하는 것은 국가가 할 일이다.

국가가 자선을 베풀 것이다. 여기서부터 영국의 빈민구조법이나 구빈원까지는 한 걸음밖에 되지 않는다.

딱 한 걸음밖에 되지 않는다. 왜냐하면 우리가 반발하는 이 사회의 계모[국가] 역시 그 개인주의 원칙을 완화하지 않을 수 없었기 때문이다. 그 계모 역시 공산주의 방향으로 그리고 똑같은 형태의 자선으로 양보해야 했다.

계모는 또한 상점의 약탈을 예방하기 위해 1수짜리 식사를 나누어준다. 계모는 또한 전염병의 창궐을 예방하기 위해 병원(종종은 매우 열악하지만 때로는 훌륭한 병원)을 세운다. 계모는 또한 노동시간만큼의 임금을 준 다음에는, 자신이 아주 가난하게 만든 사람들의 자녀들을 수용한다. 계모는 또한 욕구를 고려한다 – 자선을 통해서 말이다.

가난이야말로 – 우리는 다른 곳에서 말했다 – 부의 첫 번째 원인이었다. 가난이 최초의 자본가를 만들어냈다. 왜냐하면 사람들이 그토록 떠들어대기 좋아하는 "잉여가치"를 축적하기 전에, 굶어죽지 않으려면 자신의 노동력을 파는 데 동의하는 가난한 사람들이 먼저 있어야 했기 때문이다. 부를 만들어 낸 것은 가난이다. 그리고 가난한 사람의 수가 중세에 빠르게 늘어났다면, 이는 국가 창설에 뒤따른 침략과 전쟁 그리고 동양을 착취해 얻은 부의 증가로 인해 전에는 농촌공동체와 도시공동체를 연결시킨 유대가 파괴되었으며, 또한 이 공동체들로 하여금 – 그것들이 종전에 실행했던 연대 대신에 – 착취자들에게는 매우 귀중한 임금제도 원칙을 선언하도록 하였기 때문이다.

그리고 이 원칙은 사람들이 감히 "사회혁명"이라는 이름 – 굶주리고 고통받고 억압받는 자들에게는 매우 귀중한 이름 – 으로 부르는 혁명에서 나오는가?

그렇지 않을 것이다. 왜냐하면 낡은 제도들이 프롤레타리아의 도끼로 무너지는 날에는 "모두에게 빵과 집, 복지를 주어라"라고 외치는 소리가 들릴 것이기 때문이다. 그리고 이런 목소리가 들릴 것이며, 사람들은 이렇게 말할 것이다: "우리가 전혀 해소하지 못한 갈증, 즉 활기, 즐거움, 자유에 대한 갈증부터 만족시키자. 그러면 모두가 이 행복을 맛보았기 때문에 일을 시작할 것이다. 부르주아체제의 마지막 흔적, 즉 회계장부에서 끄집어낸 도덕, '차변과 대변'의 철학, 네 것과 내 것이라는 제도를 없애버리는 일을 시작할 것이다. 프루동이 말한 것처럼 '우리는 파괴하면서 건설할 것이다.' 우리는 공산주의와 아나키즘이라는 이름으로 건설할 것이다."

14
소비와 생산

I

우리는 국가에서 시작해 개인으로 내려가지 않고 자유로운 개인
으로부터 시작해 자유로운 사회에 도달하려고 하기 때문에, 사회와
그 정치조직을 권위주의학파와는 전혀 다른 관점에서 고찰하였다.
우리는 경제문제에서도 똑같은 방법을 따를 것이다. 우리는 생산,
교환, 세금, 정부 등을 토론하기 전에 개인의 욕구와 그것을 충족시
킬 수단을 연구할 것이다.

언뜻 보면 그 차이가 매우 사소한 것일 수 있다. 그러나 사실 그 차
이가 공식적인 경제학의 모든 개념을 뒤엎는다.

경제학자의 아무 책이나 펴보라. 그것은 생산으로 시작한다. 즉
부를 만들어내기 위해 오늘날 사용되는 수단들(분업, 공장, 기계설비,
자본축적)에 대한 분석으로 시작한다. 아담 스미스부터 마르크스에

이르기까지 모두가 이런 방식을 따랐다. 그 책은 제2부나 제3부에 가서야만 소비, 즉 개인욕구의 충족을 다룰 것이다. 그렇지만 그 책은 부가 그 소유를 둘러싸고 다투는 사람들 사이에서 어떻게 분배되는지를 설명하는 것에 그칠 것이다.

아마도 사람들은 이렇게 하는 것이 논리적이라고 말할 것이다. 즉 욕구를 만족시키기 전에 욕구를 만족시킬 수 있는 것을 만들어내야 하며, 소비하기 위해서는 생산해야 한다. 그러나 무엇이든 생산하기 전에는 그것에 대한 욕구를 느껴야 하지 않는가? 필요성 때문에 인간이 처음에는 사냥하였고, 가축을 길렀고, 토지를 경작했고, 기구를 만들었으며, 나중에는 기계를 발명해 만들지 않았는가? 생산을 이끌어야 하는 것은 욕구에 대한 연구가 아닌가? 그러므로 적어도, 거기서 시작한 다음 생산을 통해 이 욕구를 만족시키려면 어떻게 해야 하는지를 살펴보는 것이 논리적일 것이다.

바로 이것이 우리가 하려는 것이다.

그러나 우리가 이 관점에서 고찰하자마자 경제학의 모습은 완전히 바뀐다. 그것은 사실들에 대한 단순한 기술記述이기를 멈추고, 생리학과 똑같은 자격으로 하나의 과학이 된다. 그렇다면 그것을 이렇게 정의할 수 있다: 인류의 여러 욕구와 그것들을 가능한 한 인간의 힘을 적게 소비해서 만족시키는 수단에 대한 연구. 그것의 진정한 이름은 사회생리학일 것이다. 사회생리학이란 식물생리학이나 동물생리학과 유사한 과학이다. 식물생리학이나 동물생리학 역시 식물이나 동물의 욕구와 이 욕구를 만족시키는 가장 이로운 수단에 대한 연구이기 때문이다. 일련의 사회과학에서 인간사회에 대한 경제학은 유기체에 대한 생리학이 일련의 생물학에서 차지한 것과 똑같은 지위를 갖고 있다.

우리는 이렇게 말한다: "인간들은 결합해서 사회를 만든다. 모두 위생적인 집에서 살고 싶은 욕구를 느낀다. 야만인의 누추한 집은 그들을 더 이상 만족시키지 못한다. 그들은 다소 쾌적하고 튼튼한 거처를 요구한다. 그렇다면 문제는 현재의 인간노동의 생산성으로 각자가 자기 집을 가질 수 있는지를 아는 것이다. 그리고 그것을 방해하는 것이 무엇인지를 아는 것이다."

우리가 곧 알 수 있는 것은 유럽의 모든 가족이 영국이나 벨기에 또는 풀맨Pulman시에 세워져 있는 것과 같은 쾌적한 집이나 그에 상응하는 아파트를 완전히 가질 수 있으리라는 것이다. 사람 수가 7명 내지 8명이 되는 한 가족에게 통풍이 잘 되고 시설이 잘 갖추어져 있으며 가스불로 밝히는 아담한 집을 공급하는 데에는 상당한 일수의 노동으로 충분할 것이다.

그러나 유럽인들 중 9/10는 위생적인 집을 소유해본 적이 전혀 없다. 왜냐하면 언제나 일반서민은 통치자들의 욕구를 만족시키기 위해 매일 거의 끊임없이 일해야 했기 때문이다. 일반서민은 꿈에 그리는 집을 짓거나 짓게 하는 데 필요한 시간이나 돈을 가진 적이 전혀 없었다. 그러므로 현재의 조건이 바뀌지 않는 한, 그들은 집을 갖지 못하거나 누추한 집에서 살 것이다.

보다시피 우리의 방식은 소위 생산의 법칙이라는 것을 영원히 전하는 경제학자들과는 정반대이다. 그들은 매년 짓는 집의 수를 계산해, 새로 짓는 집들로는 모든 수요를 만족시키기에 충분하지 않기 때문에 유럽인 중의 9/10는 누추한 집에서 살 수밖에 없다는 것을 통계로 증명하고 있다.

식량으로 넘어가자. 경제학자들은 분업의 이점을 나열한 다음, 이 분업은 어떤 사람들에게는 농업에 종사할 것을 요구하고 다른 사람들에게는 제조업에서 일할 것을 요구한다고 주장한다. 그들은 농민들이 이러이러한 것을 생산하고, 공장은 이러이러한 것을 생산하며, 교환은 이러이러한 식으로 행해진다고 하면서, 판매, 이익, 순이익 또는 잉여가치, 임금, 세금, 은행 등등을 분석한다.

그러나 거기까지는 그들을 따라갔지만, 그 다음에는 우리는 더 이상 나가지 못했다. 그리고 그들에게 "모든 가족이 연간 10명, 20명, 심지어는 100명도 먹일 수 있는 밀을 생산할 수 있는데, 어떻게 해서 수백만 명이 빵을 못 먹고 있는가?" 라고 묻는다면, 그들은 항상 똑같은 말(분업, 임금, 잉여가치, 자본 등)을 되풀이하며 대답한다. 그들은 모든 욕구를 만족시키기에는 생산이 충분하지 않다고 결론짓는다. 이러한 결론은 ─ 그것이 사실이라 하더라도 ─ 다음과 같은 질문에는 전혀 대답하지 못한다: "인간은 일해서 그가 필요로 하는 빵을 생산할 수 있는가, 아니면 없는가? 그리고 만일 생산할 수 없다면, 그에게 그렇게 하지 못하게 하는 것은 무엇인가?"

유럽에는 3억 5000만 명이 살고 있다. 그들에게는 매년 그 만큼의 빵, 고기, 포도주, 우유, 달걀, 버터가 필요하다. 그들에게는 그 만큼의 집, 그 만큼의 옷이 필요하다. 이것은 그들의 욕구의 최소치이다. 그들은 이것을 모두 생산할 수 있는가? 생산할 수 있다하더라도, 사치품, 예술품, 학문과 오락(한 마디로 말해서, 절대적인 필수품의 범주에 들어가지 않는 모든 것)을 얻기 위한 여가가 그들에게 남아있을 수 있는가? 만일 그 대답이 긍정적이라면, 그들이 전진하지 못하게 막는 것은 무엇인가? 장애물을 제거하려면 어떻게 해야 하는가? 시간이 필요한가? 그렇다면 시간을 가져라! 그러나 모든 생산의 목적 – 욕구의 만족 –을 놓치지 말자.

만약 인간의 가장 긴급한 욕구가 만족되지 않은 상태에 있다면, 노동의 생산성을 높이기 위해 무엇을 해야 하는가? 그러나 다른 원인들은 없는가? 특히 생산이 인간의 욕구를 놓쳤기 때문에 완전히 틀린 방향을 잡았으며 그 생산조직이 잘못된 것은 아닌가? 우리는 실제로 그렇다는 것을 확인하였기 때문에, 생산이 정말로 모든 욕구를 만족시키게끔 생산을 재조직하는 방법을 찾아보자.

이것이 사태에 올바르게 대처하는 유일한 방식인 것 같다. 경제학에게 하나의 과학 – 사회생리학이라는 과학 – 이 되게 하는 유일한 방식인 것 같다.

이 과학이 문명국가, 인도의 공동체나 야만인들에게 행해지는 생산을 다룰 때, 그것이 오늘날의 경제학자들과는 다르게 사실을 설명할 수 없다는 것은 분명하다. 즉 동물학이나 식물학에서의 서술과 유사하게 생산을 서술할 수밖에 없을 것이다. 그러나 생산을 다루는 이 장章이 욕구를 만족시키는 힘의 절약이라는 관점에서 서술된다면, 그 장은 명료함과 동시에 과학적 가치를 얻을 것이다. 그 장은 현재의 제도에 의한 인간의 힘의 어마어마한 낭비를 분명하게 증명할 것이다. 또한 그 장은 이 제도가 존속하는 한 인류의 욕구를 결코 만족시킬 수 없다는 사실도 인정할 것이다.

보다시피 관점이 완전히 바뀔 것이다. 아주 많은 직물을 짜는 방적기 뒤에서, 아주 많은 강철판에 구멍을 뚫는 기계 뒤에서, 배당금을 넣어두는 금고 뒤에서, 다른 사람들을 위해 준비한 잔치에서 대부분 제외되는 인간 즉 생산의 장인이 나타날 것이다. 또한 소위 가치의 법칙, 교환의 법칙 등이 지금 일어나고 있는 사실들에 대한 매우 잘못된 ─ 출발점이 잘못되었기 때문에 ─ 표현에 불과하다는 것도 이해할 것이다. 생산이 사회의 모든 욕구를 충족시키는 방식으로 조직되면, 그러한 사실들은 전혀 다르게 일어날 수 있으며 또 전혀 다르게 일어날 것이기 때문이다.

Ⅱ

우리 관점에서 본다면 그 모습이 완전히 바뀌지 않는 경제학의 원리는 단 하나도 없다.

과잉생산을 예로 들어보자. 이것은 매일 우리 귀에 울리는 말이다. 경제공황이 과잉생산 (어떤 시점에서 면제품, 고급직물, 시계를 필요한 것보다 더 많이 생산하는 것)의 결과라는 것을 증명하는 논의를 지지하지 않은 경제학자(학술원회원이든 그 후보자이든)가 단 한 사람이라도 있는가? 사람들은 소비할 수 있는 것 이상으로 생산하는 데 몰두하고 있는 자본가들을 "탐욕스럽다"고 비난하지 않았는가?

그런데 문제를 깊이 파고들어가면 이러한 추론이 잘못되었다는 것이 곧 드러난다. 실제로 일반적으로 사용되고 있는 것들 중에서 필요 이상으로 많이 생산되는 상품의 이름을 하나라도 댈 수 있겠는가? 대량으로 수출하는 나라에서 보내는 모든 상품들을 하나하나 검사해보면, 거의 모든 것이 그것들을 수출하는 나라의 주민들에게는 불충분한 양밖에 생산하고 있지 않다는 사실을 알 것이다.

러시아 농민이 유럽에 보내는 것은 여분의 밀이 아니다. 유럽 러시아[우랄산맥 서쪽의 러시아]Russie d'Europe에서 밀과 호밀을 아무리 많이 수확해도, 이것은 그 인구에게 필요한 정도밖에 되지 않는다. 그리고 일반적으로 농민은 세금과 지대를 내기 위해 밀이나 호밀을 팔 때는 그 자신에게 필요한 것까지도 팔아버린다.

영국이 세계 각처에 보내는 석탄도 잉여분이 아니다. 왜냐하면 국내소비를 위해서는 매년 일인당 ¾톤밖에 남기지 않기 때문이다. 따라서 수백만 명의 영국인이 겨울에는 난로 없이 지내거나 아니면 약간의 채소를 삶을 수 있는 석탄밖에 없다. 사실 (고급잡화에 대해서는 말하지 않겠다) 최대 수출국인 영국에서 일반적으로 사용되는 상품으로서 아마도 필요 이상으로 많이 생산되는 것은 면제품밖에 없다. 그런데도 영국주민의 ⅓이상이 누더기옷을 입고 있는 것을 보면, 주민들의 실제적인 욕구를 거의 만족시키지 않고 면제품을 수출하는 것이 아닌가라는 생각이 든다.

일반적으로 말하자면 수출되는 것은 잉여분이 아니다. 처음의 수출은 그랬을지 모르지만 말이다. 맨발로 걸어다니는 구두수선공 우화는 예전에 장인의 경우 그랬던 것처럼 여러 나라의 국민들에게는 사실이다. 사람들이 수출하는 것은 필수품이다. 이렇게 하는 이유는 노동자들이 자신들의 임금만으로는 자신들이 생산한 것을 살 수 없기 때문이다. 그들은 자본가와 은행업자에게 지대, 이익, 이자를 지불하기 때문이다.

계속 커지는 복지욕구는 만족되지 않을 뿐만 아니라, 반드시 필요한 것조차 너무 자주 부족한 상태에 있다. 그러므로 과잉생산은 적어도 그런 의미에서는 존재하지 않는다. 그것은 정치경제학 이론가들이 만들어낸 말에 불과하다.

모든 경제학자들은 잘 확증된 경제 "법칙"이 있다면, 그것은 "인간은 소비하는 것보다 더 많이 생산한다"는 것이라고 우리에게 말한다. 자신의 노동산물로 생활한 다음에는 언제나 잉여가 남아있다. 한 농민가족은 여러 가족들을 먹여 살리는 것을 생산한다. 등등.

이 문구는 자누 반복되지만 우리에게는 아무 의미가 없다. 만일 그 문구가 각 세대가 미래의 세대들에게 뭔가 남겨놓는다는 것을 의미한다면, 이것이 맞을 것이다. 실제로 한 농부가 심은 나무가 30년, 40년, 100년 후에도 산다면, 그의 후손들은 그 열매를 딸 것이다. 그가 1헥타르의 처녀지를 개간했다면, 다음 세대들의 유산은 그 만큼 늘어났다. 도로, 다리, 운하, 집과 그 가구들은 다음 세대들에게 전해지는 그 만큼의 부이다.

그러나 문제는 이런 것이 아니다. 농민은 자신이 소비하는 것보다 더 많은 밀을 생산한다고 사람들은 말한다. 오히려 이렇게 말할 수 있을 것이다. 즉 국가는 세금으로, 사제는 십일조로, 지주는 지대로 농민에게서 언제나 그의 생산물 중 많은 부분을 **빼앗아** 갔기 때문에, 옛날에는 (만일의 경우를 위해, 또는 나무심기나 도로 등에 드는 비용을 위해 남겨둔 것을 제외하면) 자신들이 생산한 것을 소비했지만 오늘날에는 밤이나 옥수수로 만든 밥을 먹고 피케트$_{piquette}$*를 마실 수밖에 없게 된 사람들의 계급이 만들어졌다. 그 외의 것은 모두 국가, 지주, 사제, 고리대금업자가 그들에게서 **빼앗아** 갔기 때문이다.

그래서 우리는 이렇게 말하고 싶다: 농민은 자기가 생산한 것보다 적게 소비한다. 왜냐하면 그는 어쩔 수 없이 침대를 팔고는 짚 위에서 자고, 포도주를 팔고는 피케트로 만족하고, 또 밀을 팔고는 호밀

---

* 포도 찌꺼기에 물을 타서 만든 음료(시큼한 막포도주)

로 만족할 수밖에 없기 때문이다.

　개인의 욕구를 출발점으로 삼기 때문에, 우리가 필연적으로 공산주의에 도달한다는 것도 지적하고 싶다. 공산주의가 그 모든 욕구를 가장 완전하고 가장 경제적인 방식으로 만족시키는 조직이기 때문이다. 현재의 생산에서 출발해 이익이나 잉여가치만을 목표로 삼는다면(생산이 욕구를 만족시키는지는 묻지 않고), 필연적으로 자본주의나 기껏해야 집산주의에 도달한다. 둘 다 모두 임금제도의 다양한 형태에 불과하기 때문이다.

　사실 개인과 사회의 욕구를 고려할 뿐만 아니라 여러 발전단계에서 그 욕구를 만족시키기 위해 인간이 의지해온 수단도 고려한다면, 우리는 그 노력을 현재의 생산처럼 우연에 맡기지 않고 연대[체계화]할 필요가 있음을 확신하게 된다. 소비되지 않고 한 세대에서 다른 세대로 전달되는 모든 부를 소수가 차지하는 것은 일반적으로 이익이 되지 않는다는 사실을 사람들은 잘 알고 있다. 이런 방식으로는 사회의 ¾의 욕구가 충족되지 않을 우려가 있다는 것을 확인하게 된다. 인간의 힘의 지나친 소비는 쓸데없는 짓이며 범죄일 뿐이다.

　끝으로, 모든 생산물의 가장 유익한 사용이 가장 절실한 욕구를 만족시키는 사용이라는 것은 잘 알려져 있다. 또한 효용가치는 사람들이 종종 주장한 것처럼 단순한 변덕에 달려있는 것이 아니라 그 가치가 실제욕구에 가져다주는 만족에 달려있다는 것도 잘 알려져 있다.

　공산주의 – 즉 소비, 생산, 교환에 대한 종합적인 견해와 이 종합적인 견해에 상응하는 조직 – 는 이렇게 해서 사물에 대한 이러한 이해의 논리적 귀결이 된다. 우리의 생각으로는, 정말로 과학적인 유일한 논리적 귀결이다.

모두의 욕구를 만족시키는 사회, 그리고 생산을 조직화할 줄 아는 사회는 또한 생산에 관한 몇 가지 편견을 깨끗이 제거해야 할 것이다. 무엇보다도 먼저 경제학자들이 흔히 분업이라는 이름으로 설교하는 이론을 제거해야 할 것이다. 우리는 이것을 다음 장에서 다룰 것이다.

15

분업

경제학은 항상 사회에서 일어나는 사실들을 진술하고 그것들을 지배계급에게 이익이 되도록 정당화하는 것이 고작이었다. 따라서 그것은 산업에 의해 생겨난 분업에 대해서도 마찬가지로 대했다. 경제학은 분업이 자본가들에게 유익하다는 것을 알았기 때문에, 분업을 원리로 확정하였다.

근대경제학의 아버지 아담 스미스는 마을 대장장이를 보라고 말하였다. 대장장이가 못 만드는 일에 숙달되어 있지 않다면, 그는 기껏해야 하루에 200개 내지 300개밖에 만들지 못할 것이다. 그리고 그 못들의 질도 나쁠 것이다. 그러나 바로 그 대장장이가 못만 만들어왔다면, 하루에 2300개까지도 쉽사리 공급할 것이다. 그래서 스미스는 서둘러 결론을 내렸다: "분업하자. 전문화하자. 계속 전문화하자. 못의 머리부분이나 끝부분만을 만들 줄 아는 대장장이들을 갖자. 그렇게 하면 우리는 더 많이 생산할 것이다. 우리는 부자가 될 것이다."

평생 동안 못의 머리부분을 만들도록 운명지워진 대장장이는 일에 흥미를 잃어버릴 것이라는 사실, 그는 이 한정된 직업으로 인해 완전히 고용주의 처분대로 될 것이라는 사실, 12개월 중 4개월을 실업상태에 있게 될 것이라는 사실, 다른 견습공으로 쉽게 대체될 수 있으면 그의 임금이 내려갈 것이라는 사실에 대해서 스미스는 거의 생각하지 않으면서 이렇게 외쳤다: "분업 만세! 여기에 국가를 부자로 만들 진정한 금광이 있다!" 그리고 모든 사람들이 그와 똑같이 외쳤다.

그리고 시스몽디Jean Charles Léonard de Sismondi*나 세이Jean Baptiste Say**같은 사람들이 분업은 국가를 부유하게 하지 않고 부자들만 더 부유하게 하며, 평생 동안 핀의 18번째 부분만 만든 노동자는 우둔해져서 가난에 빠진다는 것을 알아차렸을 때조차, 경제학자들은 무엇을 제안하였는가? 아무 제안도 하지 않았다! 단 하나의 기계적인 일에 평생을 바쳤기 때문에, 노동자는 지성과 발명정신을 잃어버리겠지만, 이와 반대로 직업의 다양성이 국가의 생산성을 상당히 증대시키는 결과를 가져올 것이라고는 그들은 생각해 보지도 않았다. 오늘날 제기되는 것은 바로 이 문제이다.

---

* 스위스의 경제학자(1773–1842). 자유방임을 비판하고 국가간섭을 주장하였다.
** 프랑스의 경제학자(1767–1832). 경쟁, 자유무역의 활성화, 경제규제의 철폐를 주장하였다.

그런데 경제학자들만 항구적인 분업이나 종종 세습적인 분업을 설교했다면, 우리는 그들에게 마음대로 떠들라고 내버려두었을 것이다. 그러나 과학의 박사들이 가르친 사상은 사람들의 정신 속에 침투해 그들의 정신을 왜곡시키고 있다. 분업, 이윤, 이자, 신용 등은 오래 전에 해결된 문제라고 말하는 것을 듣게 됨으로써, 모든 사람이 (노동자 자신도) 결국 경제학자처럼 추론하고 똑같은 미신을 믿고 있다.

이렇게 해서 경제학의 오류를 공격하는 것을 두려워하지 않은 많은 사회주의자들까지도 분업의 원리를 존중하는 것을 우리는 보고 있다. 혁명 중의 사회조직에 대해 그들과 이야기해 보면, 그들은 분업이 유지되어야 한다고 대답한다. 만일 당신이 혁명 전에 핀의 끝부분을 만들었다면, 혁명 후에도 그것을 만들어야 한다는 것이다. 당신은 핀의 끝부분을 만드는 일만 5시간 할 것이다. 좋다! 그러나 당신은 평생 동안 핀의 끝부분만 만드는 일을 할 것이며, 다른 사람들은 당신이 평생 동안 수십억 개의 핀의 끝부분을 날카롭게 만드는 기계나 기계의 설계도를 만들 것이다. 또 다른 사람들은 문학, 과학, 예술 등의 고급 일을 전문적으로 할 것이다. 당신은 핀의 끝부분을 만드는 사람으로 태어났고, 파스퇴르Louis Pasteur는 광견병 백신을 개발하는 사람으로 태어났다. 그리고 혁명은 각자의 일을 그대로 하게 할 것이다.

그런데 우리는 사회에는 해롭고 개인을 우둔하게 만드는 만큼 일련의 해악의 원천인 이 끔찍한 원리가 현재 다양하게 나타나는 것에 대해서 논의할 것이다.

사람들은 분업의 결과를 잘 알고 있다. 우리는 분명히 두 계급으로 나누어져 있다. 한편으로는 생산자들이 있다. 이들은 별로 소비하지 않는다. 이들은 일해야 하기 때문에 생각할 겨를이 없으며, 두뇌가 활발하게 움직이지 않기 때문에 일을 잘 못한다. 다른 한편으로는 소비자들이 있다. 이들은 조금 생산하거나 거의 생산하지 않는다. 이들은 다른 사람들을 대신해서 생각하는 특권을 갖고 있다. 그렇지만 팔로 일하는 노동자들의 세계를 모르기 때문에 이들은 올바른 생각을 하지 못한다. 토지노동자들은 기계에 대해 아무것도 모르며, 기계를 사용하는 노동자들은 밭일에 대해 전혀 모른다. 근대공업의 이상理想은 어린이가 이해할 수도 없고 이해해서도 안 되는 기계를 사용하고 감독은 그 아이가 잠시라도 긴장을 풀면 그에게 벌금을 물리는 것이다. 심지어는 농업노동자도 완전히 없애려고 한다. 공업화된 농업의 이상은 일꾼을 세달 동안 고용해 증기가레나 탈곡기를 운전하게 하는 것이다. 분업이란 평생 동안 공장에서 매듭을 매는 사람으로, 기업에서 감독하는 사람으로, 광산의 어느 한 장소에서 운반차를 미는 사람으로 불리거나 낙인찍혀서, 기계나 기업, 광산의 전체에 대해서는 알지 못하고, 이로 인해 일에 대한 애정과 발명능력을 잃어버리는 것이다. 근대산업의 초기에는 일에 대한 이러한 애정과 발명능력이 우리가 그토록 자랑스럽게 여기는 기구들을

268

만들어냈는데 말이다.

　사람들은 개인들에 대해서 한 것을 국가들에도 하고 싶어했다. 인류는 각각 전문성을 지닌 국가공장으로 나누어져야 했다. 러시아는 ─ 사람들은 우리에게 이렇게 가르쳤다 ─ 자연에 의해 밀을 재배할 운명에 놓여 있고, 영국은 면제품을 만들 운명에, 벨기에는 옷감을 만들 운명에 놓여 있다. 반면에 스위스는 간호사와 교사를 양성한다. 각 나라 안에서도 전문화가 이루어진다: 리용은 비단을 만들고, 오베르뉴는 레이스를 만들며, 파리는 장신구를 만든다. 이렇게 해서 생산과 소비에 무제한의 영역이 제공되었으며, 엄청난 부의 시대가 인류에게 열릴 것이라고 경제학자들은 주장하였다.

　그러나 기술지식이 세계에 널리 보급됨에 따라, 그 거대한 희망도 사라지고 있다. 영국 혼자 면제품을 만들고 금속업을 대대적으로 했을 때는, 파리 혼자 예술적인 잡화 등을 만들었을 때는, 모든 것이 좋았다. 분업을 설교해도 반박당할 염려가 없었다.

　그렇지만 이제는 새로운 흐름에 이끌려 문명국들이 모든 산업을 자기 나라에서 시도하고 있으며, 옛날에는 다른 나라에서 받은 것을 스스로 만드는 것이 유익하다고 생각하게 되었다. 그리고 식민지 자체도 본국으로부터 해방되는 경향이 있다. 과학의 발견은 생산방법을 보편화하기 때문에, 이제부터는 자기 나라에서 쉽게 생산할 수 있는 것을 다른 나라에서 엄청난 가격으로 사가지고 올 필요가 없어졌다. 그런데 산업에서의 이러한 혁명은 사람들이 매우 튼튼하게 확립되었다고 생각한 분업이론에 정면으로 타격을 주지 않겠는가?

도둑놈들의 왕, 로스차일드.
"얼마나 뚱뚱한 돼지인가! 그가 살찐 것은
우리의 배고픔 때문이다."
르 페르 페나르Le Père Peinard*에서 발췌한
아나키즘 풍자화.

---

* 1889년 파리에서 창간된 아나키즘 주간지(1889–1902).

16
공업의 분산

I

나폴레옹 전쟁*후 영국은 지난 세기 말에 프랑스에서 생겨난 주요 산업을 몰락시키는 데 거의 성공하였다. 영국은 여전히 바다의 지배자였으며 심각한 경쟁자도 없었다. 영국은 이러한 상황을 이용해 산업의 독점을 구축하였다. 그리고 자신들만이 만들 수 있는 상품을 자신들이 정한 가격으로 이웃국가들에 강매함으로써 더욱더 많은 부를 쌓아올렸다. 영국은 이런 특권적인 상황과 자신들의 모든 이점을 이용할 줄 알았다.

그러나 18세기의 부르주아혁명이 프랑스에서 농노제를 폐지하고

---

* 1797년 – 1815년 프랑스혁명 당시 프랑스가 나폴레옹 1세(재위:1804–1815)의 지휘 하에 유럽의 여러 나라와 싸운 전쟁의 총칭.

프롤레타리아를 만들어냈을 때, 한동안 정체해 있었던 주요공업이 다시 비약적으로 발전하기 시작했다. 19세기 후반부터는 프랑스의 공업제품이 영국의 종속으로부터 벗어나게 되었다. 오늘날에는 프랑스도 수출국이 되었다. 프랑스는 15억 프랑 이상의 공업제품을 외국에 팔고 있는데, 그 상품들 중 ⅔가 섬유이다. 수출을 위해 일하거나 무역으로 살아가는 프랑스인의 수는 거의 300만 명이나 되는 것으로 추정된다.

따라서 프랑스는 더 이상 영국의 종속국이 아니다. 이번에는 프랑스가 비단과 기성복 같은 몇몇 무역부문을 독점하려고 하였으며, 거기서 막대한 이익을 올렸다. 그러나 영국이 면제품과 면사의 독점을 영원히 잃어버릴 시점에 있는 것처럼, 프랑스도 그 독점을 영원히 잃어버릴 시점에 있다.

공업은 동쪽으로 나가다가 독일에서 멈추었다. 30년 전만 해도 독일은 주요공업의 대부분 제품들의 경우 영국과 프랑스에 의존하고 있었다. 오늘날에는 그렇지 않다. 지난 20년 동안, 특히 전쟁[보불전쟁] 이후 독일은 공업을 완전히 개혁하였다. 새로운 공장들이 좋은 기계들을 갖추었다. 맨체스터에서 만드는 면제품이나 리용에서 만드는 견직물처럼 공업기술을 사용한 최신의 제작이 독일의 새로운 공장에서도 실현되고 있다. 리용과 맨체스터에서는 최신식 기계를 만드는 데 두 세대 또는 세 세대의 노동자들이 필요했지만, 독일은 완성된 것을 얻었다. 공업의 수요에 따라서 기술학교들은 공장에 많은 지적인 노동자들 (손과 두뇌를 갖고 일할 수 있는 실용적인 기술자들)을 공급하고 있다. 독일의 공업은 맨체스터와 리용이 50년 간의 노력과 시도, 암중모색을 거쳐 도달한 바로 그 지점에서 시작하고 있다.

그 결과 독일은 자국에서 잘 만들어내기 때문에, 프랑스와 영국으로부터의 수입을 해마다 줄이고 있다. 아시아와 아프리카의 수출시장에서는 독일이 이미 그들의 경쟁자이다. 그 뿐만이 아니라, 런던과 파리의 시장자체에서도 영국과 프랑스의 경쟁자가 되었다. [프랑스의] 근시안을 지닌 사람들은 틀림없이 프랑크푸르트 조약을 반대한다고 외칠지도 모른다. 그들은 독일의 경제력을 철도요금의 작은 차이로 설명할지도 모른다. 그들은 독일이 문제의 사소한 측면에 매달리고 중대한 역사적 사실을 무시함으로써 헛수고를 한다고 말할지도 모른다. 그럼에도 불구하고 확실한 사실은 주요공업이 – 전에는 영국과 프랑스의 특권이었는데 – 동쪽으로 갔다는 것이다. 그것은 독일에서 원기 왕성한 젊은 나라와 무역으로 부자가 되고 싶어하는 지적인 부르주아를 찾았다.

독일이 프랑스와 영국에 대한 종속으로부터 벗어나서 스스로 면제품, 옷감, 기계 – 한 마디로 말하면 모든 공업제품 – 를 만드는 동안, 주요공업은 러시아에서도 뿌리를 내렸다. 러시아에서 제조업의 발전은 어제 생겨난 만큼 더욱더 인상적이다.

1861년 농노제가 폐지되었을 당시 러시아는 공업이 거의 없었다. 기계, 철로, 기관차, 고급옷감 등 필요한 모든 것은 서구에서 왔다.

20년 후에 러시아는 이미 8만 5천 개 이상의 공장을 가졌으며, 이 공장들에서 나온 상품들의 가치는 네 배로 늘어났다.

구식기계는 완전히 대체되었다. 오늘날 사용되는 것의 모든 강철, 철의 ¾, 석탄의 ⅔, 모든 기관차, 모든 차, 모든 철로, 거의 모든 증기기선은 러시아에서 만든다.

경제학자들의 말대로라면 농업국으로 머물 운명에 있는 나라인 러시아가 제조업국가가 되었다. 러시아는 영국에는 거의 아무것도 주문하지 않으며, 독일에는 아주 적은 양만 주문한다.

경제학자들은 이런 사실이 관세 때문이라고 주장한다. 그러나 러시아에서 만든 면제품은 런던에서와 똑같은 가격으로 팔린다. 자본은 조국을 인정하지 않기 때문에, 독일과 영국의 자본가들은 자기 나라의 기술자와 작업반장을 데리고 다니며 러시아와 폴란드에 공장들을 지었다. 이 공장들은 제품의 우수성 때문에 영국의 최고공장들과 경쟁하고 있다. 내일 관세를 폐지해도, 그 공장들은 계속 수익을 낼 것이다. 이 순간에도 영국기술자들은 서방으로부터 오는 고급직물과 모직물의 수입에 최후의 일격을 가하고 있다. 그들은 러시아의 남부에 거대한 모직물공장들을 세웠는데, 이 공장들은 브랫포드Bradford[영국 잉글랜드 웨스트요크셔카운티에 있는 도시]에서 가져온 아주 많은 기계들을 갖추었다. 10년 후 러시아는 영국에서는 약간의 고급직물만을, 프랑스에서는 약간의 모직물만을 견본으로 수입할 것이다.

주요공업은 동쪽으로로만 이동하지 않는다. 남쪽 반도로도 뻗어나
간다. 1884년의 토리노Turin[이탈리아 북서부의 상공업 도시]박람회는 이
탈리아 공업의 진보를 보여주었다. 그리고 – 이에 대해서는 오해하
지 말자 – 프랑스와 이탈리아의 두 부르주아계급 간의 증오는 바로
공업에서의 경쟁 때문이다. 이탈리아는 프랑스에 대한 종속에서 벗
어나, 지중해 연안과 동양에서 프랑스상품들과 경쟁하고 있다. 어느
날 피가 이탈리아국경에서 흐른다면 이 때문이지 다른 이유 때문이
아니다. 혁명이 일어나 그 소중한 피를 흘리지 않도록 해주지 않는
한 말이다.

우리는 또한 스페인이 주요공업에서 빠르게 발전하는 것을 언급
할 수 있을 것이다. 그러나 오히려 브라질을 예로 들어보자. 경제학
자들은 브라질이 영원히 목화를 재배하고 그것을 원료상태로 수출
해서 다시 유럽으로부터 면제품을 수입할 것이라고 선고하지 않았
는가? 사실 20년 전 브라질에는 단지 385개의 방추를 가진 9개의 보
잘것없는 작은 공장밖에 없었다. 오늘날에는 46개의 공장이 있다.
그 중 5개는 4만 개의 방추를 가지고 있다. 이것들은 매년 3천만 미
터의 면제품을 시장에 내놓고 있다.

멕시코만 해도 현재 유럽에서 수입하지 않고 면제품을 만들기 시
작했다. 미국의 경우, 이들은 유럽에의 의존에서 벗어났다. 주요공업
이 의기양양하게 발전하였다.

그러나 인도는 국가공업의 전문화를 지지하는 자들에게 가장 명

276

백한 반대사실을 주었다.

이 이론은 잘 알려져 있다: 유럽의 강대국가들에게는 식민지가 필요하다. 이 식민지들은 본국에 원료를 보낼 것이다: 면사, 정련하지 않은 [기름기를 제거하지 않은] 양모, 향신료 등. 그리고 본국은 식민지에 제조품, 불에 그슬린 옷감, 고철, 쓸모없는 기계를 보낼 것이다. 요컨대, 자신들이 필요로 하지 않는 것, 자신들에게는 가치가 거의 없거나 전혀 없는 것은 모두 보낼 것이다. 그래도 그들은 그것들을 터무니없는 가격으로 팔 것이다.

이론은 그러했다. 하지만 실제로는 오랫동안 이러했다. 인도사람들을 파산시키는 동안, 런던과 맨체스터에서는 큰 돈을 벌었다. 런던에 있는 인도박물관에만 가도, 영국상인들이 캘커타와 봄베이에서 수집한 전대미문의 엄청난 보물들을 볼 수 있다.

그러나 마찬가지로 영국의 다른 상인들과 자본가들은 매우 당연한 생각을 했는데, 그것은 영국에서 해마다 5천만 프랑 내지 6천만 프랑 어치의 면제품을 수입하기 보다는 인도 주민들을 이용해서 인도 자체에서 면제품을 만드는 것이 더 적절할 것이라는 생각이었다.

처음에는 계속해서 실패로 끝났다. 인도의 방직공들은 – 그 직업의 장인이었지만 – 공장 체제에 익숙해지지 못했다. 리버풀에서 보내온 기계들은 불량품이었다. 기후도 고려해야 했으며, 새로운 조건에 적응해야 했다. 그러나 오늘날에는 그 모든 조건을 충족시켰다. 그리하여 영국의 인도는 본국의 공장들을 점점 더 위협하는 경쟁자가 되었다.

현재 영국의 인도는 이미 약 6만 명의 노동자들을 고용하고 있는 80개의 면직공장을 갖고 있다. 1885년에는 이 공장들은 145만 미터 톤[1000킬로그램]이상의 면제품을 제조하였다. 그 공장들은 매년 중국, 네덜란드령의 인도, 아프리카로 영국의 특산품으로 불리는 흰 면제품을 수출하고 있다. 그리고 영국의 노동자들은 실업자가 되어 가난해졌지만, 이에 반해 인도의 여자들은 하루에 60상팀씩 받고 극동의 항구에서 팔 면제품을 기계로 만든다.

요컨대, 영국에서 수출하기 위해 면제품을 만드는 일에 종사한 "일손들"을 어떻게 해야 할지 모르게 될 날이 멀지 않았다. 똑똑한 제조업자들은 이것을 잘 알고 있다. 이것이 전부가 아니다. 매우 진지한 보고서에 따르면, 10년 후에는 인도가 1톤의 철도 영국에서 수입하지 않을 것이라고 한다. 인도에서 석탄과 철광석을 사용할 때의 첫 번째 어려움이 극복되었다. 영국의 공장들과 경쟁하는 공장들이 이미 인도양 연안에 세워지고 있다.

식민지는 자신들의 제품으로 본국과 경쟁한다. 이것이 19세기 경제의 결정적인 현상이다.

그런데 식민지는 왜 그렇게 해서는 안 되는가? 식민지에 무엇이 부족한가? 자본인가? 그러나 자본은 착취할 가난한 사람들이 있는 곳이면 어디든지 간다. 지식인가? 그러나 지식은 국경을 알지 못한다. 노동자의 기술숙련도인가? 그렇다면 인도의 노동자는 지금 영국의 직물공장에서 일하고 있는 15세 미만의 소년과 소녀 9만 2천명보다 못한가?

Ⅱ

국가별 공업을 언뜻 본 다음에는 특수산업으로 눈을 돌리는 것이 매우 흥미로울 것이다.

19세기 전반에 프랑스의 특산물이었던 비단을 예로 들어보자. 우리는 리옹이 어떻게 해서 비단산업의 중심지가 되었는지 안다. 처음에는 생사生絲가 프랑스 남부에서 수집되었다. 이탈리아, 스페인, 오스트리아, 코카서스, 일본으로부터도 조금씩 주문해서 견직물을 만들었다. 1875년에 리옹지방에서 옷감으로 만들어지는 500만kg의 생사 중 프랑스 생사는 40만kg밖에 되지 않았다.

그런데 리옹이 수입한 생사로 일한다면, 스위스, 독일, 러시아는 왜 그렇게 해서는 안 되겠는가? 견직업이 취리히Zurich 부근의 마을들에서 조금씩 발달하였다. 바젤은 견직물거래의 주요 중심지가 되었다. 코카서스행정부는 조지아Georgia지방 사람들에게는 완전한 양잠법을 가르치고 코카서스농민들에게는 생사를 옷감으로 만드는 기술을 가르치기 위해, 마르세이유에서는 부인들을 그리고 리옹에서는 노동자들을 불러들였다. 오스트리아도 그 뒤를 따랐다. 독일은 리옹 노동자들의 도움을 받아 거대한 견직물공장들을 세웠다. 미국도 패터슨Paterson[미국 뉴저지주 동북부의 도시]에서 같은 일을 하였다.

따라서 오늘날에는 견직물산업이 더 이상 프랑스만의 산업이 아니다. 견직물은 독일, 오스트리아, 미국, 영국에서도 만든다. 코카서스의 농민들은 리옹의 견직물공장 직공이 빵 하나도 살 수 없는 임금을 받고 겨울에 얇은 비단을 짜고 있다. 이탈리아는 견직물을 프랑스로 보내고 있다. 1870년부터 1874년까지 4억 6천만 프랑 어치의 견직물을 리옹은 2억 3300만 프랑 어치밖에 수출하지 못하고 있다. 곧 리옹은 외국에 고급천이나 약간의 신제품만을 보낼 것이다. 독일, 러시아, 일본에는 견본으로 사용될 것들만을 보낼 것이다.

모든 산업의 경우도 마찬가지이다. 벨기에는 더 이상 고급직물의 독점국이 아니다. 독일, 러시아, 오스트리아, 미국에서도 고급직물을 만든다. 스위스와 프랑스의 쥐라Jura[프랑스 동부의 주]지방은 더 이상 시계제조의 독점지가 아니다. 도처에서 시계를 만든다. 스코틀랜드는 더 이상 러시아를 위해 설탕을 정제하지 않는다. 영국에서는 러시아설탕을 수입한다. 이탈리아는 철도 없고 석탄도 없지만 자체적으로 장갑함을 제작하고 기선汽船의 기계를 만든다. 화학공업도 더 이상 영국의 독점물이 아니다. 황산과 수산화나트륨은 도처에서 만든다. 취리히 근처에서 만들어온 각종의 기계가 지난 세계박람회에서 사람들의 시선을 끌었다. 석탄도 철도 없는 – 우수한 기술학교밖에 없는 – 스위스는 영국보다 더 좋고 값이 싼 기계를 만든다. 이렇게 해서 교환이론은 끝난다.

공업에서도 – 다른 모든 것과 마찬가지로 – 경향은 분산이다.

모든 국가는 농업을 가능한 한 여러 공장이나 제작소와 결합시키는 것이 유리하다고 생각한다. 경제학자들이 우리에게 말한 전문화는 몇몇 자본가들을 부자로 만들어주는 데는 좋았다. 그러나 그것은 더 이상 존재할 이유도 없다. 반대로 각국이나 각 지역에서 밀이나 채소를 재배하고 또 자신들이 소비하는 모든 제품은 자기 나라에서 제조하는 것이 유익하다. 이 다양성이야말로 상호협력을 통한 생산의 충분한 발전과 각 요소의 진보에 대한 최상의 보증이다. 반면에 전문화는 진보의 정지이다.

농업은 공장 가까이 있을 때에만 번영할 수 있다. 그리고 단 하나의 공장만 나타나도 곧 무수히 많은 갖가지 종류의 공장들이 그 주위에 나타날 것이 틀림없다. 이것들은 서로 도와주고 발명으로 서로를 자극하면서 전체적으로 발전한다.

Ⅲ

밀을 수출하고 밀가루를 수입하는 것, 양털을 수출하고 고급직물을 수입하는 것, 철을 수출하고 기계를 수입하는 것은 사실 어리석은 짓이다. 이는 수송으로 인해 시간과 돈의 낭비가 있기 때문만이 아니다. 무엇보다도 발달된 공업이 없는 나라는 어쩔 수 없이 농업에서도 계속 뒤처지기 때문이다. 큰 제철공장이 없는 나라는 다른 모든 산업에서도 뒤떨어지기 때문이다. 끝으로, 그 나라의 많은 공업인력과 기술인력이 고용되지 않는 상태로 남아있기 때문이다.

오늘날 생산의 세계에서는 모든 것이 서로 연관되어 있다. 토지의 경작은 기계 없이는, 대규모의 관개사업 없이는, 철도 없이는, 비료공장 없이는 더 이상 가능하지 않다. 그리고 이러한 기계, 철도, 관개용 엔진 등을 지역조건에 적응시키려면, 삽이나 쟁기가 유일한 경작수단이었을 때는 나타날 수 없는 발명정신이나 기술적 숙련이 어느 정도 발달되어야 한다.

밭이 잘 경작되기 위해서는, 밭이 풍부한 수확을 내기 위해서는(인간은 이것을 요구할 권리가 있다), 공장과 제작소 – 그것도 많은 수의 공장과 제작소 – 가 가까운 곳에서 조업하고 있어야 한다.

직업의 다양성, 거기서 생겨나는 능력의 다양성, 그리고 이 다양성들이 공동의 목표를 향해 통합될 때 진보의 진정한 힘이 있다.

그러면 사회혁명의 길에 첫발을 내디딘 도시나 지역을 – 넓고 좁고는 중요하지 않다 – 상상해 보자.

"아무것도 변하지 않을 것이다"라고 사람들은 때때로 말한다. "작업장이나 공장을 수용해 국유 또는 공유라고 선언할 것이다. 각자는 평소의 일터로 돌아갈 것이다. 그러면 혁명이 이루어질 것이다."

그렇지 않다. 혁명은 이렇게 간단히 이루어지지 않을 것이다.

우리는 이미 말하였다: 내일이라도 파리, 리옹, 다른 모든 도시에서 혁명이 일어난다면, 내일이라도 사람들이 파리나 어디에서든 공장, 집, 은행을 장악한다면, 이 단순한 사실에 의해서 현재의 생산은 모두 그 모습이 바뀌지 않을 수 없을 것이다.

국제무역은 멈출 것이며, 외국산 밀도 들어오지 않게 될 것이다. 상품과 식료품의 유통은 마비될 것이다. 그리고 봉기한 도시나 지역은 자급자족을 위해 생산을 완전히 재조직해야 할 것이다. 실패하면 죽는다. 성공하면, 그것은 나라의 경제생활 전체의 혁명이다.

수입식료품의 양이 줄고 소비는 늘어, 수출을 위해 일하던 3백만 명의 프랑스인들은 실업자가 될 것이다. 오늘날 먼 나라나 이웃나라에서 수입하는 많은 물품들이 들어오지 않으며, 사치품산업이 일시적으로 중단될 것이다. 주민들은 혁명 후 6개월 동안 무엇을 먹고 살것인가?

식량창고가 비게 되면 대다수의 사람들이 땅에서 먹을 것을 구할것이 분명하다. 토지를 경작하지 않을 수 없을 것이다. 파리나 그 근교에서 농업생산을 공업생산과 결합해야 할 것이다. 가장 긴급한 것즉 빵을 생각하기 위해서 많은 자질구레한 사치품직업을 포기해야할 것이다.

시민들은 농업가가 되어야 할 것이다. 겨우 1년 치의 식량을 얻기위해 뼈 빠지게 일하는 농민의 방식으로가 아니라, 인간이 발명했거나 발명할 수 있는 가장 좋은 기계를 대대적으로 이용하는 집약농업, 시장용 채소재배의 원리에 따라서이다. 사람들은 경작할 것이다. 그러나 캉탈Cantal지방[프랑스 중남부에 위치한 주]의 짐바리 짐승처럼 경작하지는 않을 것이다(이에 대해서는 파리의 보석상이 반대할 것이다). 경작방식을 재조직할 것이다. 적에게 패배하지 않기 위해 10년 후가 아니라 즉시, 혁명투쟁의 한가운데에서 경작방식을 재조직할 것이다.

농업은 백 년 전 대혁명 1주년 기념 축제la fête de la Federation를 위해 연병장을 갈아엎은 사람들처럼 서로 가르쳐주고 즐거운 무리를 이루며 유쾌하게 노동하는 지적인 사람들이 행해야 할 것이다. 농사일이 지나치게 오래 걸리지 않는다면, 농사일이 과학적으로 조직된다면, 인간이 그 도구를 개선하고 발명한다면, 그가 공동체의 유용한 구성원이라는 의식을 갖는다면, 일은 즐거움으로 가득 찰 것이다.

사람들은 경작할 것이다. 그러나 우리가 외국에 주문하곤 했던 수많은 것들도 생산해야 할 것이다. 그리고 봉기한 지역의 주민들에게 외국이란 그 혁명에 동참하지 않은 모든 지역을 말한다는 것을 잊지 말자. 1793년과 1871년에 반란을 일으킨 파리에게는, 수도 옆에 있는 지방도 이미 외국이었다. 트루아Troyes[프랑스 중북부 오부주의 주도]의 곡물투기업자들은 파리의 과격공화파들을 굶주리게 했는데, 이것은 베르사이유 음모가들에 의해 프랑스 땅에 들어온 독일군대가 한 것만큼이나, 아니 오히려 그 이상으로 악랄한 짓이었다. 이 외국인 없이 지낼 줄 알아야 한다. 그렇게 할 수 있을 것이다. 프랑스는 대륙봉쇄 때문에 사탕수수가 부족했을 때 사탕무로 만든 설탕을 발명하였다. 파리는 초석硝石*이 외국에서 들어오지 않게 되었을 때 그것을 지하실에서 찾아냈다. 우리는 과학이라는 말도 거의 하지 못하고 입속으로 중얼거린 우리의 조상들보다 못한가?

혁명이란 체제의 파괴 그 이상이다. 그것은 인간지성의 각성이며 발명정신을 열 배, 백 배로 늘리는 것이다. 새로운 과학 - 라플라스Pierre Simon Marquis de Laplace**, 라마르크Jean Baptiste Lamarck***, 라부아지에Antoine Lavoisie****같은 사람들의 과학 - 의 여명이다! 그것은 제도보다는 정신에서의 혁명이다.

그런데 퐁텐블로Fontainbleau숲*****을 산책한 다음에는 집으로 돌아가야 하듯이, 일터로 돌아가라고 말하는 사람들이 있다!

그러나 부르주아의 재산에 손을 댄다고 하는 사실만으로도 이미 일터나 조선소나 공장에서 경제생활 전체를 완전히 재조직할 필요가 있다는 것을 의미한다. 그리고 혁명은 그렇게 할 것이다. 사회혁명 중에는 파리가 부르주아질서의 앞잡이들에 의해 1년이나 2년 동안만이라도 전세계부터 고립된다고 하자. 그렇다면 큰 공장이 다행히 아직도 우둔하게 만들지 못한 이 수백만 명의 지성이 - 발명정

---

* 질산칼슘. 흑색화약의 원료로 쓰인다.
** 프랑스의 수학자이자 천문학자(1749-1827).
*** 프랑스의 박물학자이자 진화론자(1744-1820).
**** 프랑스의 화학자(1743-1794).
***** 파리에서 남동쪽으로 60km가량 떨어진 곳에 위치해 있으며, 중세시대 이래 왕족과 귀족들의 사냥터였다.

신을 자극하는 이 작은 직업들의 도시에서 – 세계를 비추는 태양의 힘, 불순한 것을 쓸어버리는 바람의 힘, 우리의 발로 딛고 일어서는 대지에서 활동하는 힘 이외에는 세계에 대해서 아무것도 요구하지 않아도 인간의 두뇌가 무엇을 할 수 있는지를 세상 사람들에게 보여줄 것이다.

지구상의 한 지점에서 이 엄청나게 다양한 직업들이 서로 일을 꾸미고 정신이 혁명으로 활기를 얻으면, 2백만 명의 똑똑한 사람들의 의식주는 물론 사치까지도 만족시킬 수 있을 것이다.

이것을 증명하기 위해 소설을 쓸 필요는 없다. 혁명의 대담한 숨결과 대중의 자발적인 충동으로 풍부해지고 생기를 얻는다는 조건이라면, 이미 알려져 있는 것, 이미 시도해본 것, 실제적이라고 인정된 것으로도 그것을 충분히 성취할 수 있을 것이다.

17
농업

I

사람들은 경제학이 분명히 잘못된 원리에서 그 모든 추론을 이끌어낸다고 비난하였는데, 이때 그 잘못된 원리란 인간으로 하여금 그의 생산력을 증진시킬 수 있는 유일한 동기는 좁은 의미에서의 개인적인 이익이라는 것이다.

이 비난은 완전히 정당하다. 왜냐하면 산업에서 위대한 발견과 진정한 진보가 이루어진 시대는 바로 모든 사람의 행복을 꿈꾸고 개인적인 치부致富에는 큰 관심을 두지 않은 시대였기 때문이다. 위대한 연구자들과 위대한 발명가들은 무엇보다도 인류의 해방을 생각하였다. 만일 와트Watt, 스티븐슨Stephenson, 자카르Joseph Marie Jacquard*

---

* 프랑스의 발명가(1752–1834). 견직물공업의 발전에 크게 기여하였다.

등과 같은 사람들이 뜬 눈으로 보낸 그들의 밤들이 노동자들에게 어떠한 참상을 가져다 주는지를 예견할 수 있었다면, 그들은 아마도 자신들의 설계도를 불태우고 모형을 부셔버렸을 것이다.

또한 경제학에 침투해 있는 또 다른 원리 역시 틀렸다. 그것은 어떤 산업부문에서는 종종 과잉생산이 있을지라도 사회가 모든 사람의 욕구를 만족시킬 만큼은 생산하지 못한다는 것, 따라서 누구도 자신의 노동력을 임금과 교환해서 팔지 않아도 되는 때는 오지 않는다는 것을 암암리에 인정한다. 이것은 거의 모든 경제학자들에게 공통된 생각이다. 경제학자들이 가르치는 모든 이론, 소위 모든 "법칙"의 밑바닥에는 이러한 암묵적인 인정이 있다.

그럼에도 불구하고 확실한 사실은, 문명인들의 집단이 모든 사람의 욕구와 그것을 만족시킬 수단이 무엇인지를 자문할 때 그들은 이미 공업과 농업에서 – 그 수단을 실제적인 욕구를 충족시키는 데 적용할 줄 안다면 – 모든 욕구에 충분히 대비할 수 있는 수단을 갖고 있다는 것이다.

공업의 경우 그렇다는 것은 누구도 이의를 제기할 수 없다. 실제로 대기업에서 석탄과 광석을 채굴하고, 강철을 얻어 그것을 가공하고, 옷 등에 쓰이는 것을 만들어내기 위해 이미 사용하고 있는 방식을 연구하면, 우리의 제조소, 공장, 광산의 생산물이 전혀 의심할 바 없이 그렇다는 것을 충분히 알 수 있다. 우리는 이미 우리의 생산을 네 배로 늘릴 수 있을 것이다. 그래도 우리는 우리의 노동을 절약할 수 있을 것이다.

그러나 우리는 더 멀리 나간다. 우리는 농업도 공업과 똑같은 사정에 있다고 주장한다. 제조업자처럼 농민도 생산을 열 배는 아니더라도 네 배는 늘릴 수 있을 것이다. 자본주의조직 대신에 사회주의 노동조직의 필요성을 느끼고 그 실현에 착수한다면 곧 그렇게 할 수 있을 것이다.

농업에 대해 말할 때마다, 사람들은 언제나 농민이 쟁기 위로 몸을 숙이고, 제대로 골라내지 않은 종자를 땅에 아무렇게나 뿌리고, 좋든 나쁘든 계절이 가져다주는 것을 불안한 마음으로 기다리는 모습을 상상한다. 한 가족이 아침부터 저녁까지 일해도 그 보답으로 초라한 침대, 맨 빵, 신 음료수밖에 얻지 못한다. 한 마디로 말하면, 라 브뤼에르 Jean de La Bruyère*가 말하는 "야수 la bête fauve"이다.

비참한 상태를 강요당하고 있는 이런 사람에게 기껏 말하는 것이 세금이나 지대를 경감해주는 것이다. 그러나 사람들은 농민이 몸을 일으키고 여유를 가지면서 하루에 몇 시간만 일해도 자기 가족뿐만 아니라 최소한 100명 이상도 먹여 살릴 수 있는 것을 생산하는 모습은 감히 상상하지 않는다. 미래에 대한 가장 강렬한 꿈에서도 사회주의자들은 사실 농업기술의 유년기에 불과한 미국의 대규모 경작을 감히 넘어서려고 하지 않는다.

---

* 프랑스의 저술가(1645–1696).

그러나 오늘날의 농민은 폭넓은 생각을 품고 있으며 지금까지와는 아주 다른 웅대한 구상을 가지고 있다. 그는 한 가족이 충분히 먹을 채소를 생산하기 위해 1헥타르의 몇 분의 일만을 요구할 뿐이다. 25마리의 뿔 달린 가축을 먹이는 데 필요한 땅의 면적은 이전에 한 마리를 먹이는 데 필요했던 것보다 더 크지 않다. 그는 그렇게 할 수 있는 토양을 만들고 싶어한다. 그는 계절과 기후에 도전하고 싶어한다. 그는 어린 식물 주위의 공기와 흙을 따뜻하게 하고 싶어한다. 한마디로 말하면, 그는 사람들이 전에는 50헥타르에서도 수확하지 못한 것을 1헥타르에서 생산하려고 한다. 그것도 이전의 총노동량을 크게 줄이고 과로하지 않으면서 생산하려고 한다. 밭을 경작해 각자가 즐거움과 기쁨을 느끼며 제공할 수 있는 것만을 제공해도 모든 사람이 먹을 것을 충분히 생산할 수 있다고 그는 주장한다.

이것이 농업의 현재 경향이다.

농화학이론의 창시자 리비히Justus von Liebig*를 따르는 권위있는 학자들이 흔히 이론에만 열중해 잘못된 길로 가는 동안, 무학無學의 농민들은 인류에게 새로운 번영의 길을 열어주었다. 파리, 트루아Troyes, 루앙의 시장용 채소재배자, 영국의 원예가, 플랑드르Flandre[벨기에 서부를 중심으로 네덜란드 서부와 프랑스 북부에 걸쳐 있는 지방]의 농민, 저지Jersey 섬[영국해협에 있는 채널제도 최남단의 영국령 섬], 건지Guernsey

---

* 독일의 화학자(1803–1873).

섬[영국해협 채널제도에 있는 섬], 시실리 섬의 농부들은 한 눈으로는 알아볼 수 없을 만큼 광대한 지평선을 우리에게 열어 놓았다.

한 농민가족이 토지의 생산물로 생활하기 위해서는 – 농민들이 어떻게 사는지는 잘 알려져 있다 – 적어도 7헥타르 내지 8헥타르를 가져야 했지만, 지금은 집약경작의 방식으로 재배하면 땅에서 얻을 수 있는 것(필수품과 사치품)을 한 가족에게 주는 데 필요한 토지의 최소넓이가 얼마인지 더 이상 말할 수 없다. 그 한도가 날마다 줄어들고 있다. 외부에서 농업생산물을 전혀 수입하지 않으면서 1평방리외의 땅으로 넉넉하게 먹고 살 수 있는 인원수가 얼마인지 묻는다면, 우리는 이 질문에 대답하기 어려울 것이다. 그 수는 농업의 진보와 비례해서 빠르게 늘어나고 있다.

10년 전만해도, 1억 명의 인구가 아무것도 수입하지 않고 프랑스 땅에서 나는 산물로 아주 잘 살았다고 주장할 수 있었다. 그러나 오늘날 프랑스와 영국에서 아주 최근에 이루어진 진보를 보면, 그리고 우리 앞에 열려 있는 새로운 지평선을 곰곰이 생각하면, 이미 많은 곳에서 경작하는 방식대로 경작해도 – 척박한 땅에서라도 – 5000만 헥타르의 프랑스국토에서 1억 명이 주민을 먹여 살리는 것은 여전히 그 국토가 먹여 살릴 수 있는 것의 매우 낮은 비율이라고 우리는 말할 수 있다. 인구가 늘어나면 그만큼 인간은 토지에 더 많이 요구할 생각을 할 것이다.

어쨌든 – 우리는 그것을 볼 것이다 – 만일 파리, 그리고 세느와 세느에와즈 두 도道가 내일 아나키즘코뮌으로 조직된다면, 또한 전 세계가 그들에게 단 한 세티에setier[약 150-300리터]의 밀, 단 한 마리의 가축, 단 한 바구니의 과일도 보내지 않고 두 도道의 영토만을 맡긴다면, 그들 스스로가 필요한 밀, 고기, 채소뿐만 아니라 도시와 농촌의 인구에 충분한 양의 고급채소도 모두 생산할 수 있을 것이라고 우리는 생각한다.

게다가 인간노동의 총소비량이 오베르뉴Auvergne[프랑스 중남부에 위치한 지역]나 러시아에서 수확하는 밀, 거의 어디서나 대규모 경작으로 생산되는 채소, 남부 프랑스에서 생산되는 과일로 그 인구를 먹이는 데 소비되는 현재의 노동량보다 훨씬 더 적을 것이라고 우리는 주장한다.

그렇지만 분명히 우리는 모든 교환을 폐지해야 한다거나, 각 지역이 그 기후 때문에 다소 인공적으로 재배할 수밖에 없는 작물의 생산에 힘써야 한다고는 주장하지 않는다. 그러나 오늘날 주장하는 것과 같은 교환이론은 이상하게 과장되어 있으며, 대부분은 쓸모없거나 심지어 해롭다는 것을 우리는 강조하고 싶다. 또한 남부프랑스의 포도재배자가 포도를 재배하거나 러시아나 헝가리의 농민들이 (그들의 초원이나 밭이 아무리 비옥해도) 밀을 경작하는 데 소비하는 노동력은 전혀 고려되지 않았다고 우리는 주장한다. 현재의 조방粗紡농업 방식으로 인해 그들은 동일한 양의 생산물을 집약농업으로 얻는 데 필요한 것보다 훨씬 더 많이 수고한다. 기후가 훨씬 더 온화하지 않고 땅도 물론 비옥하지 않은 곳에서조차 말이다.

II

우리 주장의 근거가 되는 많은 사실들을 여기에 인용하는 것은 불가능할 것이다. 따라서 우리는 독자들에게 영어로 발표한 논문들을 참조하라고 요청하지 않을 수 없다.[6] 그러나 이 문제에 관심을 갖는 사람들에게는 프랑스에서 출간된 몇몇 훌륭한 저작들을 읽어보라고 매우 간절히 권한다. 그 목록은 아래에 있다.[7]

농업이 무엇인지 실제로는 아직도 모르는 대도시 주민들에게는 부근의 밭을 자기 발로 돌아다니면서 그 경작법을 연구해볼 것을 권한다. 시장용 채소 재배자들을 관찰하고 이들과 이야기해 보아라.

---

6. 우리의 주장이 영국에서 발표되었을 때, 반론이 전혀 없었다는 것을 말하고 싶다. 실제 원예가인 원예 잡지 편집장은 우리의 주장을 입증했을 뿐만 아니라 심지어는 넘어서기도 했다. 프랑스의 채소재배업자 들은 우리의 주장이 옳음을 인정한다고 우리는 확신한다.

7. 다음을 참조하라 《조세의 계량적 배분La Répartion métrique des impôts》(A. Toubeau), 2vol. Guillaumin, 1880. 우리는 투보Toubeau의 결론에 전혀 동의하지 않는다. 그러나 그것은 토지에서 얻을 수 있는 것이 무엇인지를 증명하는 자료들로 가득 찬 진정한 백과사전이다 ─ 《채소재배La Culture maraîchère》(M. Ponce), Paris, 1869. ─ 《그르상 채소밭Le Potager Gressent》, Paris, 1885. 훌륭한 실용적인 저작이다. ─ 《밀의 생리학과 재배Pysiologie et culture du blé》(Risler), Paris, 1881. 《밀, 그 집약재배와 조방재배Le blé, sa culture intensive et extensive》(Lecouteux), Paris, 1883. 《중국도시La Cité Chinoise》(Eugène Simon), 《농업사전Le dictionnaire d'agriculture》(Barrarl), Hachette. 《로담스테드의 실험The Rothamsted Experiments》(Wn. Fream), London, 1888. ─ 《무비료 재배 등culture without manure, etc.》(the "Field" office), 《밭, 공장, 작업장Fields, Factories, and Workshops》(본 저자)(Thomas Nelson & Sons).

그러면 새로운 세계가 그 대도시 주민들 앞에 열릴 것이다. 그리하여 그들은 20세기의 유럽농업이 어떨지 예견할 수 있을 것이다. 그들은 땅에서 필요한 모든 것을 얻어내는 비밀을 알 때 사회혁명이 어떤 힘으로 무장될지를 이해할 것이다.

우리의 주장이 결코 과장이 아니라는 것을 보여주기 위해서는 몇 가지 사실들로 충분할 것이다. 다만 우리는 그 사실들을 말하기 보다는 일반적인 지적을 먼저 하고 싶다.

유럽의 농업이 얼마나 비참한 상태에 있는가는 우리도 잘 안다. 농민은 지주에게 수탈당하지 않으면, 국가에게 수탈당한다. 국가가 그 수탈을 좀 너그럽게 하면, 대금업자가 약속어음으로 농민을 노예화한다. 그는 곧 농민을 실제로 금융회사에 예속된 단순한 소작인으로 만들어 버린다.

따라서 지주, 국가, 은행업자는 지대, 세금, 이자로 농민을 수탈한다. 그 총액은 나라마다 다르다. 그러나 그것이 총생산고의 ¼이하로 내려가는 일은 결코 없으며, 대부분의 경우 그 절반을 차지한다. 프랑스에서는 농업이 국가에 총생산의 44%를 지불하고 있다.

그 뿐만이 아니다. 지주의 몫과 국가의 몫은 계속 증가하고 있다. 농민이 놀랄만한 수고, 창의력이나 자발성으로 더욱 많은 수확을 얻으면, 그가 지주, 국가나 은행업자에게 내야하는 조세도 같은 비율로 증가할 것이다. 그가 헥타르당 수확하는 양을 두 배로 늘리면, 지대도 두 배로 늘어날 것이다. 결국 국가는 농산물가격이 상승하면 세금을 더욱 올리려고 할 것이다. 다른 것도 마찬가지이다. 간단히 말해서, 모든 곳에서 농민은 하루 12시간 내지 14시간 일한다. 그런데 어디에서나 그 세 탐욕자들은 농민이 저축해 놓은 것을 빼앗아간다. 어디에서나 그들은 그에게서 그의 경작을 개선시킬 수 있는 것까지도 빼앗는다. 이 때문에 농업이 정체상태에 있다.

농민이 한 걸음 더 앞으로 나갈 수 있었던 것은 오직 세 흡혈귀들 간의 싸움의 결과에 따른 완전히 예외적인 상황에서도 지적인 노력이나 추가노동을 했기 때문일 것이다. 그렇지만 아직도 우리는 각각의 농민이 기업가에게 지불하는 공물에 대해 아무말 하지 않았다. 모든 기계, 모든 가래, 모든 화학비료가 그 원가의 3배 내지 4배로 그에게 팔린다. 중간상인도 잊지 말자. 그는 토지생산물에서 가장 많은 몫을 가져간다.

이 때문에 발명과 진보의 금세기에 농업은 매우 한정된 지역에서만 때때로 또 갑자기 개선되었을 뿐이다.

다행히도 탐욕자들이 얼마동안 무시한 작은 독립된 지역들이 있었다. 여기서 우리는 집약농업이 인류에게 무엇을 줄 수 있는지를 배운다. 몇 가지 예를 들어보자.

미국의 대초원에서는 (그런데 이곳은 헥타르당 7헥토리터에서 12헥토리터의 보잘것없는 양의 밀을 수확할 뿐이며, 이마저도 주기적인 가뭄 때문에 종종 수확하지 못한다) 500명이 8개월 동안만 일해도 5만명이 1년 동안 먹을 것을 생산한다. 이러한 결과는 강력한 노동절약을 통해 얻어진다.

한눈에 다 볼 수 없을 만큼 광대한 평야에서 경작, 수확, 타작은 거의 군대식으로 조직된다. 쓸데없이 왔다 갔다 하는 일이 없고 시간 낭비도 없다. 모든 일이 열병식 같은 정확성을 갖고 행해진다.

이것은 대규모 농업이다. 토지개량을 하지 않고 자연에서 생기는 그대로 토지에서 빼앗는 조방경작이다. 토지가 줄 수 있는 것을 모두 거둔 다음에는, 그곳을 버리고 떠난다. 다른 곳으로 가 처녀지를 찾으면, 또 다시 그 땅을 소진시킨다.

그러나 집약경작도 있다. 여기서는 기계들이 항상 도움을 주고 있으며 계속 더 많이 도움을 줄 것이다. 집약경작은 특히 제한된 면적을 잘 경작하고, 비료를 주어 토지를 비옥하게 하고, 노동을 집중시켜서 가능한 한 최대의 수확을 얻으려고 한다. 이런 종류의 경작법은 해마다 확대되고 있다. 그러므로 프랑스남부의 대규모 경작과 미국서부의 비옥한 땅에서는 10헥토리터에서 12헥토리터의 평균적인 수확으로 만족하는 반면에, 프랑스북부에서는 보통 36헥토리터에서 50헥토리터까지, 때로는 56헥토리터까지 수확한다.

이렇게 해서 한 사람의 연간 소비량이 1/12헥타르의 면적에서 얻어진다.

경작이 집약적이 될수록 1헥토리터의 밀을 얻기 위해 소비되는 노동량은 적어진다. 준비작업은 인간을 대신해 기계가 한다. 배수나 돌 골라내기 같은 토지개량을 결정적으로 실시해, 장차 수확을 2배로 늘릴 수 있다.

때로는 토지를 깊이 가는 것만으로도 보통의 토지에서 비료를 주지 않고 해마다 굉장한 수확을 거둘 수 있다. 런던 근처에 있는 로담스테드_Rothamstead_에서는 이것을 20년 동안 해왔다.

농업에 대해 비현실적인 이야기는 하지 말자. 헥타르당 40헥토리터의 수확에 만족하자. 이것은 예외적인 토지를 요구하지 않는다. 합리적인 경작만을 요구할 뿐이다. 그것이 무엇을 요구하는지 보자.

세느와 세느에와즈에 사는 360만 명의 주민들은 연간 식량으로 800만 헥토리터보다 약간 적은 곡물, 주로 밀을 소비한다. 따라서 우리의 가정에서는 이만한 수확을 얻으려면, 그들이 소유하고 있는 61만 헥타르 중 20만 헥타르를 경작해야 할 것이다.

그들이 가래로 경작하지 않을 것은 분명하다. 이것은 너무 많은 시간(헥타르 당 5시간 노동으로 240일)을 필요로 할 것이다. 오히려 그들은 토지를 결정적으로 개량할 것이다. 그들은 물을 뺄 곳은 물을 빼고, 평평하게 만들어야 할 곳은 평평하게 만들 것이다. 토지에서 돌을 제거하기도 할 것이다. 이 준비작업에 하루 5시간 노동으로 500만일 즉 헥타르 당 평균 25일이 걸린다고 해도 말이다.

그 다음에는 증기쟁기로 일할 것이다. 이때는 헥타르당 4일이 걸릴 것이다. 또 다시 4일은 이중_重_쟁기로 일할 것이다. 종자는 되는 대로 선택하지 않고 증기선별기의 도움을 받아 처리될 것이다. 종자는 사방으로 던지지 않고 일렬로 심을 것이다. 좋은 조건에서 일한다면, 이 모든 작업을 하는 데에는 헥타르 당 하루 5시간 일하면 25일이 걸리지 않을 것이다. 그러나 3년 내지 4년 동안 1000만 일日을 들여 잘 경작한다면, 나중에는 2시간 반만 일해도 헥타르당 40헥토리터 내지 50헥토리터를 수확할 수 있을 것이다.

그러므로 360만 명의 인구에게 빵을 공급하는 데에는 1500만 일日을 소비하면 될 것이다. 그리고 모든 노동은 각자가 강철 같은 근육을 갖지 않아도, 이전에 땅에서 일해본 적이 전혀 없어도 할 수 있는 그런 작업일 것이다. 작업의 시작과 그 전반적인 분배는 토지가 요구하는 바를 잘 아는 사람들이 할 것이다. 노동 자체에 대해 말하면, 몸이 허약한 파리의 남자든 여자든 몇 시간 견습한 다음에는 기계를 움직일 수 있고 각자에게 배당된 농업 일을 할 수 있을 것이다.

그런데 현재와 같은 혼란스러운 상태에서는 일하지 않는 상류계급 사람들을 계산에 넣지 않고도 여러 직업에서 실업자인 사람들이 약 10만 명이나 된다는 것을 생각할 때, 현재의 조직에서 잃어버리는 힘만을 사용해 합리적으로 경작한다면 두 도道의 300만 내지 400만 명의 주민들에게 필요한 빵을 충분히 공급한다는 것을 알 수 있다.

반복해서 말하지만, 이것은 비현실적인 이야기가 아니다. 그리고 우리는 더욱 놀라운 결과를 가져오는 진실로 집약적인 농업에 대해서는 아직 말하지 않았다. 우리는 기대하지 않았지만, 할렛Job Hallet* 씨가 3년 동안 연구해서 얻은 밀은 이식移植한 단 한 개의 씨앗에서

---

* 영국의 농부. 1845년 경 최대의 수확을 얻기 위해 여러 비료를 실험하였다.

1만 개 이상의 밀알이 달린 뭉치를 생산하였다. 이렇게 해서 필요한 경우에는 100평방미터의 면적에서 5인 가족분의 밀을 수확할 수 있을 것이다. 우리는 오히려 프랑스, 영국, 벨기에서 수많은 농민들이 이미 하고 있는 것만을 언급하였다. 이것은 이미 얻은 경험과 지식을 가지고 한다면 내일부터도 대규모로 실시될 수 있는 것이다.

그러나 이것은 혁명 없이는 내일도 모레도 결코 실현되지 않을 것이다. 왜냐하면 토지와 자본의 소유자들이 어떤 관심도 없기 때문이다. 그리고 거기서 이익을 얻을 농민들은 필요한 전진을 이룩하기 위한 지식도, 돈도, 시간도 없기 때문이다.

현재의 사회는 아직 그 단계에 있지 않다. 그러나 파리사람들이 아나키즘코뮌을 선언한다면, 그들은 반드시 그 단계에 도달할 것이다. 왜냐하면 그들은 고급잡화 (빈, 바르샤바, 베를린에서도 이미 만들고 있는)를 계속 만들어 빵 없이 생활할 만큼 어리석지는 않을 것이기 때문이다.

게다가 농업노동은 기계의 도움을 받기 때문에 곧 모든 직업들 중에서도 가장 매력 있고 즐거운 것이 될 것이다.

보석은 이제 그만! 인형의 옷도 이제 그만! 사람들은 밭일을 통해 자기를 단련하고 거기서 자연의 생기와 영향을 받아 "사는 즐거움"을 찾을 것이다. 교외의 어두침침한 공장에서 잊고 있었던 "사는 즐거움"을 말이다.

중세에 스위스를 영주와 국왕으로부터 해방시킨 것은 총보다는 알프스의 목장이었다. 현대농업은 봉기한 도시를 부르주아들의 연합세력으로부터 해방시킬 수 있을 것이다.

Ⅲ

우리가 본 바와 같이, 두 도(세느와 세느에와즈)의 주민 350만 명은 그들 지역의 ⅓밖에 경작하지 않았는데도 필요한 빵을 풍부하게 가질 수 있었다. 이제는 가축으로 넘어가자.

고기를 많이 먹는 영국인들은 1년에 성인이 평균 100kg이 조금 못되는 양을 소비하고 있다. 소비되는 고기가 모두 쇠고기라고 가정한다면, 이것은 소 한 마리의 ⅓이 조금 못된다.

5인(어린아이들을 포함해서)에게는 1년에 한 마리 정도로도 충분한 식량이 된다. 350만 명의 주민의 경우 연간 70만 마리의 가축을 소비할 것이다.

그런데 오늘날의 목축방식으로 66만 마리의 가축을 기르려면 적어도 200만 헥타르의 토지가 필요하다.

그러나 샘솟는 물로 적당히 급수된 목장(최근 프랑스의 남서지방에서 수천 헥타르에 걸쳐 하고 있는 것과 같이)이라면 50만 헥타르 정도로도 충분하다. 그렇지만 만약 집약농업을 실시해 사료용으로 무류類[순무, 사탕무, 당근 등]를 재배한다면, 그 면적의 ¼ 즉 12만 5천 헥타르면 충분할 것이다. 그리고 아랍인들처럼 옥수수를 사용하고 그것을 사일리지l'ensilage*로 만든다면, 8만 8천 헥타르의 면적에서 필요한 모든 사료를 얻을 수 있다.

밀라노 근교에서는 하수下水를 이용해 목장을 관개한다. 관개한 9천 헥타르의 면적에서 헥타르당 뿔 달린 동물 4마리에서 6마리의 사료를 얻고 있다. 그리고 조건이 조금 더 좋은 땅에서는 헥타르 당 15톤의 건초까지도 수확하였다. 이것은 젖소 9마리의 연간 사료가 된다. 목장제도에서는 가축 한 마리당 3헥타르가 필요한데, [새로운 제도에서는] 1헥타르에서 9마리의 소를 사육할 수 있다. 이것이 현대 농업의 양극단이다.

건지Guernsey 섬에서는 이용 토지 총 4천 헥타르 중에서 약 절반 (1900헥타르)이 곡물과 채소로 덮여 있고, 2100헥타르만이 목초지로 남아 있다. 이 2100헥타르에서 1489마리의 말, 7260마리의 가축, 900마리의 양, 4200마리의 되지가 사육된다. 이것은 말, 양과 돼지를 계산에 넣지 않고도 헥타르당 3마리 이상의 가축을 기르는 셈이다. 토지가 해조海潮와 화학비료에 의해 비옥해진다는 것은 덧붙여 말할 필요가 없다.

파리에 몰려 있는 350만 명의 주민들로 되돌아오면, 가축을 사육하는 데 필요한 면적이 200만 헥타르에서 8만 8천 헥타르로 내려가는 것을 볼 수 있다. 그렇다면 가장 낮은 숫자를 선택하지 말고 보통

---

* 사일리지Silage: 가축의 겨울먹이로 말리지 않은 채 저장하는 풀.

의 집약경작의 숫자를 취하자. 뿔 달린 가축의 일부를 대신해야 하는 작은 가축에 필요한 땅을 대폭 추가해, 16만 헥타르를 가축을 사육하는 데 이용하자. 원한다면, 사람들에게 필요한 빵을 제공한 다음에도 남는 41만 헥타르 중에서 20만 헥타르를 이용하자.

관대하게 500만 일日을 투입해서 이 땅을 생산적으로 만들어보자.

그러므로 1년 중에 2000만 일을 일하면 – 그 중의 절반은 항구적인 개량사업을 하는 데 사용하더라도 – 우리는 새고기, 사육한 돼지, 토끼 등의 형태로 얻을 수 있는 보조육류를 포함시키지 않아도 빵과 고기를 보장받을 것이다. 고급채소와 과일을 공급받는 사람들이 부족한 채소의 공급을 동물성식품으로 보충하는 영국인보다 고기를 훨씬 적게 소비한다는 사실은 차치하고라도 말이다. 그런데 5시간씩 2000만 일의 노동은 주민 한 사람에게 어느 정도가 되는가? 실로 아주 조금이다. 350만 명의 인구라면 노동할 수 있는 성인남자가 적어도 120만 명이 있으며, 성인여자도 그만큼 있다. 그렇다면 모든 사람에게 빵과 고기를 보장하는 데에는 남자만 1년에 17일간 노동해도 될 것이다. 우유를 얻기 위해 300만 일의 노동을 추가하자. 더 추가해도 좋다! 그래도 전체적으로는 이 세 종의 주요생산물 – 즉 빵, 고기, 우유 – 을 얻기 위해 하는 5시간씩 25일 간의 노동 – 밭에서 하는 즐거운 일 – 에도 미치지 못한다. 이 세 생산물은 주택 다음으로는 인류의 9/10의 일상적인 주요 걱정거리이다.

그렇지만 – 악착같이 반복해서 말하면 – 우리는 비현실적인 이야기를 하지 않는다. 우리가 말한 것은 실제로 있는 것, 이미 방대한 규모로 행해지는 것, 대규모 실험으로 인정받은 것이다. 소유권[재산]에 대한 법과 일반적인 무지가 반대하지 않는다면, 농업은 내일부터 재조직될 수 있을 것이다.

사람들이 무엇을 먹는지 또 그것을 어떻게 생산하는지를 아는 것이 공공의 이익 문제임을 파리가 아는 날, 이 문제가 의회나 시의회에서의 토론보다 훨씬 더 중요하다는 것을 모든 사람이 이해하는 날, 바로 그 날 사회혁명이 이루어질 것이다. 파리는 두 도의 땅을 압류해서 그것을 경작할 것이다. 전에는 불충분한 불량식량을 사기 위해 생애의 ⅓을 바쳤지만, 사회혁명이 이루어지면 파리시민은 성벽 밑에서 또는 요새 안에서 (그것이 아직도 존재한다면) 몇 시간의 건강하고 흥미로운 노동으로 스스로 식량을 생산할 것이다.

이제는 과일과 채소로 넘어가자. 파리를 벗어나 채소재배장을 방문해보자. 그곳은 대학구大學區로부터 몇 킬로미터 떨어진 곳에서 놀라운 일을 하고 있는데, 박식한 경제학자들은 그것을 무시하고 있다. 예를 들면 채소재배에 관한 책의 저자 퐁스I. Ponce 씨를 방문하자. 그는 그 책에서 땅이 가져다주는 것을 비밀로 하지 않고 모든 것을 빠짐없이 말하였다.

퐁스 씨와 그가 고용한 사람들은 열심히 일하고 있다. 그들은 8명인데, 1헥타르보다 약간 큰 토지 11/10헥타르)를 경작하고 있다. 그들은 확실히 하루에 12시간에서 15시간, 즉 필요한 것보다 세 배나 많은 시간을 일하고 있다. 24명이 일해도 너무 많지는 않을텐데 말이다. 이에 대해 퐁스 씨는 아마도 이렇게 대답할 것이다. 즉 그의 11,000평방미터의 토지에 대해서 해마다 지대와 세금으로 2500프랑을 지불하고 있고 또 병영에서 사오는 퇴비 대금 2500프랑이라는 엄청난 액수를 지불하기 때문에 착취하지 않을 수 없다고 그는 대답할 것이다. "착취당하고 있기 때문에, 이번에는 내가 착취한다." 이것이 아마도 그의 대답일 것이다. 시설을 설치하는 데에도 3만 프랑이 들었다. 그 중의 반 이상은 틀림없이 기업의 게으름뱅이귀족에게 바치는 공물이다. 요컨대, 그의 시설은 기껏해야 3000일의 노동이며, 어쩌면 이보다도 훨씬 적을 것이다.

그러나 그의 수확을 보자. 당근 10톤, 양파, 라디radis[작은 무의 일종], 그 밖의 작은 채소 10톤, 양배추 6천 포기, 꽃양배추 3천 포기, 토마토 5천 바구니, 고급과일 5천 다스, 샐러드용 채소 15만 4천 개, 요컨대 11/10헥타르 – 세로 110m, 가로 100m – 의 토지에서 총 125톤의 채소와 과일을 수확하였다. 이것은 헥타르 당 110톤 이상의 채소를 수확한 것이다.

그러나 인간이 1년 동안 먹는 채소와 과일은 300킬로그램을 넘지 않는다. 따라서 1헥타르의 토지를 가진 채소재배자는 일년 내내 성인 350명의 식탁에 충분히 공급할 수 있는 채소와 과일을 생산한다. 그러므로 24명이 1헥타르를 경작하는 일에 일년 내내 종사하면, 하루에 5시간만 일해도 성인 350명 (이것은 적어도 500명의 사람과 맞먹는다)

이 충분히 먹을 수 있는 채소와 과일을 생산할 것이다.

달리 말해서, 퐁스 씨처럼 재배하면 - 그리고 그의 성과는 이미 능가되었다 - 350명의 성인이 연간 100시간보다 조금 더 많이 (103시간) 일해도 500명 분의 채소와 과일을 생산할 수 있을 것이다.

이러한 생산이 예외가 아니라는 것에 주목하자. 파리의 성벽 안 900헥타르의 면적에서 5천 명의 채소재배자들이 그러한 생산을 하고 있다. 다만 이 채소재배자들은 헥타르당 평균 2천 프랑의 소작료를 지불하기 위해 짐바리 짐승처럼 일한다.

그런데 누구나 입증할 수 있는 이 사실들은 (우리에게 남아있는 21만 헥타르 중에서) 7천 헥타르만으로도 우리의 두 도(道)의 주민 350만 명에게 모든 채소와 대단히 많은 과일을 공급하기에 충분하다는 것을 증명하지 않는가?

이만한 과일과 채소를 생산하는 데 필요한 노동량에 대해 말하자면, 그것은 - 우리가 채소재배자들의 노동으로 측정한다면 - 5시간씩 일하는 5000만 일의 노동(성인남자 한 사람당 50일)에 이를 것이다. 그러나 저지Jersey 섬이나 건지Guernsey 섬에서 이미 유행하는 방식을 사용한다면 이 노동량을 더 줄일 수 있다는 사실을 우리는 곧 볼 것이다. 다만 우리가 상기해야 할 것은 파리의 채소재배자들이 특히 계절을 앞선 과일들(이것들의 높은 가격은 터무니없이 비싼 임차료를 지불하는 데 도움이 된다)을 생산하기 위해 아주 많이 일하지 않을 수 없으며 또한 그 재배방식 자체도 보통 필요한 것보다 더 많은 노동을 요구한다는 사실이다. 게다가 시설을 설치하는 데 많은 비용을 들일 수 있는 자금이 없고 유리, 목재 철, 석탄을 매우 비싸게 살 수밖에 없기 때문에, 그들은 퇴비에서 인공열을 구하였다. 그리고 그것은 석탄과 온실을 이용하면 훨씬 더 적은 비용으로 얻을 수 있다.

Ⅳ

채소재배자들이 놀라운 수확을 얻으려면 스스로 기계와 같은 상태가 되어 생활의 모든 즐거움을 포기하지 않을 수 없다고 우리는 말한다. 그러나 이 고된 일을 하는 노력가들은 토양을 만들 수 있다는 것을 우리에게 가르쳐줌으로써 인류에게 엄청난 공헌을 하였다.

그들은 퇴비 흙판으로 토양을 만드는 데, 이 퇴비 흙판은 묘목과 조생早生과일에 필요한 열을 주는 데 이미 사용되고 있었다. 그들은 토양을 아주 많이 만들기 때문에, 매년 일부는 팔지 않을 수 없다. 그렇게 하지 않으면 그들의 땅이 해마다 2 내지 3센티미터 높아질 것이다. 그들은 토양을 아주 잘 만든다(바랄Jean Augustine Barral*은 《농업사전》의 채소재배자 논문에서 이것을 가르쳐주고 있다). 최근의 계약은 채소재배자가 자신이 경작한 농지에서 떠날 때 흙을 가지고 가라고 규정하고 있다. 도구, 유리창과 함께 토양을 수레로 실어 옮긴다 – 이것이

---

* 프랑스의 농업경제학자(1819–1884).

실제 재배가들이 리카도와 같은 학자의 [고심은 하였으나 결과가 신통치 않은] 저작에 준 대답이다. 그는 지대가 토양의 자연적인 이점을 균등화하는 수단이라고 여겼다. "토양에는 인간의 값어치만한 값어치가 있다." 이것이 원예가들의 표어이다.

그렇지만 파리나 루앙의 채소재배자들은 똑같은 결과를 얻기 위해 건지 섬이나 영국의 동료들보다 세 배나 더 과로하고 있다. 이곳에서는 농업에 공업을 응용해 토양뿐만 아니라 기후도 만들고 있다. 사실 채소재배는 이 두 원리에 기초를 두고 있다.

유리창 안에서 씨를 뿌리고 묘목을 제한된 면적의 비옥한 토지에서 키운다. 그리고 그것들을 잘 돌보아 뿌리에서 털이 나면, 나중에 이식한다. 한 마디로 말하면, 동물에게 하는 것을 한다. 어린 새끼들을 돌보는 것이다.

수확할 채소를 빨리 자라게 하려면, 토양과 공기를 따뜻하게 해주고 식물을 유리창이나 유리뚜껑으로 덮어주어 퇴비의 발효로 흙에서 뜨거운 열이 나오게 하면 된다.

모종내기, 공기보다 높은 온도, 이것이 채소재배의 본질이다. 일단 토양이 인공적으로 만들어졌다면 말이다.

우리가 본 것처럼, 이 두 조건 중 첫 번째 것은 이미 실행되고 있으며 단지 세부적으로 약간의 개선을 요구할 따름이다. 그리고 두 번째 조건을 실현하려면, 유리창으로 덮은 땅에서든 온실 안에서든 파이프를 통해 뜨거운 물을 흐르게 해서 공기와 흙을 따뜻하게 해야 한다.

이것은 사람들이 이미 하고 있다. 파리의 채소재배자는 그가 예전에 퇴비를 이용해 얻은 열을 이미 온수순환법으로 얻고 있다. 그리고 영국의 원예가는 온실을 짓고 있다.

예전에는 온실이 부자의 사치품이었다. 그것은 이국적인 식물이나 관상용 식물을 재배하는 곳이었다. 그러나 오늘날에는 보통의 것이 되었다. 저지 섬과 건지 섬에서는 몇 헥타르의 땅이 연속해서 유리로 덮여 있다. 건지 섬의 모든 농가와 화원에서 볼 수 있는 수많은 작은 온실들은 차치하고라도 말이다. 런던 근교에서는 밭 전체를 유리로 덮기 시작했으며, 대도시의 변두리 지역에서는 수많은 작은 온실들이 매년 설치되고 있다.

온실은 벽이 화강암으로 된 것에서 전나무 널빤지로 둘러싸고 유리로 지붕을 만든 움막에 이르기까지 여러 가지로 되어 있다. 그것들은 자본가들이나 중간상인들에게 지불되는 모든 공물에도 불구하고, 평방미터당 4프랑 내지 5프랑 이상 들지 않는다. 온실을 따뜻하게 하든 안 하든(속성재배를 목표로 하지 않으면, 비바람막이 시설만으로도 충분하다), 감자, 당근, 완두콩이나 강낭콩은 재배할 수 있다(포도나 열대식물은 재배할 수 없지만 말이다).

이렇게 해서 기후로부터 해방된다. 퇴비 흙판을 나르는 힘든 노동으로부터도 벗어난다. 수요가 늘어남에 따라 그 가격도 올라가고 있는 퇴비더미도 더 이상 사지 않는다. 노동도 일부 절약한다. 온실에서 재배해 퐁스 씨와 똑같은 결과를 얻으려면 7명 내지 8명이면 충분하다. 저지 섬에서는 7명이 일주일에 60시간도 일하지 않는데도, 아주 좁은 면적에서 전에는 몇 헥타르의 땅에서 생산했던 양을 생산한다.

이 점에 관해서는 인상 깊은 세부적인 사실들을 제시할 수 있을 것이다. 저지 섬에서는 34명의 막노동꾼과 1명의 원예가가 온실에서 4헥타르보다 조금 더 큰 면적을 경작하는데, 해마다 다음과 같은 수확을 거둔다: 5월 1일부터 딴 포도가 2만 5천kg, 토마토가 8만kg, 4월에 캐낸 감자가 3만kg, 5월에 딴 완두콩이 6천kg이고 강낭콩은 2천kg이다. 즉 채소가 14만 3천kg이다. 몇몇 온실의 아주 많은 두 번째 수확은 차치하고라도 말이다. 그리고 거대한 관상용 온실, 온실과 온실 사이의 땅에 조금씩 재배하는 갖가지 종류의 수확은 차치하고라도 말이다.

143톤의 과일과 속성 재배한 채소! 이것은 일년 내내 1500명 이상을 먹여 살린다. 그리고 그것은 21000일의 노동밖에 요구하지 않는다. 즉 500명의 성인이 1년에 210시간 노동하면 된다.

약 1000톤의 석탄(이것은 4헥타르를 따뜻하게 하기 위해 온실에서 매년 태우는 것이다)을 채굴하려면, 영국에서는 한 명의 노동자가 하루에 10시간 일해 평균적으로 3톤을 채굴해야 하므로, 500명의 성인 모두가 연간 6시간 내지 7시간의 보충노동을 한다.

결국 성인의 절반이 제철이 아닌 과일과 채소의 재배에 50일의 반나절 노동을 한다면, 모든 사람이 일년 내내 고급과일과 채소를 실컷 먹을 수 있을 것이다. 그것들을 온실에서만 수확한다하더라도 말이다. 그리고 이와 동시에 그들은 바로 그 같은 온실들에서 보통채소의 대부분을 두 번째 수확으로 얻을 것이다. 이 보통채소는 퐁스씨의 것과 같은 시설에서는 – 우리가 본 바와 같이 – 50일의 노동이면 생산된다.

우리는 방금 특수재배를 보았다. 그러나 우리가 이미 말한 것처럼, 현재의 경향은 유리액자로 덮은 단순한 채소밭을 온실로 만드는 것이다. 이 방법을 쓴다면, 석 달 동안 조금 따뜻하게만 해도 대단히 간단한 온실로 엄청나게 많은 채소를 수확할 수 있다. 예를 들면 4월 말에 처음 거두는 감자는 헥타르당 450헥토리터를 수확한다. 그 후 토양 개량을 위해 비료를 준 다음에는, 5월부터 10월 말까지 온실에서 거의 열대와 같은 온도로 키워서 새로운 수확을 한다.

오늘날 500헥토리터의 감자를 얻으려면, 매년 20헥타르의 토지를 갈고, 심고, 재배하고, 또 괭이로 잡초를 뽑아야 한다. 이것이 얼마나 많은 수고를 요구하는 것인지는 잘 알려져 있다. 이에 반해 온실을 이용하면 처음에는 평방미터당 반나절의 노동을 투입해야 한다고 가정해도, 이전에 필요했던 노동의 ¾은 아니더라도 절반은 절약하게 될 것이다.

이것은 사실인 동시에 검증된 결과로서 잘 알려져 있다. 경작지를 방문하면 누구나 확인할 수 있다. 그러므로 이런 사실들은 토지를 지혜롭게 다룬다면 그것에서 무엇을 얻어낼 수 있는지를 가르쳐주기에 충분하지 않은가?

V

우리의 모든 추론은 이미 인정받고 있고 또 부분적으로 실행되고 있는 선례를 근거로 한 것이다. 밭의 집약경작, 하수에 의해 관개된 목장, 채소의 속성재배, 끝으로 온실채소밭이 현실이다. 레옹스 드 라베르뉴Léonce de Lavergne*가 30년 전에 예견한 것처럼, 현대농업의 경향은 경작면적을 가능한 한 줄이고, 토양과 기후를 만들어 노동을 집중해서 식물의 생존에 필요한 모든 조건을 결합하는 것이다.

이러한 경향은 속성재배한 과일이나 채소를 팔아 많은 돈을 벌고 싶은 욕망에서 생겨났다. 그러나 집약재배 방식을 찾아낸 이후, 이 방식은 일반화되어 가장 흔한 채소에도 적용되었다. 노동은 적게 하지만 더 많은 확실성을 갖고 생산물을 더 많이 얻게 해주기 때문이다.

사실 건지 섬의 아주 단순한 온실을 연구한 끝에, 우리는 결국 4월에 온실에서 감자를 수확하는 데 소요되는 3개월의 노동이 나중에 야외에서 5배나 더 큰 면적을 일구고, 그것에 물을 주고, 잡초

---

* 프랑스의 경제학자이자 정치인(1809–1880).

를 뽑아 주며 재배하는 데 소요되는 노동보다 훨씬 적다는 것을 확인하였다. 이것은 도구나 기계에 관해서도 마찬가지이다. 비록 도구를 사려면 처음에 비용이 들지만, 개선된 도구나 기계를 이용하면 노동이 절약된다.

온실에서 보통채소의 재배에 관한 완전한 수치는 아직 없다. 이 재배는 최근에 생겨났으며, 좁은 면적에서 실행되고 있을 뿐이다. 그러나 고급과일, 즉 포도의 조기재배에 대해서는 이미 30년 동안이나 해왔기 때문에 그 수치를 갖고 있다. 이 수치는 결정적이다.

갱구 입구에서 석탄이 톤당 4프랑밖에 되지 않는 스코틀랜드의 접경지대인 잉글랜드 북쪽에서는 오래 전부터 온실에서 포도를 재배해 왔다. 30년 전에는, 1월에 익는 이 포도가 재배자에 의해 파운드 당 25프랑에 팔렸으며 또 나폴레옹 3세의 식탁에 놓이기까지는 파운드 당 50프랑에 공급되었다. 오늘날에는 같은 재배자가 포도를 파운드 당 3프랑만 받고 판다. 그는 원예학회의 잡지에 발표한 최근 논문에서 이렇게 말하고 있다. 값의 하락은 경쟁자들이 런던과 파리에 엄청나게 많은 양의 포도를 보내기 때문에 일어나는 것이다. 값싼 석탄과 합리적인 재배 덕분에 포도가 북쪽에서 겨울에 자라며, 보통과일과는 반대로 남쪽으로 온다. 5월에는 영국과 건지 섬의 포도가 원예가에 의해서 파운드당 2프랑에 팔리는데, 이 가격도 30년 전의 50프랑처럼 경쟁이 약한 곳에서만 유지된다. 10월에는 런던의 근교에서 항상 온실에서 약간의 인공열로 엄청나게 많이 재배된 포도가 스위스나 라인지방의 포도밭에서 파운드로 사는 것과 똑같은 가격으로, 즉 몇 수sou로 팔린다. 그래도 이 가격은 ⅔나 비싸다. 그 이유는 토지의 임차료가 너무 비싸고, 시설비와 난방비 때문에 재배인이 제조업자와 중간상인에게 막대한 공물을 지불하기 때문이다. 이러한 사정을 아는 사람은 런던처럼 위도가 높고 안개가 자주 끼는 곳에서도 가을에 맛좋은 포도를 거의 공짜로 먹을 수 있다고 말해도 좋을 것이다. 예를 들면 런던의 한 교외에서는 우리의 작은 집에 기대어 유리창과 회반죽으로 길이 3미터와 폭 2미터 크기의 대충 만든 비바람막이 시설이 3년 전부터 매년 10월에는 약 50파운드의 맛있는 포도를 제공하고 있다. 그 수확은 6년생 포도나무 그루에서 나온다.[8] 그리고 그 비바람막이 시설은 아주 안 좋아 비가 새어 들어왔다. 밤에는 온도가 언제나 바깥기온과 같았다. 그것은 분명히 따뜻하게 덥혀지지 않았다. 왜냐하면 그것을 따뜻하게 덥히는 것은 길거리를 덥히는 것과 같기 때문이다! 그리고 해야 할 일은 매년 반 시간 동안 포도나무의 가지치기를 하는 것, 그 시설 바깥의 붉은 점토에 심은 포도나무 밑동을 손수레 한 대분의 퇴비로 덮어주는 것이다.

또 한편으로 라인강변이나 레만 호 기슭의 포도밭에서 하고 있는 지나치게 많은 손질, 언덕의 경사면에 겹겹이 돌을 쌓아 만든 계단

---

8. 포도나무 자체가 원예가들의 두세 세대에 걸친 끈질긴 연구를 나타낸다. 그것은 함부르크 품종으로 추운 겨울을 아주 잘 견뎌낸다. 그것은 겨울에 서리를 맞아야 가지가 잘 자란다.

식 밭, 200피트 내지 300피트 높이까지 퇴비나 때로는 흙을 나르는 일을 생각한다면, 결국 포도나무를 재배하는 데 필요한 노동의 비용이 스위스나 라인강변의 재배지가 런던교외의 온실재배지보다 훨씬 더 많이 든다는 결론에 도달한다.

이것은 첫눈에는 역설적인 것처럼 보일지도 모른다. 왜냐하면 포도나무는 유럽남부에서 저절로 자라며 포도재배자의 노동은 중요하지 않다고 일반적으로 믿고 있기 때문이다. 그러나 원예가들과 속성재배자들은 우리말을 부정하기는 커녕 우리 주장에 동의한다: "영국에서 가장 수지맞는 재배는 포도재배"라고 한 실제 재배자는 말한다. 그는 영국의 속성재배 잡지의 편집자이다. 게다가 아는 바와 같이, 가격이 그것을 분명하게 말해준다.

이러한 사실들을 공산주의언어로 표현하면, 우리는 다음과 같이 주장할 수 있다. 즉 자유로운 시간 중에서 1년에 20시간을 할애해 유럽의 어떤 기후에서든 유리로 만든 온실에 두세그루의 포도나무를 심고 약간의 손질 - 실은 매우 즐거운 일이다 -을 해주는 남녀는 가족이나 친구들이 먹기에 충분한 포도를 수확할 것이라고 주장할 수 있다. 그리고 이것은 포도나무뿐만 아니라 새 환경에 적응한 모든 과일나무에도 적용된다. 100명의 유능한 원예가들이 이런 일을 하루 5시간 일하고 나면, 나머지 일은 직업적인 원예가가 아니어도 삽, 갈퀴, 살수펌프를 다루는 법을 알거나 가마를 지켜볼 줄 아는 사람들에 의해서 간단히 행해질 것이다.

그러나 이 노동은 적어도 – 우리는 이것을 앞 장章에서 보았다 – 7만 5천 명 내지 10만 명에게 필요한 과일과 채소 그리고 고급과일을 생산할 수 있을 것이다. 이 숫자에는 채소밭에서 일하고 싶어하는 3만 6천 명의 성인이 있다고 가정하자. 그러면 각자는 1년에 100시간을 – 일 년 내내 나누어서 – 일하게 될 것이다. 이 노동시간은 멋진 정원에서, 아마도 전설의 세미라미스Semiramis여왕*의 정원보다 더 아름다운 정원에서 친구들이나 자녀들과 함께 보내는 휴식시간이 될 것이다.⁹

---

* 아시리아의 전설상의 여왕으로 사랑과 싸움의 여신.

9. 농업에 대한 통계를 요약하면, 그 통계숫자들은 세느와 세느에와즈 두 도의 주민들이 식량을 얻는 데 연간 매우 적은 시간밖에 투자하지 않아도 그 지역 내에서 완전히 잘 살 수 있다는 것을 증명한다. 그 통계숫자들은 다음과 같다:

세느도와 세느에와즈도
1886년 현재 주민의 수 ······ 3,900,000명
면적(헥타르) ······ 610,000
헥타르당 평균 주민 수 ······ 5.9
주민을 먹이기 위해 경작할 수 있는 지역(헥타르):
밀과 곡물 ······ 200,000
자연목장과 인공목장 ······ 200,000
채소와 과일 ······ 7,000
집, 길, 공원, 숲을 위한 땅 ······ 200,000
상기 면적을 하루 5시간 작업으로 개량하고 경작하는 데 필요한 연간 노동의 양:
밀(경작과 수확) ······ 15,000,000
목장, 우유, 가축사육 ······ 10,000,000
시장용 채소재배, 고급과일 등 ······ 33,000,000
기타 ······ 12,000,000
총계 70,000,000
건강한 시민들(남녀) 중 절반만이 농업에 종사한다고 가정하면, 7천만 노동일을 120만 명에게 할당해야 한다. 그것은 이 노동자들 각자에게 5시간씩 58일 노동이 된다.

이것은 오늘날 우리가 먹을 수 없는 과일들을 실컷 먹기 위해서뿐만 아니라, 모든 채소를 풍부하게 갖기 위해서도 부담해야 하는 노동의 대차대조표이다. 주부가 자본가들과 흡혈귀같은 지주들에게 주는 돈을 한 푼이라도 아끼려고 아주 꼼꼼하게 살펴가며 사는 모든 채소를 말이다.

인류가 자신들이 무엇을 할 수 있는지를 의식한다면, 그리고 이 의식이 그것을 하고 싶다는 힘만이라도 인류에게 준다면!

인류가 정신의 비겁함이 오늘날까지 모든 혁명을 실패로 돌아가게 한 암초라는 것을 안다면, 얼마나 좋겠는가?

VI

다음의 사회혁명에 열려 있는 새로운 지평이 언뜻 보인다.

우리가 혁명에 대해 말할 때마다, 먹을 것이 없는 어린이를 보고 있는 진지한 노동자는 눈살을 찌푸리며 우리에게 끈질기게 되풀이해서 묻는다: "그러면 빵은? 모든 사람이 먹고 싶은 만큼 먹는다면 모자라지 않을까요? 그리고 만일 무지해서 반동에 선동된 농촌이 1793년 방드 누아르_band noire*가 한 것처럼 도시를 굶주리게 한다면?

---

* 검은 모리배라는 뜻으로 프랑스혁명 당시 토지나 대저택을 매점하여 폭리를 취한 사람들을 가리킨다.

316

우리는 어떻게 할 것인가?"

농촌이 하고 싶은 대로 해라! 대도시는 농촌 없이도 살아갈 수 있을 것이다.

실제로 오늘날 작은 작업장이나 공장에서 숨도 제대로 쉬지 못하며 일하는 수많은 노동자들이 자유를 되찾는 날, 그들은 어떤 일을 할 것인가? 그들은 혁명 후에도 혁명 전처럼 계속 공장에 처박혀 있을 것인가? 그들은 곡물이 바닥나고, 고기가 부족하고, 채소가 다 떨어져 그 대용품이 나타나지 않는다고 해도 여전히 수출용의 사치스러운 잡화를 만들 것인가?

분명히 그렇지 않다! 그들은 도시를 떠나서 농촌으로 갈 것이다. 우리 중에서 아무리 몸이 약한 자라도 기계의 도움을 받아 과거의 노예처럼 일한 경작에 혁명을 가져올 것이다. 그들이 제도와 사상에서 혁명을 가져온 것처럼 말이다.

여기에서는 수백 헥타르의 토지가 유리로 덮일 것이며, 섬세한 손가락을 지닌 남녀가 묘목을 손질할 것이다. 저기에서는 또 다른 수백 헥타르의 토지를 큰 증기쟁기로 파고 일굴 것이며, 비료에 의해 토질이 개량되거나 바위를 분쇄해 얻은 인공흙으로 토지가 비옥해질 것이다. 즐거운 표정의 많은 임시노동자들은 부분적으로는 농업을 잘 아는 사람들의 안내를 받아 일하거나 실험해서 들판을 많은 수확으로 뒤덮을 것이다. 특히 오랜 잠에서 깨어난 인민의 위대한 실용적인 정신이 앞장서서 모든 사람의 행복을 인도할 것이다.

그리고 2개월 내지 3개월이 지나면, 이른 수확이 아주 절실한 필요를 덜어줄 것이며 인민에게 식량을 마련해줄 것이다. 인민은 많은 세기를 기다린 끝에 마침내 허기를 채우고 실컷 먹을 수 있을 것이다. 한편 반란을 일으키고 자신들의 욕구를 안 인민의 일반적인 재능은 새로운 재배법을 실험하는 일을 할 것이다. 사람들이 이미 조만간 나타나리라고 예상하는 이 새로운 재배법은 실험을 거쳐서 일반화된다. 사람들은 빛을 실험할 것이다. 즉 야쿠츠크Yakoutsk*의 위도 아래에서도 45일 만에 보리를 익게 하는 재배의 그 미지의 요인에 관해서 실험할 것이다. 집중한 빛이나 인공광선은 열 못지않게 식물의 성장을 촉진시킬 것이다. 미래의 무쇼Augustin Mouchot**는 태양광선을 이용하는 기계를 발명해, 석탄탐사를 위해 땅 속 깊이 찾아들어갈 필요가 없게 할 것이다. 또한 사람들은 미생물을 배양해서 토지관개 실험을 할 것이다. 이것은 어제 생겨난 매우 합리적인 아이디어이다. 이 아이디어 덕분에 식물에 필요한 미생물을 주어 식물의 잔뿌리를 키우거나 토양성분을 분해해 동화시킬 수 있을 것이다.

사람들은 실험을 할 것이다 ⋯ 그러나 더 이상은 나가지 말자. 그렇지 않으면 소설 영역에 들어가게 될 것이다. 기정사실의 현실에 있

---

* 러시아 극동부 야쿠티아(사하)공화국의 수도. 연중 210일 정도는 결빙되어 있으며, 1월 평균기온은 영하43℃이고, 7월 평균기온은 19℃이다.
** 프랑스의 발명가(1825~1911). 1878년 파리 만국박람회에 태양열을 이용하는 증기엔진을 출품하였다.

도록 하자. 이미 널리 응용되어 판매경쟁에서 승리하고 있는 실용적인 재배방법으로도 우리는 즐겁게 노동하며 여유 있는 생활과 사치를 얻을 수 있다. 가까운 장래에는 최근 과학상의 발견으로 예상할 수 있는 미래의 정복 중에서 어느 것이 실제적인지가 드러날 것이다.

지금은 인간의 욕구와 그것을 만족시키는 수단을 연구해 새로운 길을 제시하는 것에 그치자. 혁명에 부족할 수 있는 단 하나의 것은 솔선수범이라는 대담성이다.

학교제도에 의해 우둔해지고 성년이 되어서부터 죽을 때까지 과거에 얽매여 사는 데 익숙해져서, 우리는 감히 무엇을 생각하려고 하지 않는다. 새로운 생각이 문제인가? 그렇다면 의견을 갖기 전에, 이 문제에 관해서 옛날의 대가들이 어떻게 생각했는가를 알기 위해 100년 전의 낡은 책들을 참조해보자.

만일 사고의 대담성과 솔선수범이 혁명에 부족하지 않다면, 식량이 모자라지는 않을 것이다.

프랑스 대혁명의 위대한 기간 중에서 가장 아름답고 가장 아름다운 날로 사람들의 마음속에 영원히 각인되어 있을 것은 프랑스 각지에서 달려온 대표자들이 축제를 준비하기 위해 마르스광장Champ de Mars의 땅을 평평하게 만든 날이었다.

그 날 프랑스는 하나였다. 새로운 정신으로 활기를 얻은 프랑스는 토지의 공동작업에서 자기 앞에 열려 있는 미래를 예견하였다.

그리고 해방된 사회는 이 토지의 공동작업을 통해 통일성[일체감]

을 다시 찾고, 사회를 분열시킨 증오와 억압을 소멸시킬 것이다.

이제부터는 연대, 즉 인간의 에너지와 창의력을 백배로 늘리는 이 거대한 힘을 이해할 수 있다면, 새로운 사회는 젊은 활력을 가지고 미래를 정복하러 전진할 것이다.

사회는 미지의 구매자들을 위해 생산하는 것을 그만두고, 사회 안에 존재하는 욕구나 취향을 만족시키려고 애써야 할 것이다. 그러려면 사회는 그 구성원 한 사람 한 사람에게 생존과 안락을 충분히 보장하는 동시에, 자유롭게 선택하고 자유롭게 수행하는 노동이 주는 정신적 만족과 다른 사람들의 생활을 침해하지 않으면서 생활하는 즐거움을 보장해주어야 할 것이다. 새로운 대담성에 고무되고 연대감에 충만되어 모든 사람이 지식이나 예술창작의 고급스러운 즐거움을 얻으러 함께 나아갈 것이다.

이렇게 고무된 사회는 내부의 불화도 외부의 적도 두려워할 필요가 없을 것이다. 그 사회는 과거의 연합세력에 대항해서 새로운 질서에 대한 사랑, 각자 그리고 모두의 대담한 솔선수범, 자신의 재능을 일깨워 얻은 어마어마한 힘을 나타낼 것이다.

이 어찌할 수 없는 힘 앞에서는 "음모를 꾸미는 왕들"도 속수무책일 것이다 그들은 오로지 그 힘에 굴복하고, 사회혁명에 의해 열린 새로운 지평선을 향해 나아가는 인류라는 전차에 끌려갈 수밖에 없을 것이다.

아나키즘적 공산주의

이상률

멸망하지 않으려면, 인간사회는 근본적인 원리로 돌아가야 한다: 생산
수단은 인류의 공동산물이기 때문에, 그것은 인류의 공동재산이 되어
야 한다. 그것을 개인적으로 독차지하는 것은 올바르지도 않고 유익하
지도 않다. 모든 것은 모두의 것이다.

－크로포트킨－

Ⅰ. 아나키스트 공☆

표트르 알렉세예비치 크로포트킨Pyotr Alekseyevich Kropotkin(1842-1921)
은 러시아출신의 지리학자이자 아나키즘운동가이다. 그의 사상은 미
하일 바쿠닌(1814-1876)의 사상과 함께 19세기 후반 러시아 아나키즘
을 대표하였으며, 20세기 초반에는 한중일 동아시아의 반反제국주의

아나키스트들과 독립운동가들에게 커다란 영향을 주었다.

20세기 초는 프랑스 아나키즘운동의 전성기였는데, 크로포트킨의 사상은 그 당시 파리에 거주하고 있었던 중국인 유학생들의 관심을 끌었다. 이들은 1907년 6월 잡지《신세기新世紀》를 창간해 크로포트킨의 사상을 적극적으로 소개하였다. 이들이 소개한 크로포트킨의 아나키즘은 중국 아나키즘운동의 출발점이 되었다. 특히 크로포트킨의《상호부조론》(1902)은 중국의 초기 공산주의자들에게 큰 영향을 미쳐 중국 공산주의가 인민주의적 성격과 윤리를 강조하는 특성을 갖는 데 기여하였다. 한편 중국에서 활동하고 있었던 한인 독립운동가들은 1920년대 초에 중국인 아나키스트들과의 교류를 통해 크로포트킨의 사상과 만났다. 그 중에서도 단재 신채호(1880–1936)는 크로포트킨의 영향으로 민족주의자에서 아나키스트로 전향하였다. 신채호는 석가, 공자, 예수, 마르크스와 함께 크로포트킨을 인류의 5대 사상가로 평가하였으며, 조선의 청년들에게 크로포트킨이 1907년에 발표한《청년들에게 고함》을 읽어볼 것을 호소하였다. 일본에서는 사회주의자 고토쿠슈이스辛德秋水(1871–1911)가 크로포트킨의 저작을 읽고는 아나키스트가 되었다. 그리고 1909년에는 영역판《빵의 쟁취》를 일본어로 번역하였다. 그는 마르크스주의의 권위주의적 정당정치를 비판하며 아나키즘운동을 주도하였다. 한편 재在일본 한인 독립운동가들은 1910년대 중반부터 일본인 아나키스트들과의 교류를 통해 아나키즘을 받아들였는데, 이 과정에서 상호부조론을 중심으로 한 크로포트킨의 사상과 접하였다.

원래 귀족출신이었는데다가 이처럼 전세계 아나키즘운동의 발전에 지대한 공헌을 한 것에 대한 경의의 표시로 사람들은 크로포트킨을 "아나키스트 공the Anarchist Prince"라고 부르기도 하였는데, 정작 본인은 권위주의적인 느낌이 있다는 이유로 이 별명을 싫어했다고 한다.

II. 생애

크로포트킨은 1842년 11월 27일 모스크바에서 태어났다. 그의 가문은 러시아의 오래된 귀족의 후손이었다. 크로포트킨의 아버지는 퇴역 대령으로 많은 토지와 1200명이 넘는 농노를 소유한 대지주였다. 어머니는 크로포트킨이 네 살 때 죽었다. 크로포트킨과 그의 형은 귀족의 전통에 따라 가정교사들에게 처음 교육을 받았다. 열한 살이 되었을 때 모스크바 중등학교에 입학했으며, 1857년부터 5년 동안 귀족자녀들을 위한 육군유년학교에서 공부하였다. 1862년 졸업 후 황실친위대의 근위장교가 되길 원했던 아버지의 바람과는 달리, 크로포트킨은 시베리아 코자크부대에서의 근무를 택하였다. 그는 수도에서 수천 킬로미터나 떨어진 먼 곳에서 탐험과 과학적 연구의 현장을 발견할 수 있을 것으로 생각하였기 때문이다. 그곳에서 그는 중요한 지리학적 작업에 몰두하였다: 북만주 탐험대

대원으로 참가해 새로운 화산지대를 발견하였으며, 3년 동안의 지질학 연구 끝에 시베리아의 파톰스키 고원에서 빙하의 흔적을 찾아냈다. 또한 우랄산맥에서 태평양에 이르는 시베리아가 평원이 아니라 거대한 고원지대라는 사실도 밝혀냈는데, 그는 이 연구로 러시아 지리학회로부터 금메달을 받았다.

한편 그는 시베리아의 교도소와 유형流刑제도를 개선하는 데 관심을 가졌을 뿐만 아니라 도시 자치운영 프로젝트에도 참가하였다. 관리들의 권력남용에 관해서도 조사하였다. 이 경험을 통해 그는 행정기구를 이용해 민중에게 유익한 일을 하는 것은 불가능하다는 것을 깨달았다.

1866년 폴란드 유형자들의 반란을 러시아군인들이 가혹하게 진압하는 것을 목격한 후 그는 군복을 벗기로 결심하였다. 다음 해 상트페테르부르크대학에 입학하였다. 전공은 수학과를 선택했지만, 러시아 지리학회의 연구에 계속 참여하였다. 1872년에 처음으로 외국여행을 하였는데, 스위스 취리히에 체류했을 때 제1인터내셔널(1864년에 창립된 노동자들의 최초의 국제적인 조직)에 가입하였다. 귀국해서는 초기 인민주의운동 조직에서 가장 중요한 차이콥스키서클(1872년에 만들어졌다)에 가입해 혁명 활동을 시작하였다. 1874년에 체포되어 페트로 파블로프스키 요새 감옥에 갇혔다. 2년 후 친구들의 도움으로 탈출에 성공해 핀란드와 노르웨이를 거쳐 영국에 도착하였다.

서유럽에서 그는 많은 혁명운동가들을 만났으며, 특히 아나키스트들과는 가깝게 지냈다. 하지만 러시아정부는 그를 계속 추적하였으며, 프랑스정부도 그에 대한 사찰을 멈추지 않았다. 1879년 2월에는 스위스 제네바에서 신문《반란자 Le Révolté》를 창간해 성공을 거두었다. 이 신문은 나중에(1889년) 파리에서 《신시대 Temps nouveau》라는 이름으로 발행되었다.

1882년 말 리옹에서 노동자들이 대규모 소요를 일으키고 폭탄테러가 여러 차례 자행되었는데, 이를 이유로 프랑스와 스위스의 정부는 아나키스트지도자들에 대한 탄압을 강화하였다. 이 사건과 아무 관계가 없었던 크로포트킨은 당시에는 이미 사라진 인터내셔널(1876년 해산되었다)의 회원이라는 죄목으로 체포되어 5년 형을 선고받았다. 1886년 1월 중순에 사면을 받고 영국에 정착하였다. 그 후 중요한 저작들을 계속 썼다:《빵의 쟁취》(1892),《한 혁명가의 회상》(1899),《상호부조》(1902),《프랑스대혁명》(1909),《현대과학과 아나키즘》(1913) 등.

그런데 1914 ~ 1918년 제1차 세계대전이 일어났을 때 크로포트킨은 독일에 맞선 연합군을 지지하였다. 당시 대다수의 아나키스트들은 교전 중인 자본주의국가들 중에서 어느 한 쪽을 편들기를 거부하였는데, 크로포트킨은 이들과 다른 입장을 취해 많은 논란을 일으켰다.

1917년 2월 러시아에서 혁명이 일어나 그 해 6월 크로포트킨은 상트페테르브르크로 돌아왔다. 부르주아와 사회주의자들의 연합 정권인 케렌스키 임시정부는 그에게 장관직을 제안하였지만, 그는 이를 거절하였다. 10월혁명으로 권력을 잡은 레닌 역시 크로포트 킨이 새로운 볼세비키정부에 참여하기를 바랐지만, 이 나이든 아 나키스트는 거부하였다. 오히려 그는 레닌에게 중앙집권적인 권위 주의 체제가 갖는 폐해에 대해 항의와 우려를 전달하였다. 그리고 1921년 2월 8일 모스크바의 근교 드미트로프에서 심장질환에 폐렴 까지 겹쳐 숨을 거두었다. 2월 13일 노보디예비치 묘지에서는 긴 장 례행렬이 크로포트킨의 시신을 뒤따랐으며, 이 행렬 속에서는 아나 키즘을 상징하는 검은 깃발이 무수히 나부꼈다. 프랑스의 작가이 자 노벨문학상 수상자(1945년)인 로맹 롤랑(1866-1944)은 톨스토이가 주창한 삶을 산 사람은 크로포트킨뿐이라고 말했으며, 아일랜드의 극작가이자 평론가인 오스카 와일드(1854-1900)는 크로포트킨이 자 기가 이제까지 알고 있는 진정으로 행복한 두 사람 중 한 명이라고 말하였다.

III. 아나키즘적 공산주의

19세기의 거대한 혁명적인 사상운동은 종종 사회주의 이름으로 이루어졌다. 이 사상의 영향으로 유럽과 아메리카에서는 수백 개의 공산주의공동체들이 세워졌다. 그렇지만 크로포트킨은 이 공산주 의실험이 실패로 끝났다고 평가하였다. 그의 진단에 따르면, 실패한 이유는 다음과 같다. 첫째, 공동체는 생산과 소비의 경제적인 측면만을 고려했어야 했음에도 불구하고, 실험은 대부분의 경우 종교적인 성격을 지녔다. 즉 공동체 창시자들이 "영혼의 지도자"가 되어 엄격한 종교계율이나 도덕규범을 강요하였다. 둘째, 공동체가 사회와 떨어져서 자기 내부로만 향했다. 심지어는 반反사회적인 성향도 지녔다. 셋째, 공동체들이 연합하기 보다는 개별적으로 활동하였다. 따라서 공동체들은 그 규모가 아주 작았으며 오래 지속되지 못하였다. 넷째, 공동체가 지나치게 많은 노동을 강요해 그 구성원들은 충분한 여가를 누리지 못하였다. 그들은 각자의 개성을 잃어버리고 노예 같은 생활을 하였다. 요컨대, 기존의 공산주의공동체들은 대체로 가부장적 가족모델에 기초를 두었다.

크로포트킨은 이러한 종속적 공산주의는 결국 권위주의체제가 되어 개인의 노예화를 초래한다고 생각해 그것을 거부하였다. 그는 개인의 완전한 자유를 기본목표로 삼은 자유로운 공산주의의 발전이 사회주의운동의 최종목적지라고 생각하면서 자신의 이론을 아나키즘적 공산주의라고 불렀다. 아나키즘적 공산주의란 인류가 오랫동안 추구해온 두 가지 목적, 즉 정치적 자유와 경제적 자유를 동시에 실현하려고 하는 공산주의이다. 말하자면, 국가 없는 공산주의, 개인들이 자유로운 합의에 기초한 공산주의이다. 그의 주장에 따르면, 인류의 발전과정에서 국가는 지방에 대한 지배를 중앙에 집중시켰을 뿐만 아니라 사회생활의 많은 기능도 소수의 손에 집중시

컸다. 이러한 집중화로 인해 국가조직이 소수 권력자의 이해관계에 따라 움직였다. 국가는 가진 자 편에 서서 자유롭고 평등한 사회의 출현을 막았으며, 마침내는 불의, 억압, 독점의 화신이 되었다.

그러므로 혁명은 권력의 쟁취로 끝나서는 안 된다. 혁명은 지도자를 바꾸는 정치혁명이 아니라 소유와 지배의 체제 자체를 바꾸는 사회혁명이 되어야 한다. 국가를 없애고, 농촌공동체나 자유로운 노동조합 등의 사회단위로부터 출발해 새로운 연합형식을 만들어야 한다. 개인들의 자유로운 결속과 단체들의 자유로운 연합 속에서 새로운 조직을 찾아야 한다. 모든 생활수단과 생산수단을 인민의 수중으로 넘겨야 한다. 특히 생산수단은 우리 조상들이 힘을 합쳐 만들어낸 공동산물이므로 인류의 공동재산이 되어야 한다. 생산수단이 소수 독점자들의 사유재산으로 있을 때는 모두를 위한 복지가 꿈에 불과하지만, 인민의 공동소유물이 되면 모두를 위한 복지를 실현할 수 있다. 우리는 생산수단으로부터 모두를 위한 이익을 가장 크게 이끌어낼 수 있기 때문이다.

크로포트킨이 꿈꾼 아나키즘적 공산주의사회는 권력이 중앙에 집중되어 있지 않고 그 구성원들이나 자치단체들 간의 자발적인 상호부조에 기초를 두고 있는데, 이 상호부조 관념은 그가 자연계에서 영감을 얻은 것이다. 그는 젊은 시절 시베리아 동부와 만주 북부를 여행할 때 동물들의 삶을 관찰한 바 있다. 당시 그는 동물들이 보여준 두 가지 모습에서 깊은 인상을 받았다. 하나는 아주 극심한 생존

경쟁 모습이었다. 대부분의 동물들은 거친 자연환경 속에서 자신의 종을 보존하기 위해 치열한 경쟁을 하지 않으면 안 되었다. 또 하나는 같은 종에 속하는 동물들 사이에서 생존을 위해 무자비하게 경쟁하는 모습을 찾아볼 수 없었다는 것이다. 그렇지만 당시에 유행하고 있었던 다윈주의의 신봉자들은 동물들이 같은 종 안에서도 살아남기 위해 치열하게 경쟁한다고 믿었으며, 이러한 경쟁이 새로운 종의 진화에서 지배적인 역할을 한다고 주장하였다. 그러나 크로포트킨은 이러한 견해에 동의하지 않았다. 각각의 종 안에서의 피비린내나는 생존투쟁을 인정하고 이 투쟁을 진화의 조건으로 간주하는 것은 아직 증명되지 않은 사항을 사실로 받아들이는 행위라고 그는 생각했기 때문이다.

그러던 중 1883년 크로포트킨은 사회주의 인터내셔널에 가입했다는 죄목으로 5년 금고형을 언도받고 프랑스 클레르보감옥에 갇혔다. 이때 그는 유명한 동물학자이자 상트페테르부르크대학의 학장이었던 케슬러 교수가 1880년 1월 러시아 박물학자 대회에서 행한 강연("상호부조의 법칙에 관하여")의 원고를 읽고 나서 큰 감명을 받았다. 케슬러는 이 강연에서 자연에는 상호투쟁 법칙 외에도 상호부조 법칙이 존재하며, 생존경쟁에서 살아남고 특히 종이 계속 진화하는 데에는 상호부조 법칙이 상호투쟁 법칙보다 훨씬 더 중요한 역할을 한다고 주장하였다. 케슬러의 이러한 생각은 다윈의 사상을 발전시킨 것에 불과하지만, 크로포트킨은 케슬러의 견해를 한층 더 확대시키기 위해 자료수집에 나섰다. 그리고 그는 그 연구 성과를 1890년부터 7년 동안 다섯 차례에 걸쳐 잡지 《19세기Nineteenth Century》에 연재하였다. 그는 동물에서 시작해 야만인과 미개인을 거쳐 중세도시와 근대인에 이르기까지 한결같이 나타나는 상호부조 원리를 논증하였다. 1902년에는 이 연재 논문들을 모아 하나의 책으로 출간하였다.

크로포트킨은 이 책에서 상호부조가 동물계와 인간사회의 진화에서 엄청난 역할을 하였다는 사실을 밝혀냈을 뿐만 아니라, 우리의 윤리개념의 실질적인 기반이 된다고도 주장하였다. 그는 단순한 공정함이나 정의보다 상호부조가 인간의 행복에 훨씬 더 도움이 되며, 진화의 맨 처음단계에서의 상호부조 실천 속에서 윤리개념이 생겨났다고 보았다.

크로포트킨은 상호부조와 연대가 인간사회 진화의 주요 동인이기 때문에, 국가제도와 자본주의 경제체제가 폐지되면 좀 더 협력적이고 평등한 사회가 세워질 수 있다고 확신하였다. 그러한 사회를 건설할 수 있으려면, 생산수단의 사회화와 함께 개인의 창의에 바탕을 둔 자유로운 공산주의, 즉 아나키즘적 공산주의가 실현되어야 한다. 강압적인 권력을 거부하고 자유로운 개인의 권리를 인정하는 것은 아나키즘적 공산주의의 중요한 전제이다. 따라서 이 러시아출신의 혁명가에게 있어서는 개인의 자율성을 존중하는 윤리문제가 아나키즘이상理想과 결합되어 있다. 그가 말년에 《윤리학》(미완성)을 쓴

이유도 그 때문일 것이다. 그러나 그는 자신의 아나키즘적 공산주의가 레닌의 혁명정권 하에서 유물론적 공산주의로 매도되는 것을 지켜보면서 세상을 떠났다.

이 책은 러시아의 아나키스트 표트르 알렉세예비치 크로포트킨Pyotr Alekseyevich Kropotkin(1842~1921)의 《빵의 쟁취La Conquête du Pain》를 번역한 것이다. 번역의 대본으로는 출판사 다이얼렉틱스Dialectics (Saint Louis, Missouri, USA. 2013)에서 출간한 것을 사용하였다. 처음에는 아나키즘신문 《반란자Le Révolté》와 《반란La Révolte》(두 신문 모두 크로포트킨이 편집하였다)에 연재물로 발표하였으며, 1892년 파리 (출판사:Tresse de Stock)에서 하나의 책으로 출간되었다. 이 불어책은 1906년에 영어로 번역되었고, 이 영역판은 1913년 통계수치가 보충되는 형태로 조금 수정되었다. 불어판의 머리말을 쓴 엘리제 르클뤼는 프랑스의 지리학자이자 아나키스트로 책의 제목도 제안한 크로포트킨의 동료였다.

《빵의 쟁취》는 정치이론과 아나키즘사상에서 중요한 위치에 있는 책으로 크로포트킨의 대표적인 저작 중 하나이다. 그리고 이 책은 그가 1902년에 세상에 내놓은 《상호부조》와 함께 아주 많은 독자를 얻었다.

크로포트킨은 《빵의 쟁취》에서 자본주의, 국가사회주의, 집산주의 등 여러 경제체제를 비판적으로 검토하면서, 우리가 어떻게 하면 자유롭게 평등하며 자율적인 사회 즉 아나키즘적 공산주의사회를 건설할 수 있는가를 서술한다. 그가 아나키즘적 공산주의라는 말을 만들어내지는 않았지만, 가장 중요한 주창자 중 한 명으로 이 책에서 그 원리를 제시한다. 그의 주장에 따르면, 현재의 산업 및 농업 생산력이 모든 인간의 욕구를 충족시킬 수 있는 단계에 도달하지 못했다. 생산력을 높이기 위해서는 자본주의체제를 무너뜨리고 현대의 과학기술을 농업과 산업에 적용하면서 인간의 욕구에 근거해 생산을 재편성하지 않으면 안 된다. 자본주의를 폐지하지 않으면 모든 인간의 욕구를 충족시킬 수 있는 물자의 생산을 기대하기 어렵다. 그러므로 혁명이 필요하다.

크로포트킨은 1789년, 1848년, 1871년의 프랑스혁명을 포함해 과거의 혁명들을 분석한다. 혁명이란 무엇인가? 혁명은 단순히 지도자를 교체하는 것이 아니다. 인간성의 발전을 저해하는 모든 폭력을 폐지하는 것이다. 모든 인간은 오랫동안 길들여진 노예근성에서 해방되어 자유롭게 행동하고, 상호부조와 과학을 통해 협동하며 전진할 수 있어야 한다. 요컨대, 인민은 정치가나 지도자에게 의지하기보다는 이웃사람들과의 연대를 통해 생산수단을 사회화하고 공장, 상점, 학교, 주택 등을 자율적으로 운영해나가겠다는 의지를 가져야한다. 이것이 혁명의 성패를 가르는 결정적인 요인이다. 크로포트킨에 따르면, 아나키즘적 공산주의사회는 인민 자신들에 의해 수행된 사회혁명을 통해서만 실현될 수 있다. 그는 임시정부 또는 혁명적인정당에 의한 과도적인 권력장악을 거부하였다. 중앙집권적인 권력에 집착하며 프롤레타리아의 독재를 표방한 볼셰비키정권에 대해서그가 "혁명의 장송葬送"이라고 비난한 것도 이 때문이다.

그렇지만 크로포트킨의 아나키즘적 공산주의에 대해 그것은 결코 실현될 수 없는 하나의 이상理想에 불과하다고 말할 사람들도 적지 않을 것이다. 그렇게 생각하는 사람들이 있다면, 그들은 영국의사회학자 허버트 스펜서의 다음과 같은 말에 귀를 기울일 필요가 있을 것이다: "먼저 이상理想은 당장에는 실행가능성이 없더라도 올바르게 안내하는 데에는 언제나 필요하다. 시대상황이 필요로 하는 (또는 필요하다고 생각하는) 모든 타협 속에 더 좋은 사회조직과 더 나쁜 사회조직에 대한 올바른 관념이 없다면, 그리고 순간의 요구를 넘어선 것에 주의를 기울이지 않고 곧바로 가장 좋은 것을 으레 궁극적으로 가장 좋은 것과 동일시한다면, 진정한 진보는 있을 수 없다. 목적지가 아무리 멀어도, 종종 방해하는 장애물이 나타나 그 목적지를 향한 항로에서 우리를 이탈시키더라도, 그것이 어디쯤 있는지는 분명히 알 필요가 있다"(《개인 대 국가》, 이책 242쪽).

2016년 5월

이상률

빵의 쟁취

초판 1쇄 인쇄 2016년 7월 15일
초판 1쇄 발행 2016년 7월 25일

지은이 표트르 알렉세예비치 크로포트킨
옮긴이 이상률
펴낸곳 이책
펴낸이 이종률

주소 (139-785) 서울시 노원구 동일로 207길 18, 103-706(중계동, 중계그린아파트)
전화 02-957-3717
팩스 02-957-3718
전자우편 echaek@gmail.com
출판등록 2013년 2월 18일 제25100-2014-000069호

디자인 제이알컴
인쇄·제본 (주)상지사피앤비
종이 (주)에스에이치페이퍼

ISBN 979-11-86295-15-1 03300

이 도서의 국립중앙도서관 출판시도서목록(CIP)은 서지정보유통지원시스템 홈페이지
(http://seoji.nl.go.kr)와 국가자료공동목록시스템(http://www.nl.go.kr/kolisnet)에서 이
용하실 수 있습니다.(CIP제어번호: CIP2016016850)

잘못된 책은 구입하신 서점에서 바꾸어 드립니다.